7년 연속  전체
수석  합격자 배출

KB123878

국승옥
부동산학원론

1차 | 9개년 연도별 기출문제집

국승옥 편저　　　　　　동영상강의 www.pmg.co.kr

제2판

박문각 감정평가사

감정평가사란?

감정평가란 토지 등의 경제적 가치를 판정하여 그 결과를 가액으로 표시하는 것을 말한다. 감정평가사(Certified Appraiser)는 부동산·동산을 포함하여 토지, 건물 등의 유무형의 재산에 대한 경제적 가치를 판정하여 그 결과를 가액으로 표시하는 전문직업인으로 국토교통부에서 주관, 산업인력관리공단에서 시행하는 감정평가사시험에 합격한 사람으로 일정기간의 수습과정을 거친 후 공인되는 직업이다.

시험과목 및 시험시간

가. 시험과목(감정평가 및 감정평가사에 관한 법률 시행령 제9조)

시험구분	시험과목
제1차 시험	❶「민법」중 총칙, 물권에 관한 규정 ❷ 경제학원론 ❸ 부동산학원론 ❹ 감정평가관계법규(「국토의 계획 및 이용에 관한 법률」, 「건축법」, 「공간정보의 구축 및 관리 등에 관한 법률」 중 지적에 관한 규정, 「국유재산법」, 「도시 및 주거환경정비법」, 「부동산등기법」, 「감정평가 및 감정평가사에 관한 법률」, 「부동산 가격공시에 관한 법률」 및 「동산·채권 등의 담보에 관한 법률」) ❺ 회계학 ❻ 영어(영어시험성적 제출로 대체)
제2차 시험	❶ 감정평가실무 ❷ 감정평가이론 ❸ 감정평가 및 보상법규(「감정평가 및 감정평가사에 관한 법률」, 「공익사업을 위한 토지 등의 취득 및 보상에 관한 법률」, 「부동산 가격공시에 관한 법률」)

나. 과목별 시험시간

시험구분	교시	시험과목	입실완료	시험시간	시험방법
제1차 시험	1교시	❶ 민법(총칙, 물권) ❷ 경제학원론 ❸ 부동산학원론	09:00	09:30~11:30(120분)	객관식 5지 택일형
	2교시	❹ 감정평가관계법규 ❺ 회계학	11:50	12:00~13:20(80분)	

제2차 시험	1교시	❶ 감정평가실무	09:00	09:30~11:10(100분)	과목별 4문항 (주관식)
	중식시간 11:10 ~ 12:10(60분)				
	2교시	❷ 감정평가이론	12:10	12:30~14:10(100분)	
	휴식시간 14:10 ~ 14:30(20분)				
	3교시	❸ 감정평가 및 보상법규	14:30	14:40~16:20(100분)	

※ 시험과 관련하여 법률·회계처리기준 등을 적용하여 정답을 구하여야 하는 문제는 시험시행일 현재 시행 중인 법률·회계처리기준 등을 적용하여 그 정답을 구하여야 함

※ 회계학 과목의 경우 한국채택국제회계기준(K-IFRS)만 적용하여 출제

다. 출제영역 : 큐넷 감정평가사 홈페이지(www.Q-net.or.kr/site/value) 자료실 게재

㎕ 응시자격 및 결격사유

가. 응시자격 : 없음

※ 단, 최종 합격자 발표일 기준, 감정평가 및 감정평가사에 관한 법률 제12조의 결격사유에 해당하는 사람 또는 같은 법 제16조 제1항에 따른 처분을 받은 날부터 5년이 지나지 아니한 사람은 시험에 응시할 수 없음

나. 결격사유(감정평가 및 감정평가사에 관한 법률 제12조, 2023.8.10. 시행)
다음 각 호의 어느 하나에 해당하는 사람

1. 파산선고를 받은 사람으로서 복권되지 아니한 사람
2. 금고 이상의 실형을 선고받고 그 집행이 종료(집행이 종료된 것으로 보는 경우를 포함한다)되거나 그 집행이 면제된 날부터 3년이 지나지 아니한 사람
3. 금고 이상의 형의 집행유예를 받고 그 유예기간이 만료된 날부터 1년이 지나지 아니한 사람
4. 금고 이상의 형의 선고유예를 받고 그 선고유예기간 중에 있는 사람
5. 제13조에 따라 감정평가사 자격이 취소된 후 3년이 지나지 아니한 사람. 다만 제6호에 해당하는 사람은 제외한다.
6. 제39조 제1항 제11호 및 제12호에 따라 자격이 취소된 후 5년이 지나지 아니한 사람

합격자 결정

가. 합격자 결정(감정평가 및 감정평가사에 관한 법률 시행령 제10조)

- 제1차 시험

  영어 과목을 제외한 나머지 시험과목에서 과목당 100점을 만점으로 하여 모든 과목 40점 이상이고, 전 과목 평균 60점 이상인 사람

- 제2차 시험

  - 과목당 100점을 만점으로 하여 모든 과목 40점 이상, 전 과목 평균 60점 이상을 득점한 사람

  - 최소합격인원에 미달하는 경우 최소합격인원의 범위에서 모든 과목 40점 이상을 득점한 사람 중에서 전 과목 평균점수가 높은 순으로 합격자를 결정

  ※ 동점자로 인하여 최소합격인원을 초과하는 경우에는 동점자 모두를 합격자로 결정. 이 경우 동점자의 점수는 소수점 이하 둘째 자리까지만 계산하며, 반올림은 하지 아니함

나. 제2차 시험 최소합격인원 결정(감정평가 및 감정평가사에 관한 법률 시행령 제10조)

공인어학성적

가. 제1차 시험 영어 과목은 영어시험성적으로 대체

- 기준점수(감정평가 및 감정평가사에 관한 법률 시행령 별표 2)

시험명	토플		토익	텝스	지텔프	플렉스	토셀	아이엘츠
	PBT	IBT						
일반응시자	530	71	700	340	65 (level-2)	625	640 (Advanced)	4.5 (Overall Band Score)
청각장애인	352	–	350	204	43 (level-2)	375	145 (Advanced)	–

- 제1차 시험 응시원서 접수마감일부터 역산하여 2년이 되는 날 이후에 실시된 시험으로, 제1차 시험 원서 접수 마감일까지 성적발표 및 성적표가 교부된 경우에 한해 인정함

※ 이하 생략(공고문 참조)

본서로 공부하시는 수험생 여러분들에게 조금이라도 힘이 되었으면 합니다. 여러분의 값진 노력이 합격의 기쁨으로 돌아가길 진심으로 기원합니다.
모두들 파이팅입니다.

✔ 부동산학원론 5개년 기출분석표

		30회	31회	32회	33회	34회	35회
제1편 부동산학 총론	제1장 부동산학						
	제2장 부동산 활동		1				
	제3장 부동산의 개념	1		1	1	1	1
	제4장 부동산의 분류	2	1	1	1	3	2
	제5장 부동산의 특성	1	2	1	1	1	2
	제6장 부동산 가치의 본질		1		1		
제2편 경제론	제1장 수요와 공급 모형					1	1
	제2장 수요와 공급 모형의 활용			1			2
	제3장 수요와 공급의 탄력성 모형		1	1	1	3	1
제3편 시장론	제1장 부동산 시장과 주택시장	1	1	1	1		
	제2장 부동산 시장과 정보의 효율성			1	1	1	1
	제3장 부동산 시장의 변화	1		1	1		
제4편 부동산 정책론	제1장 부동산 정책의 이해		1	1	2		
	제2장 시장실패와 정부의 시장 개입					2	
	제3장 임대주택 및 분양주택 정책	1			1		
	제4장 부동산 조세 정책	2	2	1	2	1	2
	제5장 다양한 부동산 정책	2	1	3		1	1
제5편 투자론	제1장 부동산 투자의 수익과 위험	1	1			2	2
	제2장 투자 결정 이론	2	1	1			
	제3장 위험의 관리	1	1	1	1		1
	제4장 투자 분석의 기본 도구		2	1	2	2	
	제5장 부동산 투자분석기법	1	2	3	2	1	2

CONTENTS
이 책의 차례

PART 01 부동산학원론 기출문제

CONTENTS
이 책의 차례

GUIDE

PART 02 부동산학원론 기출문제 정답 및 해설

감정평가사 부동산학원론 기출문제

2024년(35회) ~ **2016년**(27회)

2024년 제35회 기출문제

01 토지의 일부로 간주되는 정착물에 해당하는 것을 모두 고른 것은?

> ㄱ. 가식 중에 있는 수목
> ㄴ. 매년 경작의 노력을 요하지 않는 다년생 식물
> ㄷ. 건물
> ㄹ. 소유권보존등기된 입목
> ㅁ. 구거
> ㅂ. 경작수확물

① ㄱ, ㅂ   ② ㄴ, ㅁ
③ ㄷ, ㄹ   ④ ㄹ, ㅁ
⑤ ㅁ, ㅂ

02 공인중개사법령상 개업공인중개사에 관한 내용으로 옳지 않은 것은?

① 개업공인중개사는 그 사무소의 명칭에 "공인중개사사무소" 또는 "부동산중개"라는 문자를 사용하여야 한다.
② 개업공인중개사가 아닌 자는 중개대상물에 대한 표시·광고를 하여서는 아니 된다.
③ 개업공인중개사는 「민사집행법」에 의한 경매 및 「국세징수법」 그 밖의 법령에 의한 공매 대상 부동산에 대한 권리분석 및 취득의 알선과 매수신청 또는 입찰신청의 대리를 할 수 있다.
④ 개업공인중개사는 대통령령으로 정하는 기준과 절차에 따라 등록관청의 허가를 받아 그 관할 구역 외의 지역에 분사무소를 둘 수 있다.
⑤ 개업공인중개사는 다른 사람에게 자기의 성명 또는 상호를 사용하여 중개업무를 하게 하거나 자기의 중개사무소등록증을 양도 또는 대여하는 행위를 하여서는 아니 된다.

03 주택법령상 주택의 정의에 관한 설명으로 옳은 것은?

① 민영주택은 임대주택을 제외한 주택을 말한다.
② 세대구분형 공동주택은 공동주택의 주택 내부 공간의 일부를 세대별로 구분하여 생활이 가능한 구조로 하되, 그 구분된 공간의 일부를 구분소유할 수 있는 주택으로서 대통령령으로 정하는 건설기준, 설치기준, 면적기준 등에 적합한 주택을 말한다.
③ 도시형 생활주택은 300세대 미만의 국민주택규모에 해당하는 주택으로서 대통령령으로 정하는 주택을 말한다.
④ 에너지절약형 친환경주택은 저에너지 건물 조성기술 등 대통령령으로 정하는 기술을 이용하여 에너지 사용량을 절감하거나 이산화탄소 배출량을 증대할 수 있도록 건설된 주택을 말한다.
⑤ 장수명 주택은 구조적으로 오랫동안 유지·관리될 수 있는 내구성을 갖추고 있어 내부 구조를 쉽게 변경할 수 없는 주택을 말한다.

04 지방세법령상 토지에 관한 재산세 과세대상 중 별도합산과세대상인 것은?

① 공장용지·전·답·과수원 및 목장용지로서 대통령령으로 정하는 토지
② 국가 및 지방자치단체 지원을 위한 특정목적 사업용 토지로서 대통령령으로 정하는 토지
③ 국토의 효율적 이용을 위한 개발사업용 토지로서 대통령령으로 정하는 토지
④ 산림의 보호육성을 위하여 필요한 임야 및 종중 소유 임야로서 대통령령으로 정하는 임야
⑤ 철거·멸실된 건축물 또는 주택의 부속토지로서 대통령령으로 정하는 부속토지

05 건축원자재 가격의 하락에 따른 영향을 디파스퀠리-위튼(DiPasquale & Wheaton)의 사분면 모형을 통해 설명한 것으로 옳지 않은 것은? (단, 주어진 조건에 한함)

① 건축원자재 가격의 하락으로 인해 부동산개발부문에서 신규건설비용이 하락한다.
② 주어진 부동산자산가격 수준에서 부동산개발의 수익성이 높아지므로 신규건설량이 증가한다.
③ 새로운 장기균형에서 균형공간재고는 감소한다.
④ 새로운 장기균형에서 부동산공간시장의 균형임대료는 하락한다.
⑤ 새로운 장기균형에서 부동산자산시장의 균형가격은 하락한다.

06 토지의 분류 및 용어에 관한 설명으로 옳은 것을 모두 고른 것은?

> ㄱ. 획지(劃地)는 인위적, 자연적, 행정적 조건에 따라 다른 토지와 구별되는 가격수준이
> 비슷한 일단의 토지를 말한다.
> ㄴ. 후보지(候補地)는 용도적 지역의 분류 중 세분된 지역 내에서 용도에 따라 전환되는 토
> 지를 말한다.
> ㄷ. 공지(空地)는 관련법령이 정하는 바에 따라 안전이나 양호한 생활환경을 확보하기 위해
> 건축하면서 남겨놓은 일정 면적의 토지를 말한다.
> ㄹ. 갱지(更地)는 택지 등 다른 용도로 조성되기 이전 상태의 토지를 말한다.

① ㄱ   ② ㄹ
③ ㄱ, ㄷ   ④ ㄴ, ㄹ
⑤ ㄱ, ㄷ, ㄹ

07 부동산 중개계약에 관한 설명으로 (　　)에 들어갈 것으로 옳은 것은?

> (ㄱ) : 중개의뢰인이 특정한 개업공인중개사를 정하여 그 개업공인중개사에게 한정하여
> 해당 중개대상물을 중개하도록 하는 중개계약
> (ㄴ) : 중개의뢰인이 해당 중개대상물의 중개를 불특정 다수의 개업공인중개사에게 의뢰
> 하고 먼저 거래를 성사시킨 개업공인중개사에게 보수를 지급하는 중개계약

① ㄱ: 일반중개계약, ㄴ: 전속중개계약
② ㄱ: 일반중개계약, ㄴ: 공동중개계약
③ ㄱ: 전속중개계약, ㄴ: 공동중개계약
④ ㄱ: 공동중개계약, ㄴ: 일반중개계약
⑤ ㄱ: 전속중개계약, ㄴ: 일반중개계약

08 지방세기본법상 부동산 관련 조세 중 시·군세(광역시의 군세 포함)에 해당하는 것으로 옳게 묶인 것은?

① 취득세, 지방소득세   ② 재산세, 지방소비세
③ 재산세, 지방소득세   ④ 취득세, 등록면허세
⑤ 등록면허세, 지방소비세

09 외부효과에 관한 내용으로 (   )에 들어갈 것으로 옳은 것은?

> • 부동산의 특성 중에서 (ㄱ)은 외부효과를 발생시킨다.
> • 부동산시장 참여자가 자신들의 행동이 초래하는 외부효과를 의사결정에서 감안하도록 만드는 과정을 외부효과의 (ㄴ)라 한다.

① ㄱ: 부동성, ㄴ: 유동화 ② ㄱ: 부동성, ㄴ: 내부화
③ ㄱ: 인접성, ㄴ: 유동화 ④ ㄱ: 개별성, ㄴ: 내부화
⑤ ㄱ: 개별성, ㄴ: 유동화

10 빈집 및 소규모주택 정비에 관한 특례법상 소규모주택정비사업에 해당하지 않는 것은?
① 빈집정비사업 ② 자율주택정비사업
③ 가로주택정비사업 ④ 소규모재건축사업
⑤ 소규모재개발사업

11 감정평가에 관한 규칙에 관한 내용으로 옳지 않은 것은?
① 대상물건에 대한 감정평가액은 시장가치를 기준으로 결정한다.
② 감정평가는 기준시점에서의 대상물건의 이용상황(불법적이거나 일시적인 이용은 제외한다) 및 공법상 제한을 받는 상태를 기준으로 한다.
③ 감정평가는 대상물건마다 개별로 하여야 한다.
④ 감정평가법인등이 토지를 감정평가할 때에는 수익환원법을 적용해야 한다.
⑤ 하나의 대상물건이라도 가치를 달리하는 부분은 이를 구분하여 감정평가할 수 있다.

12 다음 자료를 활용하여 원가법으로 평가한 대상건물의 가액은? (단, 주어진 조건에 한함)

- 대상건물: 철근콘크리트구조, 다가구주택, 연면적 350㎡
- 기준시점: 2024.04.05.
- 사용승인시점: 2013.06.16.
- 사용승인시점의 적정한 신축공사비: 1,000,000원/㎡
- 건축비지수
  - 기준시점: 115
  - 사용승인시점: 100
- 경제적 내용연수: 50년
- 감가수정방법: 정액법(만년감가기준)
- 내용연수 만료 시 잔존가치 없음

① 313,000,000원
② 322,000,000원
③ 342,000,000원
④ 350,000,000원
⑤ 352,000,000원

13 원가방식에 관한 설명으로 옳은 것을 모두 고른 것은?

ㄱ. 원가법과 적산법은 원가방식에 해당한다.
ㄴ. 재조달원가는 실제로 생산 또는 건설된 방법 여하에 불구하고 도급방식을 기준으로 산정한다.
ㄷ. 대상부동산이 가지는 물리적 특성인 지리적 위치의 고정성에 의해서 경제적 감가요인이 발생한다.
ㄹ. 정액법, 정률법, 상환기금법은 대상부동산의 내용연수를 기준으로 하는 감가수정방법에 해당한다.

① ㄱ, ㄴ
② ㄷ, ㄹ
③ ㄱ, ㄴ, ㄹ
④ ㄱ, ㄷ, ㄹ
⑤ ㄱ, ㄴ, ㄷ, ㄹ

14 감정평가 실무기준상 수익방식에 관한 내용으로 옳은 것은?

① 직접환원법은 복수기간의 순수익을 적절한 환원율로 환원하여 대상물건의 가액을 산정하는 방법을 말한다.

② 수익가액이란 수익분석법에 따라 산정된 가액을 말한다.

③ 순수익은 대상물건에 귀속하는 적절한 수익으로서 가능총수익에서 운영경비를 공제하여 산정한다.

④ 직접환원법에서 사용할 환원율은 투자결합법으로 구하는 것을 원칙으로 한다.

⑤ 할인현금흐름분석법의 적용에 따른 복귀가액은 보유기간 경과 후 초년도의 순수익을 추정하여 최종환원율로 환원한 후 매도비용을 공제하여 산정한다.

15 부동산 가격의 제원칙에 관한 내용으로 옳지 않은 것은?

① 부동산의 가격이 대체·경쟁관계에 있는 유사한 부동산의 영향을 받아 형성되는 것은 대체의 원칙에 해당된다.

② 부동산의 가격이 경쟁을 통해 초과이윤이 없어지고 적합한 가격이 형성되는 것은 경쟁의 원칙에 해당된다.

③ 부동산의 가격이 부동산을 구성하고 있는 각 요소가 기여하는 정도에 영향을 받아 형성되는 것은 기여의 원칙에 해당된다.

④ 부동산의 가격이 내부적인 요인에 의하여 긍정적 또는 부정적 영향을 받아 형성되는 것은 적합의 원칙에 해당된다.

⑤ 부동산 가격의 제원칙은 최유효이용의 원칙을 상위원칙으로 하나의 체계를 형성하고 있다.

16 감정평가에 관한 규칙상 주된 평가방법으로 수익환원법을 적용해야 하는 것은 모두 몇 개인가?

• 광업재단	• 상표권	• 영업권
• 특허권	• 전용측선이용권	• 과수원

① 2개
③ 4개
⑤ 6개
② 3개
④ 5개

17 감정평가의 지역분석에 관한 내용으로 옳은 것은?

① 인근지역이란 감정평가의 대상이 된 부동산이 속한 지역으로서 부동산의 이용이 동질적이고 가치형성요인 중 지역요인을 공유하는 지역을 말한다.

② 유사지역이란 대상부동산이 속한 지역으로서 인근지역과 유사한 특성을 갖는 지역을 말한다.

③ 동일수급권이란 대상부동산과 수요·공급 관계가 성립하고 가치 형성에 서로 영향을 미치지 않는 관계에 있는 다른 부동산이 존재하는 권역을 말한다.

④ 지역분석은 대상지역 내 토지의 최유효이용 및 대상부동산의 가격을 판정하는 것이다.

⑤ 지역분석은 개별분석 이후에 실시하는 것이 일반적이다.

18 토지와 건물로 구성된 대상건물의 연간 감가율(자본회수율)은? (단, 주어진 조건에 한함)

> • 거래가격: 20억원
> • 순영업소득: 연 1억 8천만원
> • 가격구성비: 토지 80%, 건물 20%
> • 토지환원율, 건물상각후환원율: 각 연 8%

① 4% ② 5%

③ 6% ④ 7%

⑤ 8%

19 토지의 특성과 감정평가에 관한 내용이다. (   )에 들어갈 것으로 옳은 것은?

> • (ㄱ)은 장래편익의 현재가치로 평가하게 한다.
> • (ㄴ)은 원가방식의 평가를 어렵게 한다.
> • (ㄷ)은 개별요인의 분석과 사정보정을 필요하게 한다.

① ㄱ: 영속성, ㄴ: 부증성, ㄷ: 개별성

② ㄱ: 개별성, ㄴ: 영속성, ㄷ: 부동성

③ ㄱ: 영속성, ㄴ: 개별성, ㄷ: 부증성

④ ㄱ: 부증성, ㄴ: 영속성, ㄷ: 개별성

⑤ ㄱ: 영속성, ㄴ: 개별성, ㄷ: 부동성

20 대상물건에 관한 감정평가방법으로 옳지 않은 것은? (단, 주어진 조건에 한함)

① 주택으로 쓰는 층수가 4개 층으로 1개 동의 바닥면적의 합계가 700제곱미터인 건물에서 구분소유 부동산의 감정평가액은 합리적인 배분기준에 따라 토지가액과 건물가액으로 구분하여 표시할 수 있다.

② 주택으로 쓰는 층수가 3개 층으로 15세대가 거주할 수 있고 주택으로 쓰이는 바닥면적의 합계가 600제곱미터인 1개 동이며 구분소유가 아닌 건물의 감정평가는 토지와 건물을 일괄평가하는 것을 원칙으로 한다.

③ 주택으로 쓰는 층수가 6개 층인 건물에서 구분소유 부동산의 감정평가는 거래사례비교법으로 하는 것을 원칙으로 한다.

④ 주택으로 쓰는 층수가 4개 층으로 1개 동의 바닥면적의 합계가 500제곱미터인 건물에서 구분소유 부동산의 감정평가는 토지와 건물을 일괄평가하는 것을 원칙으로 한다.

⑤ 구분소유 부동산을 감정평가할 때에는 층별·위치별 효용요인을 반영하여야 한다.

21 X 노선 신역사가 들어선다는 정보가 있다. 만약 부동산 시장이 할당효율적이라면 투자자가 최대한 지불할 수 있는 정보비용의 현재가치는? (단, 제시된 가격은 개발정보의 실현 여부에 의해 발생하는 가격차이만을 반영하고, 주어진 조건에 한함)

> • X 노선 신역사 예정지 인근에 일단의 A 토지가 있다.
> • 1년 후 도심에 X 노선 신역사가 들어설 확률이 60%로 알려져 있다.
> • 1년 후 도심에 X 노선 신역사가 들어서면 A 토지의 가격은 5억 5,000만원, 신역사가 들어서지 않으면 2억 7,500만원으로 예상된다.
> • 투자자의 요구수익률(할인율)은 연 10%이다.

① 5천만원   ② 1억원

③ 1억 5천만원   ④ 2억원

⑤ 2억 5천만원

22 부동산의 수요와 공급에 관한 설명으로 옳지 않은 것은? (단, 우하향하는 수요곡선과 우상향하는 공급곡선을 가정하며, 다른 조건은 동일함)

① 단기적으로 가격이 상승해도 부동산의 공급량이 크게 증가할 수 없기 때문에 공급이 비탄력적이다.

② 부동산의 공급량은 주어진 가격 수준에서 일정기간에 판매하고자 하는 최대수량이다.

③ 용도전환 및 개발이 가능한 장기에는 공급의 탄력성이 커진다.

④ 부동산의 수요량은 구매능력을 갖춘 수요자들이 구매하려는 수량이므로 유효수요를 의미한다.

⑤ 공급의 가격탄력성이 작을수록 수요변화 시 균형가격의 변동폭은 작지만 균형거래량의 변동폭은 크다.

23 다음 중 유량(flow)의 경제변수가 아닌 것은?

① 소득　　　　　　　　　　　　② 수출
③ 재산　　　　　　　　　　　　④ 소비
⑤ 투자

24 부동산 증권에 관한 설명으로 옳은 것을 모두 고른 것은?

> ㄱ. MPTS(Mortgage Pass-Through Securities)는 채권을 표시하는 증권으로 원리금수취권과 주택저당에 대한 채권을 모두 투자자에게 이전하는 증권이다.
>
> ㄴ. MBB(Mortgage-Backed Bond)는 모기지 풀(Pool)에서 발생하는 현금흐름으로 채권의 원리금이 지급되고, 모기지 풀의 현금흐름으로 채권의 원리금지급이 안 될 경우 발행자가 초과부담을 제공하는 채권이다.
>
> ㄷ. CMO(Collateralized Mortgage Obligation)는 원금과 조기상환대금을 받아갈 순서를 정한 증권으로 증권별로 만기가 일치하도록 만든 자동이체형 증권이다.
>
> ㄹ. MPTB(Mortgage Pay-Through Bond)는 채권으로 발행자의 대차대조표에 부채로 표시된다.
>
> ㅁ. 금융기관은 MBS(Mortgage-Backed Securities)를 통해 자기자본비율(BIS)을 높일 수 있다.

① ㄱ, ㄴ, ㄷ　　　　　　　　　② ㄱ, ㄴ, ㄹ
③ ㄱ, ㄷ, ㅁ　　　　　　　　　④ ㄴ, ㄹ, ㅁ
⑤ ㄷ, ㄹ, ㅁ

25 프로젝트 파이낸싱(PF)에 관한 설명으로 옳지 않은 것은?

① 사업주의 대차대조표에 부채로 표시되어 사업주의 부채비율에 영향을 미친다.

② 프로젝트 자체의 수익성과 향후 현금흐름을 기초로 개발에 필요한 자금을 조달한다.

③ 대출기관은 시행사에게 원리금상환을 요구하고, 시행사가 원리금을 상환하지 못하면 책임준공의 의무가 있는 시공사에게 채무상환을 요구할 수 있다.

④ 금융기관은 부동산개발사업의 사업주와 자금공여 계약을 체결한다.

⑤ 프로젝트 파이낸싱의 구조는 비소구금융이 원칙이나, 제한적 소구금융의 경우도 있다.

26 다음의 조건을 가진 오피스텔의 대부비율(LTV)은? (단, 연간 기준이며, 주어진 조건에 한함)

• 순영업소득: 4천만원	• 매매가격: 4억원
• 부채감당률: 2	• 저당상수: 0.1

① 20% ② 30%

③ 40% ④ 50%

⑤ 60%

27 아파트시장의 균형가격과 균형거래량에 관한 설명으로 옳지 않은 것은? (단, 완전탄력적과 완전비탄력적 조건이 없는 경우는 수요와 공급의 법칙에 따르며, 다른 조건은 동일함)

① 수요의 증가폭이 공급의 증가폭보다 클 경우, 균형가격은 하락하고 균형거래량은 증가한다.

② 균형상태인 아파트시장에서 건축원자재의 가격이 상승하면 균형가격은 상승하고 균형거래량은 감소한다.

③ 공급이 가격에 대해 완전탄력적인 경우, 수요가 증가하면 균형가격은 변하지 않고 균형거래량만 증가한다.

④ 공급이 가격에 대해 완전비탄력적인 경우, 수요가 증가하면 균형가격은 상승하고 균형거래량은 변하지 않는다.

⑤ 공급의 감소폭이 수요의 감소폭보다 클 경우, 균형가격은 상승하고 균형거래량은 감소한다.

28 부동산투자회사법령상 부동산투자회사에 관한 내용으로 옳지 않은 것은?

① 영업인가를 받거나 등록을 한 날부터 최저자본금준비기간이 지난 자기관리 부동산투자회사의 최저자본금은 70억원 이상이 되어야 한다.

② 최저자본금준비기간이 끝난 후에는 매 분기 말 현재 총자산의 100분의 80 이상을 부동산, 부동산 관련 증권 및 현금으로 구성하여야 한다. 이 경우 총자산의 100분의 70 이상은 부동산(건축 중인 건축물을 포함한다)이어야 한다.

③ 부동산투자회사는 부동산 등 자산의 운용에 관하여 회계처리를 할 때에는 금융감독원이 정하는 회계처리기준에 따라야 한다.

④ 부동산투자회사의 상근 임원은 다른 회사의 상근 임직원이 되거나 다른 사업을 하여서는 아니 된다.

⑤ 위탁관리 부동산투자회사란 자산의 투자·운용을 자산관리회사에 위탁하는 부동산투자회사를 말한다.

29 아파트시장에서 아파트의 수요곡선을 우측(우상향)으로 이동시킬 수 있는 요인은 모두 몇 개인가? (단, 다른 조건은 동일함)

> • 아파트 가격의 하락
> • 대체 주택 가격의 상승
> • 총부채원리금상환비율(DSR) 규제 완화
> • 가구수 증가
> • 모기지 대출(mortgage loan) 금리의 상승
> • 수요자의 실질 소득 감소
> • 부채감당률(DCR) 규제 강화

① 2개   ② 3개
③ 4개   ④ 5개
⑤ 6개

30 부동산금융에 관한 설명으로 옳은 것은? (단, 주어진 조건에 한함)

① 콜옵션(call option)은 저당대출 대출자에게 주어진 조기상환권이다.

② 금융기관은 위험을 줄이기 위해 부채감당률이 1보다 작은 대출안의 작은 순서대로 대출을 실행한다.

③ 대출수수료와 조기상환수수료를 차입자가 부담하는 경우, 차입자의 실효이자율은 조기상환시점이 앞당겨질수록 하락한다.

④ 대출조건이 동일할 경우 대출채권의 듀레이션(평균회수기간)은 원리금균등분할상환방식이 원금균등분할상환방식보다 더 길다.

⑤ 고정금리방식의 대출에서 총상환액은 원리금균등분할상환방식이 원금균등분할상환방식보다 더 작다.

31 부동산투자의 수익과 위험에 관한 설명으로 옳지 않은 것은?

① 다양한 자산들로 분산된 포트폴리오는 체계적 위험을 감소시킨다.

② 위험회피형 투자자는 위험 증가에 따른 보상으로 높은 기대수익률을 요구한다.

③ 동일한 자산들로 구성된 포트폴리오라도 자산들의 구성비중에 따라 포트폴리오의 수익과 위험이 달라진다.

④ 시장상황에 대한 자산가격의 민감도가 높을수록 수익률의 표준편차는 커진다.

⑤ 지분투자수익률은 지분투자자의 투자성과를 나타낸다.

32 다음에서 설명하는 민간투자 사업방식은?

- 시설의 소유권은 시설의 준공과 함께 정부 등에 귀속
- 사업시행자는 일정기간의 시설관리 운영권을 획득
- 사업시행자는 시설의 최종수요자로부터 이용료를 징수하여 투자비를 회수
- SOC시설 소유권을 민간에 넘기는 것이 부적절한 경우에 주로 사용

① BOT(build-operate-transfer)방식
② BTO(build-transfer-operate)방식
③ BLT(build-lease-transfer)방식
④ LBO(lease-build-operate)방식
⑤ BOO(build-own-operate)방식

33 다음과 같은 조건에서 대상부동산의 수익가액 산정 시 적용할 환원이율(capitalization rate)은? (단, 주어진 조건에 한함)

- 가능총소득(PGI): 연 85,000,000원
- 공실상당액: 가능총소득의 5%
- 재산관리수수료: 가능총소득의 2%
- 유틸리티비용: 가능총소득의 2%
- 관리직원인건비: 가능총소득의 3%
- 부채서비스액: 연 20,000,000원
- 대부비율: 25%
- 대출조건: 이자율 연 4%로 28년간 매년 원리금균등분할상환(고정금리)
- 저당상수(이자율 연 4%, 기간 28년): 0.06

① 5.61% ② 5.66%
③ 5.71% ④ 5.76%
⑤ 5.81%

34 부동산투자에 관한 설명으로 옳지 않은 것은? (단, 주어진 조건에 한함)

① 영업비용비율(OER)은 운영경비(OE)를 유효총소득(EGI)으로 나눈 비율이다.
② 총부채상환비율(DTI)이 높을수록 차입자의 부채상환가능성이 낮아진다.
③ 채무불이행률(DR)은 유효총소득(EGI)으로 운영경비(OE)와 부채서비스(DS)를 감당할 수 있는 정도를 나타낸다.
④ 총투자수익률(ROI)은 총투자액을 순영업소득(NOI)으로 나눈 비율이다.
⑤ 지분투자수익률(ROE)은 세후현금흐름(ATCF)을 지분투자액으로 나눈 비율이다.

35 부동산 마케팅활동에 관한 설명으로 옳지 않은 것은?

① 시장세분화란 부동산시장에서 마케팅활동을 수행하기 위하여 구매자의 집단을 세분화하는 것이다.

② 세분시장은 그 규모와 구매력 등의 특성이 측정될 수 있어야 한다.

③ 세분시장은 개념적으로 구분될 수 있으며 마케팅 믹스 요소에 대해 동일하게 반응한다.

④ 표적시장이란 세분화된 시장 중 가장 효과적인 성과가 기대되어 마케팅활동의 수행대상이 되는 시장을 말한다.

⑤ 포지셔닝은 표적시장에서 고객의 욕구를 파악하여 경쟁제품과 차별화된 자사제품의 개념을 정해 이를 소비자의 지각 속에 적절히 위치시키는 것이다.

36 부동산투자분석에 관한 내용으로 옳지 않은 것은?

① 동일한 현금흐름을 가지는 투자안이라도 투자자의 요구수익률에 따라 순현재가치는 달라질 수 있다.

② 서로 다른 내부수익률을 가지는 두 자산에 동시에 투자하는 투자안의 내부수익률은 각 자산의 내부수익률을 더한 것과 같다.

③ 동일한 투자안에 대해 내부수익률이 복수로 존재할 수 있다.

④ 내부수익률법에서는 내부수익률과 요구수익률을 비교하여 투자의사결정을 한다.

⑤ 투자규모에 차이가 나는 상호배타적인 투자안을 검토할 때, 순현재가치법과 수익성지수법을 통한 의사결정이 달라질 수 있다.

37 부동산관리의 위탁관리방식에 관한 설명으로 옳지 않은 것은?

① 신뢰도가 높은 업체를 선정하는 것이 중요하다.

② 관리업무의 전문성과 효율성을 제고할 수 있다.

③ 오피스빌딩과 같은 대형건물의 관리에 유용하다.

④ 관리환경 변화에 대한 예측과 적응에 유리하다.

⑤ 자기관리방식보다 기밀유지 측면에서 유리하다.

38 부동산투자에서 (ㄱ)타인자본을 활용하지 않은 경우와 (ㄴ)타인자본을 40% 활용하는 경우, 각각의 1년간 자기자본수익률(%)은? (단, 주어진 조건에 한함)

- 부동산 매입가격: 10,000만원
- 1년 후 부동산 처분
- 순영업소득(NOI): 연 500만원(기간 말 발생)
- 보유기간 동안 부동산가격 상승률: 연 2%
- 대출조건: 이자율 연 4%, 대출기간 1년, 원리금은 만기일시상환

① ㄱ: 7.0, ㄴ: 7.0 　　② ㄱ: 7.0, ㄴ: 8.0
③ ㄱ: 7.0, ㄴ: 9.0 　　④ ㄱ: 7.5, ㄴ: 8.0
⑤ ㄱ: 7.5, ㄴ: 9.0

39 다음은 매장의 매출액이 손익분기점 매출액 이하이면 기본임대료만 지급하고, 손익분기점 매출액 초과이면 초과매출액에 대하여 일정 임대료율을 적용한 추가임대료를 기본임대료에 가산하여 임대료를 지급하는 비율임대차(percentage lease)방식의 임대차계약의 조건이다. 이 임대차계약에서 계약기간 동안 지급할 것으로 예상되는 임대료의 합계는? (단, 주어진 조건에 한함)

- 계약기간: 1년(1월 ~ 12월)
- 매장 임대면적: 200㎡
- 임대면적당 기본임대료: 월 5만원/㎡
- 손익분기점 매출액: 월 2,000만원
- 각 월별 예상매출액
  - 1월 ~ 7월: 8만원/㎡
  - 8월 ~ 12월: 20만원/㎡
- 손익분기점 초과 시 초과매출액에 대한 임대료율: 10%

① 11,000만원 　　② 11,500만원
③ 12,000만원 　　④ 12,500만원
⑤ 13,000만원

40 부동산개발방식에 관한 설명으로 옳은 것을 모두 고른 것은?

> ㄱ : 토지소유자와의 약정에 의해 수익증권을 발행하고 수익증권의 소유자에게 수익을 배당하는 방식
>
> ㄴ : 원래의 토지소유자에게 사업 후 사업에 소요된 비용 등을 제외하고 면적비율에 따라 돌려주는 방식
>
> ㄷ : 공익성이 강하고 대량공급이 가능한 택지개발사업에서 주로 수행하는 방식

① ㄱ: 신탁방식,　　ㄴ: 환지방식, ㄷ: 공영개발방식
② ㄱ: 신탁방식,　　ㄴ: 수용방식, ㄷ: 공영개발방식
③ ㄱ: 사업위탁방식, ㄴ: 환지방식, ㄷ: 민간개발방식
④ ㄱ: 사업위탁방식, ㄴ: 수용방식, ㄷ: 민간개발방식
⑤ ㄱ: 컨소시엄방식, ㄴ: 수용방식, ㄷ: 민관협력개발방식

2023년 제34회 기출문제

01 토지의 분류 및 용어에 관한 설명으로 옳은 것은?

① 획지(劃地)는 하나의 필지 중 일부에 대해서도 성립한다.

② 건부지(建敷地)는 건축물의 부지로 이용 중인 토지 또는 건축물의 부지로 이용가능한 토지를 말한다.

③ 나지(裸地)는 택지 중 정착물이 없는 토지로서 공법상 제한이 없는 토지를 말한다.

④ 제내지(堤內地)는 제방으로부터 하심측으로의 토지를 말한다.

⑤ 일단지(一團地)는 용도상 불가분의 관계에 있는 두 필지 이상을 합병한 토지를 말한다.

02 감정평가사 A가 실지조사를 통해 확인한 1개 동의 건축물 현황이 다음과 같다. 건축법령상 용도별 건축물의 종류는?

> • 1층 전부를 필로티 구조로 하여 주차장으로 사용하며, 2층부터 5층까지 주택으로 사용함
> • 주택으로 쓰는 바닥면적의 합계가 1,000m^{2}임
> • 세대수 합계가 16세대로서 모든 세대에 취사시설이 설치됨

① 아파트   ② 기숙사

③ 연립주택   ④ 다가구주택

⑤ 다세대주택

03 등기를 통해 소유권을 공시하는 물건 또는 권리는 몇 개인가? (기출 수정)

> • 총톤수 30톤인 기선(機船)
> • 적재용량 25톤인 덤프트럭
> • 최대 이륙중량 400톤인 항공기
> • 동력차 2량과 객차 8량으로 구성된 철도차량
> • 면허를 받아 김 양식업을 경영할 수 있는 권리
> • 5천만원을 주고 구입하여 심은 한 그루의 소나무

① 1개   ② 2개
③ 3개   ④ 4개
⑤ 5개

04 주택법령상 준주택에 해당하지 않는 것은?

① 건축법령상 공동주택 중 기숙사
② 건축법령상 업무시설 중 오피스텔
③ 건축법령상 숙박시설 중 생활숙박시설
④ 건축법령상 제2종 근린생활시설 중 다중생활시설
⑤ 건축법령상 노유자시설 중 노인복지시설로서 「노인복지법」상 노인복지주택

05 토지의 특성과 내용에 관한 설명으로 옳지 않은 것은?

① 토지는 시간의 경과에 의해 마멸되거나 소멸되지 않으므로 투자재로서 선호도가 높다.
② 물리적으로 완전히 동일한 토지는 없으므로 부동산시장은 불완전경쟁시장이 된다.
③ 토지는 공간적으로 연결되어 있으므로 외부효과를 발생시키고, 개발이익 환수의 근거가 된다.
④ 토지는 용익물권의 목적물로 활용할 수 있으므로 하나의 토지에 다양한 물권자가 존재할 수 있다.
⑤ 토지의 소유권은 정당한 이익 있는 범위 내에서 토지의 상하에 미치며, 한계고도와 한계 심도의 범위는 법률로 정하고 있다.

06 감정평가사 A는 표준지공시지가의 조사·평가를 의뢰받고 실지조사를 통해 표준지에 대해 다음과 같이 확인하였다. 표준지조사·평가보고서상 토지특성 기재방법의 연결이 옳은 것은?

> ㄱ. 토지이용상황 : 주변의 토지이용상황이 '전'으로서 돈사와 우사로 이용되고 있음
> ㄴ. 도로접면 : 폭 10미터의 도로와 한면이 접하면서 자동차 통행이 불가능한 폭 2미터의 도로에 다른 한면이 접함

① ㄱ : 전기타, ㄴ : 중로한면   ② ㄱ : 전기타, ㄴ : 소로한면
③ ㄱ : 전축사, ㄴ : 소로각지   ④ ㄱ : 전축사, ㄴ : 소로한면
⑤ ㄱ : 목장용지, ㄴ : 소로한면

07 아파트 가격이 5% 하락함에 따라 아파트의 수요량 4% 증가, 아파트의 공급량 6% 감소, 연립주택의 수요량이 2% 증가하는 경우, (ㄱ) 아파트 공급의 가격탄력성, (ㄴ) 아파트와 연립주택의 관계는? (단, 수요의 가격탄력성은 절댓값이며, 주어진 조건에 한함)

① ㄱ : 탄력적, ㄴ : 보완재   ② ㄱ : 비탄력적, ㄴ : 보완재
③ ㄱ : 탄력적, ㄴ : 대체재   ④ ㄱ : 비탄력적, ㄴ : 대체재
⑤ ㄱ : 단위탄력적, ㄴ : 대체재

08 부동산의 가격탄력성과 균형변화에 관한 설명으로 옳지 않은 것은? (단, 완전탄력적과 완전비탄력적 조건이 없는 경우 수요와 공급법칙에 따르며, 다른 조건은 동일함)

① 공급이 완전비탄력적일 경우, 수요가 증가하면 균형가격은 상승하고 균형량은 불변이다.
② 수요가 완전비탄력적일 경우, 공급이 감소하면 균형가격은 상승하고 균형량은 불변이다.
③ 수요가 완전탄력적일 경우, 공급이 증가하면 균형가격은 불변이고 균형량은 증가한다.
④ 공급이 증가하는 경우, 수요의 가격탄력성이 작을수록 균형가격의 하락폭은 크고 균형량의 증가폭은 작다.
⑤ 수요가 증가하는 경우, 공급의 가격탄력성이 작을수록 균형가격의 상승폭은 작고 균형량의 증가폭은 크다.

09 저량(stock)의 경제변수가 아닌 것은?

① 가계자산   ② 주택가격
③ 주택재고량   ④ 주택보급률
⑤ 신규주택 공급량

10 부동산시장에 관한 설명으로 옳은 것은?

① 할당 효율적 시장은 완전경쟁시장을 의미하며 불완전경쟁시장은 할당 효율적 시장이 될 수 없다.
② 완전경쟁시장이나 강성 효율적 시장에서는 할당 효율적인 시장만 존재한다.
③ 약성 효율적 시장에서 과거의 역사적 정보를 통해 정상 이상의 수익을 획득할 수 있다.
④ 완전경쟁시장에서는 초과이윤이 발생할 수 있다.
⑤ 준강성 효율적 시장에서 공표된 정보는 물론 공표되지 않은 정보도 시장가치에 반영된다.

11 부동산시장의 수요와 공급의 가격탄력성에 관한 설명으로 옳지 않은 것은? (단, 다른 조건은 동일함)

① 측정하는 기간이 길수록 수요의 탄력성은 더 탄력적이다.
② 공급의 탄력성은 생산요소를 쉽게 얻을 수 있는 상품일수록 더 탄력적이다.
③ 수요의 탄력성이 탄력적일 경우 임대료가 상승하면 전체 임대수입은 감소한다.
④ 대체재가 많을수록 수요의 탄력성은 더 탄력적이다.
⑤ 제품의 가격이 가계소득에서 차지하는 비중이 작을수록 수요의 탄력성이 더 탄력적이다.

12 A도시와 B도시 사이에 있는 C도시는 A도시로부터 5km, B도시로부터 10km 떨어져 있다. 각 도시의 인구 변화가 다음과 같을 때, 작년에 비해 금년에 C도시로부터 B도시의 구매활동에 유인되는 인구수의 증가는? (단, 레일리(W. Reilly)의 소매인력법칙에 따르고, C도시의 모든 인구는 A도시와 B도시에서만 구매하며, 다른 조건은 동일함)

구분	작년 인구수	금년 인구수
A도시	5만 명	5만 명
B도시	20만 명	30만 명
C도시	2만 명	3만 명

① 6,000명
② 7,000명
③ 8,000명
④ 9,000명
⑤ 10,000명

13 시장실패의 원인으로 옳지 않은 것은?

① 외부효과
② 정보의 대칭성
③ 공공재의 공급
④ 불완전경쟁시장
⑤ 시장의 자율적 조절기능 상실

14 외부효과에 관한 설명으로 옳은 것은?

① 외부효과란 거래 당사자가 시장메커니즘을 통하여 상대방에게 미치는 유리하거나 불리한 효과를 말한다.

② 부(−)의 외부효과는 의도되지 않은 손해를 주면서 그 대가를 지불하지 않는 외부경제라고 할 수 있다.

③ 정(+)의 외부효과는 소비에 있어 사회적 편익이 사적 편익보다 큰 결과를 초래한다.

④ 부(−)의 외부효과에는 보조금 지급이나 조세경감의 정책이 필요하다.

⑤ 부(−)의 외부효과는 사회적 최적생산량보다 시장생산량이 적은 과소생산을 초래한다.

15 투자부동산 A에 관한 투자분석을 위해 관련 자료를 수집한 내용은 다음과 같다. 이 경우 순영업소득은? (단, 주어진 자료에 한하며, 연간 기준임)

• 유효총소득 : 360,000,000원	• 직원 인건비 : 80,000,000원
• 대출원리금 상환액 : 50,000,000원	• 감가상각비 : 40,000,000원
• 수도광열비 : 36,000,000원	• 용역비 : 30,000,000원
• 수선유지비 : 18,000,000원	• 재산세 : 18,000,000원
• 공실손실상당액·대손충당금 : 18,000,000원	• 사업소득세 : 3,000,000원

① 138,000,000원   ② 157,000,000원

③ 160,000,000원   ④ 178,000,000원

⑤ 258,000,000원

16 부동산투자와 위험에 관한 설명으로 옳은 것은?

① 상업용 부동산투자는 일반적으로 다른 상품에 비하여 초기투자비용이 많이 들며 투자비용의 회수기간이 길지만 경기침체에 민감하지 않아 투자위험이 낮다.

② 시장위험이란 부동산이 위치한 입지여건의 변화 때문에 발생하는 위험으로서, 부동산시장의 수요·공급과 관련된 상황의 변화와 관련되어 있다.

③ 사업위험이란 부동산 사업자체에서 발생하는 수익성 변동의 위험을 말하며 시장위험, 입지위험, 관리·운영위험 등이 있다.

④ 법·제도적 위험에는 소유권위험, 정부정책위험, 정치적 위험, 불가항력적 위험, 유동성위험이 있다.

⑤ 위험과 수익 간에는 부(−)의 관계가 성립한다.

17 부동산투자에 관한 설명으로 옳은 것은?

① 부동산투자는 부동산이 갖고 있는 고유한 특성이 있지만 환금성, 안전성 측면에서 주식 투자와 다르지 않다.

② 부동산은 실물자산이기 때문에 인플레이션 방어 능력이 우수하여 디플레이션과 같은 경기침체기에 좋은 투자대상이다.

③ 부동산은 다른 투자상품에 비하여 거래비용의 부담이 크지만 부동산시장은 정보의 대칭성으로 인한 효율적 시장이다.

④ 부동산투자는 부동산의 사회적·경제적·행정적 위치의 가변성 등으로 인해 부동산시장의 변화를 면밀히 살펴야 한다.

⑤ 투자의 금융성이란 투자자가 투자자산을 필요한 시기에 손실 없이 현금으로 전환할 수 있는 안전성의 정도를 말한다.

18 부동산투자에 관한 설명으로 옳은 것을 모두 고른 것은?

> ㄱ. 순현재가치(NPV)법이란 투자로부터 발생하는 현재와 미래의 모든 현금흐름을 적절한 할인율로 할인하여 현재가치로 환산하고 이를 통하여 투자의사결정에 이용하는 기법이다.
>
> ㄴ. 추계된 현금수지에 대한 위험을 평가하는 위험할증률의 추계는 투자기간의 결정 및 현금수지에 대한 예측 이전에 해야 한다.
>
> ㄷ. 내부수익률(IRR)이란 투자로부터 발생하는 미래의 현금흐름의 순현재가치와 부동산가격을 1로 만드는 할인율을 말한다.
>
> ㄹ. 수익성지수(PI)는 투자로 인해 발생하는 현금유입의 현재가치를 현금유출의 현재가치로 나눈 비율로서 1보다 크면 경제적 타당성이 있는 것으로 판단한다.

① ㄱ, ㄹ

② ㄴ, ㄷ

③ ㄱ, ㄴ, ㄷ

④ ㄱ, ㄴ, ㄹ

⑤ ㄱ, ㄴ, ㄷ, ㄹ

19 화폐의 시간가치에 관한 설명으로 옳지 않은 것은?

① 인플레이션, 화폐의 시차선호, 미래의 불확실성은 화폐의 시간가치를 발생시키는 요인
이다.

② 감채기금이란 일정기간 후에 일정금액을 만들기 위해 매 기간 납입해야 할 금액을 말한다.

③ 연금의 미래가치란 매 기간 마다 일정금액을 불입해 나갈 때, 미래 일정시점에서의 불입
금액 총액의 가치를 말한다.

④ 현재가치에 대한 미래가치를 산출하기 위하여 사용하는 이율을 이자율이라 하고, 미래가
치에 대한 현재가치를 산출하기 위하여 사용하는 이율을 할인율이라 한다.

⑤ 부동산 경기가 침체하는 시기에 상업용 부동산의 수익이 일정함에도 불구하고 부동산
가격이 떨어지는 것은 할인율이 낮아지기 때문이다.

20 A씨는 주택을 구입하고자 한다. 다음 조건과 같이 기존 주택저당대출을 승계할 수 있다면 신
규 주택저당대출 조건과 비교할 때, 이 승계권의 가치는 얼마인가? (단, 주어진 자료에 한함)

> • 기존 주택저당대출 조건
> – 현재 대출잔액 : 1억 5천만원
> – 원리금균등분할상환방식 : 만기 20년, 대출금리 5%, 고정금리대출
> • 신규 주택저당대출 조건
> – 대출금액 : 1억 5천만원
> – 원리금균등분할상환방식 : 만기 20년, 대출금리 7%, 고정금리대출
> • 월 기준 연금현가계수
> – (5%, 20년) : 150
> – (7%, 20년) : 125

① 2,000만원   ② 2,250만원

③ 2,500만원   ④ 2,750만원

⑤ 3,000만원

21 주택금융의 상환방식에 관한 설명으로 옳지 않은 것은?

① 만기일시상환방식은 대출만기 때까지는 원금상환이 전혀 이루어지지 않기에 매월 내는 이자가 만기 때까지 동일하다.

② 원금균등분할상환방식은 대출 초기에 대출원리금의 지급액이 가장 크기에 차입자의 원리금지급 부담도 대출 초기에 가장 크다.

③ 원리금균등분할상환방식은 매기의 대출원리금이 동일하기에 대출 초기에는 대체로 원금상환 부분이 작고 이자지급 부분이 크다.

④ 점증상환방식은 초기에 대출이자를 전부 내고, 나머지 대출원금을 상환하는 방식으로 부의 상환(negative amortization)이 일어날 수 있다.

⑤ 원금균등분할상환방식이나 원리금균등분할상환방식에서 거치기간을 별도로 정할 수 있다.

22 프로젝트 금융에 관한 설명으로 옳은 것은?

① 기업 전체의 자산 또는 신용을 바탕으로 자금을 조달하고, 기업의 수익으로 원리금을 상환하거나 수익을 배당하는 방식의 자금조달기법이다.

② 프로젝트 사업주는 기업 또는 개인일 수 있으나, 법인은 될 수 없다.

③ 프로젝트 사업주는 대출기관으로부터 상환청구를 받지는 않으나, 이러한 방식으로 조달한 부채는 사업주의 재무상태표에는 부채로 계상된다.

④ 프로젝트 회사가 파산 또는 청산할 경우, 채권자들은 프로젝트 회사에 대해 원리금상환을 청구할 수 없다.

⑤ 프로젝트 사업주의 도덕적 해이를 방지하기 위해 금융기관은 제한적 소구금융의 장치를 마련해두기도 한다.

23 부동산금융 및 투자에 관한 설명으로 옳지 않은 것은?

① 부동산금융은 부동산의 매입이나 매각, 개발 등과 관련하여 자금이나 신용을 조달하거나 제공하는 것을 말한다.

② 부동산의 특성과 관련하여 분할거래의 용이성과 생산의 장기성으로 인해 부동산금융은 부동산의 거래나 개발 등에서 중요한 역할을 하게 된다.

③ 부동산투자에서 지분투자자가 대상 부동산에 가지는 권한을 지분권이라 하고, 저당투자자가 대상 부동산에 가지는 권한을 저당권이라 한다.

④ 부동산보유자는 보유부동산의 증권화를 통해 유동성을 확보할 수 있다.

⑤ 부동산금융이 일반금융과 다른 점으로는 담보기능과 감가상각 및 차입금 이자에 대한 세금감면이 있다.

24 부동산시장 세분화에 관한 설명으로 옳지 않은 것은?

① 시장세분화는 가격차별화, 최적의사결정, 상품차별화 등에 기초하여 부동산시장을 서로 다른 둘 또는 그 이상의 상위시장으로 묶는 과정이다.

② 시장을 세분화하는 데 주로 사용되는 기준으로는 지리적 변수, 인구통계학적 변수, 심리적 변수, 행동적 변수 등이 있다.

③ 시장세분화 전략은 세분된 시장을 대상으로 상품의 판매 지향점을 명확히 하는 것을 말한다.

④ 부동산회사가 세분시장을 평가할 때, 우선해야 할 사항으로 적절한 시장규모와 성장성을 들 수 있다.

⑤ 세분시장에서 경쟁력과 매력도를 평가할 때 기존 경쟁자의 위협, 새로운 경쟁자의 위협, 대체재의 위협, 구매자의 협상력 증가 위협, 공급자의 협상력 증가 위협 등을 고려한다.

25 다음 설명에 모두 해당하는 부동산개발방식은?

> • 사업부지를 소유하고 있는 토지소유자가 개발이 완료된 후 개발업자나 시공사에게 공사대금을 완공된 일부의 건물로 변제하고, 나머지는 분양하거나 소유하는 형태이다.
> • 토지소유자는 대상 부지의 소유권을 소유한 상태에서 개발사업이 진행되도록 유도할 수 있고, 그 결과 발생되는 부동산가치의 상승분을 취득할 수 있는 이점이 있다.

① 공영개발방식   ② 직접개발방식
③ 대물교환방식   ④ 토지신탁방식
⑤ BTL사업방식

26 부동산개발사업의 위험에 관한 설명이다. (   )에 들어갈 내용으로 옳은 것은?

> • (ㄱ)은 추정된 토지비, 건축비, 설계비 등 개발비용의 범위 내에서 개발이 이루어져야 하는데, 인플레이션 및 예상치 못한 개발기간의 장기화 등으로 발생할 수 있다.
> • (ㄴ)은 용도지역제와 같은 토지이용규제의 변화와 관계기관 인허가 승인의 불확실성 등으로 야기될 수 있다.
> • (ㄷ)은 개발기간 중 이자율의 변화, 시장침체에 따른 공실의 장기화 등이 원인일 수 있다.

① ㄱ : 시장위험, ㄴ : 계획위험, ㄷ : 비용위험
② ㄱ : 시장위험, ㄴ : 법률위험, ㄷ : 비용위험
③ ㄱ : 비용위험, ㄴ : 계획위험, ㄷ : 시장위험
④ ㄱ : 비용위험, ㄴ : 법률위험, ㄷ : 시장위험
⑤ ㄱ : 비용위험, ㄴ : 법률위험, ㄷ : 계획위험

27 도시 및 주거환경정비법령상 다음에 해당하는 정비사업은?

> 도시저소득 주민이 집단거주하는 지역으로서 정비기반시설이 극히 열악하고 노후·불량건축물이 과도하게 밀집한 지역의 주거환경을 개선하거나 단독주택 및 다세대주택이 밀집한 지역에서 정비기반시설과 공동이용시설 확충을 통하여 주거환경을 보전·정비·개량하기 위한 사업

① 도시환경정비사업 ② 주거환경개선사업
③ 주거환경관리사업 ④ 가로주택정비사업
⑤ 재정비촉진사업

28 부동산신탁에 관한 설명으로 옳지 않은 것은?

① 신탁회사의 전문성을 통해 이해관계자들에게 안전성과 신뢰성을 제공해 줄 수 있다.
② 부동산신탁의 수익자란 신탁행위에 따라 신탁이익을 받는 자를 말하며, 위탁자가 지정한 제3자가 될 수도 있다.
③ 부동산신탁계약에서의 소유권 이전은 실질적 이전이 아니라 등기부상의 형식적 소유권 이전이다.
④ 신탁재산은 법률적으로 수탁자에게 귀속되지만 수익자를 위한 재산이므로 수탁자의 고유재산 및 위탁자의 고유재산으로부터 독립된다.
⑤ 부동산담보신탁은 저당권 설정보다 소요되는 경비가 많고, 채무불이행 시 부동산 처분 절차가 복잡하다.

29 공인중개사법령상 개업공인중개사가 인터넷을 이용하여 중개대상물인 건축물에 관한 표시·광고를 할 때 명시하여야 하는 사항이 아닌 것은?

① 건축물의 방향　　　　　　　　　② 건축물의 소유자
③ 건축물의 총 층수　　　　　　　　④ 건축물의 준공검사를 받은 날
⑤ 건축물의 주차대수 및 관리비

30 공인중개사법령상 중개계약 시 거래계약서에 기재하여야 하는 사항은 모두 몇 개인가?

- 물건의 표시
- 권리이전의 내용
- 물건의 인도일시
- 거래당사자의 인적 사항
- 거래금액·계약금액 및 그 지급일자 등 지급에 관한 사항
- 계약의 조건이나 기한이 있는 경우에는 그 조건 또는 기한

① 2개　　　　　　　　　② 3개
③ 4개　　　　　　　　　④ 5개
⑤ 6개

31 우리나라의 부동산 조세정책에 관한 설명으로 옳은 것을 모두 고른 것은?

ㄱ. 부가가치세와 등록면허세는 국세에 속한다.
ㄴ. 재산세와 상속세는 신고납부방식이다.
ㄷ. 증여세와 재산세는 부동산의 보유단계에 부과한다.
ㄹ. 상속세와 증여세는 누진세율을 적용한다.

① ㄹ　　　　　　　　　② ㄱ, ㄹ
③ ㄴ, ㄷ　　　　　　　④ ㄱ, ㄴ, ㄷ
⑤ ㄱ, ㄴ, ㄹ

32 우리나라의 부동산등기제도와 권리분석에 관한 설명으로 옳지 않은 것은?

① 소유권이전등기 청구권을 확보하기 위해 처분금지가처분의 등기가 가능하다.
② 현재 환매(특약)등기제와 예고등기제는 「부동산등기법」상 폐지되었다.
③ 등기의 순서는 같은 구(區)에서 한 등기 상호 간에는 순위번호에 따른다.
④ 근저당권과 담보가등기는 부동산경매에서 말소기준권리가 된다.
⑤ 부동산임차권은 부동산물권이 아니지만 등기할 수 있다.

33 등기사항전부증명서의 갑구(甲區)에서 확인할 수 없는 내용은?

① 가압류
② 가등기
③ 소유권
④ 근저당권
⑤ 강제경매개시결정

34 토지에 관한 강제경매절차에서 토지의 부합물로서 낙찰자가 소유권을 취득할 수 있는 경우를 모두 고른 것은? (다툼이 있으면 판례에 의함)

> ㄱ. 토지소유자가 마당에 설치한 연못
> ㄴ. 타인이 토지소유자의 동의 없이 임의로 심은 조경수
> ㄷ. 토지에 지상권을 가진 자가 경작을 위해 심은 감나무
> ㄹ. 기둥, 지붕 및 주벽의 공사가 완료되어 건물로서의 외관을 갖추었으나 사용승인을 받지 못한 건물

① ㄱ, ㄴ
② ㄴ, ㄷ
③ ㄱ, ㄴ, ㄷ
④ ㄱ, ㄷ, ㄹ
⑤ ㄱ, ㄴ, ㄷ, ㄹ

35 감정평가에 관한 규칙과 감정평가 실무기준상 임대료 감정평가에 관한 설명으로 옳지 않은 것은?

① 임대사례비교법으로 감정평가할 때 임대사례에 특수한 사정이나 개별적 동기가 반영되어 수집된 임대사례의 임대료가 적절하지 못한 경우에는 사정보정을 통해 그러한 사정이 없었을 경우의 적절한 임대료 수준으로 정상화하여야 한다.

② 시점수정은 대상물건의 임대료 변동률로 함을 원칙으로 한다.

③ 감정평가법인등은 임대료를 감정평가할 때에 임대사례비교법을 적용해야 한다.

④ 적산법은 원가방식에 기초하여 대상물건의 임대료를 산정하는 감정평가방법이다.

⑤ 수익분석법이란 일반기업 경영에 의하여 산출된 총수익을 분석하여 대상물건이 일정한 기간에 산출할 것으로 기대되는 순수익에 대상물건을 계속하여 임대하는 데에 필요한 경비를 더하여 대상물건의 임대료를 산정하는 감정평가방법을 말한다.

36 감정평가방법 중 거래사례비교법과 관련된 설명으로 옳지 않은 것은?

① 거래사례비교법은 실제 거래되는 가격을 준거하므로 현실성이 있으며 설득력이 풍부하다는 장점이 있다.

② 거래사례비교법과 관련된 가격원칙은 대체의 원칙이고, 구해진 가액은 비준가액이라 한다.

③ 거래사례비교법은 대상부동산과 동질·동일성이 있어서 비교 가능한 사례를 채택하는 것이 중요하다.

④ 거래사례는 위치에 있어서 동일성 내지 유사성이 있어야 하며, 인근지역에 소재하는 경우에는 지역요인비교를 하여야 한다.

⑤ 거래사례에 사정보정요인이 있는 경우 우선 사정보정을 하고, 거래시점과 기준시점 간의 시간적 불일치를 정상화하는 작업인 시점수정을 하여야 한다.

37 감정평가방식 중 원가방식에 관련된 설명으로 옳은 것은?

① 원가방식은 대체의 원칙, 수요와 공급의 원칙, 균형의 원칙, 외부의 원칙, 예측의 원칙과 밀접한 관련이 있다.

② 재조달원가란 대상물건을 기준시점에 재생산 또는 재취득하는 데 필요한 적정원가의 총액으로서 원칙적으로 그 대상물건값의 상한선을 나타낸다.

③ 대치원가(replacement cost)란 건축자재, 설비공법 등에 있어 신축시점의 표준적인 것을 사용한 적정원가로서 이미 기능적 감가는 반영되어 있다.

④ 재조달원가를 구하는 방법은 직접법으로 총가격적산법(총량조사법), 변동률적용법(비용지수법) 등이 있고, 간접법으로 부분별단가적용법, 단위비교법 등이 있다.

⑤ 감가수정에 있어서 감가요인은 물리적 요인, 기능적 요인, 경제적 요인이 있으며, 감가상각에 있어서 감가요인은 물리적 요인, 경제적 요인이 있다.

38 다음 조건을 가진 부동산을 통해 산출한 내용으로 옳지 않은 것은? (단, 주어진 조건에 한함)

- 가능총소득(PGI) : 연 150,000,000원
- 공실손실상당액·대손충당금 : 가능총소득의 10%
- 운영경비(OE) : 유효총소득의 30%
- 대출원리금 상환액 : 연 40,000,000원
- 가격구성비 : 토지 40%, 건물 60%
- 토지환원이율 : 연 3%
- 건물환원이율 : 연 5%

① 운영경비는 40,500,000원이다.

② 종합환원이율은 연 4.2%이다.

③ 순영업소득(NOI)은 94,500,000원이다.

④ 유효총소득(EGI)은 135,000,000원이다.

⑤ 세전현금흐름(BTCF)은 53,500,000원이다.

39 다음 자료를 활용하여 공시지가기준법으로 평가한 대상토지의 시산가액(m^2당 단가)은?

- 대상토지 현황 : A시 B구 C동 101번지, 일반상업지역, 상업나지
- 기준시점 : 2023.04.08.
- 비교표준지 : A시 B구 C동 103번지, 일반상업지역, 상업나지
  2023.01.01. 기준 표준지공시지가 10,000,000원/m^2
- 지가변동률 : 1) 2023.01.01. ~ 2023.03.31. : −5.00%
  2) 2023.04.01. ~ 2023.04.08. : −2.00%
- 지역요인 : 비교표준지는 대상토지의 인근지역에 위치함
- 개별요인 : 대상토지는 비교표준지대비 획지조건에서 4% 열세하고, 환경조건에서 5% 우세하며, 다른 조건은 동일함
- 그 밖의 요인보정 : 대상토지 인근지역의 가치형성요인이 유사한 정상적인 거래사례 및 평가사례 등을 고려하여 그 밖의 요인으로 20% 증액 보정함
- 상승식으로 계산할 것
- 산정된 시산가액의 천원 미만은 버릴 것

① 11,144,000원   ② 11,168,000원
③ 11,190,000원   ④ 11,261,000원
⑤ 11,970,000원

40 감정평가에 관한 규칙의 내용으로 옳지 않은 것은?

① 시장가치란 감정평가의 대상이 되는 토지 등이 통상적인 시장에서 충분한 기간 동안 거래를 위하여 공개된 후 그 대상물건의 내용에 정통한 당사자 사이에 신중하고 자발적인 거래가 있을 경우 성립될 가능성이 가장 높다고 인정되는 대상물건의 가액을 말한다.

② 일체로 이용되고 있는 대상물건의 일부분에 대하여 감정평가하여야 할 특수한 목적이나 합리적인 이유가 있는 경우에는 그 부분에 대하여 감정평가할 수 있다.

③ 감정평가는 대상물건마다 개별로 하여야 하되, 가치를 달리하는 부분은 이를 구분하여 감정평가할 수 있다.

④ 감정평가법인등은 과수원을 감정평가할 때에 공시지가기준법을 적용해야 한다.

⑤ 감정평가는 기준시점에서의 대상물건의 이용상황(불법적이거나 일시적인 이용은 제외한다) 및 공법상 제한을 받는 상태를 기준으로 한다.

2022년 제33회 기출문제

01 토지에 관한 설명으로 옳지 않은 것은?

① 공간으로서 토지는 지표, 지하, 공중을 포괄하는 3차원 공간을 의미한다.

② 자연으로서 토지는 인간의 노력에 의해 그 특성을 바꿀 수 없다.

③ 소비재로서 토지는 그 가치가 시장가치와 괴리되는 경우가 있다.

④ 생산요소로서 토지는 그 가치가 토지의 생산성에 영향을 받는다.

⑤ 재산으로서 토지는 사용·수익·처분의 대상이 된다.

02 부동산 활동에 관련된 설명으로 옳은 것을 모두 고른 것은?

ㄱ. 공유지(共有地)란 1필지의 토지를 2인 이상이 공동으로 소유한 토지로, 지분비율 또는 지분의 위치에 따라 감정평가한다.

ㄴ. 일단지란 용도상 불가분의 관계에 있고 지가형성요인이 같은 2필지 이상의 토지로, 필지별로 감정평가한다.

ㄷ. 선하지란 고압선 아래의 토지로, 고압선 등 통과부분의 면적 등 제한의 정도를 고려하여 감정평가한다.

ㄹ. 맹지란 도로와 접한 면이 없는 토지로, 도로로 사용하기 위한 지역권이 설정되어 있는 경우 도로가 있는 것으로 보고 감정평가한다.

ㅁ. 환지란 도시개발사업에서 사업 전 토지의 위치 등을 고려하여 소유자에게 재분배하는 사업 후의 토지로, 환지처분 이전에 환지예정지로 지정된 경우에는 종전 토지의 위치 등을 기준으로 감정평가한다.

① ㄱ, ㄴ, ㄷ   ② ㄱ, ㄷ, ㄹ

③ ㄱ, ㄷ, ㅁ   ④ ㄴ, ㄷ, ㄹ

⑤ ㄴ, ㄹ, ㅁ

03 토지의 특성에 관한 설명이다. (   )에 들어갈 내용으로 옳게 연결된 것은?

> • (ㄱ)은 토지에 대한 소유욕을 증대시키며 토지이용을 집약화시킨다.
> • (ㄴ)은 임장활동과 지역분석의 근거가 된다.
> • (ㄷ)은 토지 간의 비교를 어렵게 하며 완전한 대체를 제약시킨다.

① ㄱ : 개별성, ㄴ : 부동성, ㄷ : 영속성
② ㄱ : 영속성, ㄴ : 부동성, ㄷ : 용도의 다양성
③ ㄱ : 영속성, ㄴ : 인접성, ㄷ : 용도의 다양성
④ ㄱ : 부증성, ㄴ : 인접성, ㄷ : 부동성
⑤ ㄱ : 부증성, ㄴ : 부동성, ㄷ : 개별성

04 부동산의 특성에 관한 설명으로 옳은 것의 개수는?

> • 용도의 다양성은 최유효이용을 선택할 수 있는 근거가 된다.
> • 인접성은 외부효과의 원인이 된다.
> • 분할·합병의 가능성은 부동산의 가치를 변화시킨다.
> • 부동성은 인근지역과 유사지역의 분류를 가능하게 한다.
> • 영속성은 부동산 활동을 장기적으로 고려하게 한다.

① 1   ② 2
③ 3   ④ 4
⑤ 5

05 디파스퀠리 – 위튼(DiPasquale & Wheaton)의 4사분면 모형에 관한 설명으로 옳지 않은 것은? (단, 주어진 조건에 한함)

① 장기균형에서 4개의 내생변수, 즉 공간재고, 임대료, 자본환원율, 건물의 신규 공급량이 결정된다.
② 신축을 통한 건물의 신규 공급량은 부동산 자산가격, 생산요소가격 등에 의해 영향을 받는다.
③ 자본환원율은 요구수익률을 의미하며 시장이자율 등에 의해 영향을 받는다.
④ 최초 공간재고가 공간서비스에 대한 수요량과 일치할 때 균형 임대료가 결정된다.
⑤ 건물의 신규 공급량과 기존 재고의 소멸에 의한 재고량 감소분이 일치할 때 장기균형에 도달한다.

06 A지역 전원주택시장의 시장수요함수가 QD = 2,600 − 2P이고, 시장공급함수가 3QS = 600 + 4P일 때, 균형에서 수요의 가격탄력성과 공급의 가격탄력성의 합은? (단, QD : 수요량, QS : 공급량, P : 가격이고, 가격탄력성은 점탄력성을 말하며, 다른 조건은 동일함)

① $\dfrac{58}{72}$

② $\dfrac{87}{72}$

③ $\dfrac{36}{29}$

④ $\dfrac{145}{72}$

⑤ $\dfrac{60}{29}$

07 부동산 시장에 대한 정부의 간접개입방식으로 옳게 묶인 것은?

① 임대료상한제, 부동산보유세, 담보대출규제
② 담보대출규제, 토지거래허가제, 부동산거래세
③ 개발부담금제, 부동산거래세, 부동산가격공시제도
④ 지역지구제, 토지거래허가제, 부동산가격공시제도
⑤ 부동산보유세, 개발부담금제, 지역지구제

08 산업입지이론에 관한 설명으로 옳지 않은 것은?

① 베버(A. Weber)는 운송비의 관점에서 특정 공장이 원료지향적인지 또는 시장지향적인지 판단하기 위해 원료지수(material index)를 사용하였다.
② 베버(A. Weber)의 최소비용이론에서는 노동비, 운송비, 집적이익 가운데 운송비를 최적입지 결정에 가장 우선적으로 검토한다.
③ 뢰쉬(A. Lösch)의 최대수요이론에서는 입지분석에 있어 대상지역 내 원자재가 불균등하게 존재한다는 전제하에, 수요가 최대가 되는 지점이 최적입지라고 본다.
④ 아이사드(W. Isard)는 여러 입지 가운데 하나의 입지를 선정할 때 각 후보지역이 가지고 있는 비용최소 요인을 대체함으로써 최적입지가 달라질 수 있다는 대체원리(substitution principle)를 입지이론에 적용하였다.
⑤ 스미스(D. Smith)의 비용수요통합이론에서는 이윤을 창출할 수 있는 공간한계 내에서는 어디든지 입지할 수 있다는 준최적입지(suboptimal location) 개념을 강조한다.

09 부동산 시장의 효율성에 관한 설명으로 옳은 것은?

① 특정 투자자가 얻는 초과이윤이 이를 발생시키는 데 소요되는 정보비용보다 크면 배분 효율적 시장이 아니다.

② 약성 효율적 시장은 정보가 완전하고 모든 정보가 공개되어 있으며 정보비용이 없다는 완전경쟁시장의 조건을 만족한다.

③ 부동산 시장은 주식시장이나 일반적인 재화시장보다 더 불완전경쟁적이므로 배분 효율성을 달성할 수 없다.

④ 강성 효율적 시장에서는 정보를 이용하여 초과이윤을 얻을 수 있다.

⑤ 약성 효율적 시장의 개념은 준강성 효율적 시장의 성격을 모두 포함하고 있다.

10 주거분리와 여과과정에 관한 설명으로 옳은 것은?

① 여과과정이 원활하게 작동하면 신규주택에 대한 정부지원으로 모든 소득계층이 이득을 볼 수 있다.

② 하향여과는 고소득층 주거지역에서 주택의 개량을 통한 가치상승분이 주택개량비용보다 큰 경우에 발생한다.

③ 다른 조건이 동일할 경우 고가주택에 가까이 위치한 저가주택에는 부(-)의 외부효과가 발생한다.

④ 민간주택시장에서 불량주택이 발생하는 것은 시장실패를 의미한다.

⑤ 주거분리현상은 도시지역에서만 발생하고, 도시와 지리적으로 인접한 근린지역에서는 발생하지 않는다.

11 분양가상한제로 인해 발생할 수 있는 문제점과 그 보완책을 연결한 것으로 옳지 않은 것은?

① 분양주택의 질 하락 - 분양가상한제의 기본 건축비 현실화

② 분양주택 배분 문제 - 주택청약제도를 통한 분양

③ 분양프리미엄 유발 - 분양주택의 전매제한 완화

④ 신규주택 공급량 감소 - 공공의 저렴한 택지 공급

⑤ 신규주택 공급량 감소 - 신규주택건설에 대한 금융지원

12 정부의 주택시장 개입에 관한 설명으로 옳지 않은 것은?

① 주택은 긍정적인 외부효과를 창출하므로 생산과 소비를 장려해야 할 가치재(merit goods) 이다.

② 저소득층에 대한 임대주택 공급은 소득의 직접분배효과가 있다.

③ 주택구입능력을 제고하기 위한 정책은 소득계층에 따라 달라진다.

④ 자가주택 보유를 촉진하는 정책은 중산층 형성과 사회안정에 기여한다.

⑤ 주거안정은 노동생산성과 지역사회에 대한 주민참여를 제고하는 효과가 있다.

13 A투자안의 현금흐름이다. 추가 투자가 없었을 때의 NPV(ㄱ)와 추가 투자로 인한 NPV 증감 (ㄴ)은? (단, 0기 기준이며, 주어진 자료에 한함)

구분	0기	1기	2기	3기
초기 투자	(1억원)			
NOI		4천만원	3천만원	4천만원
추가 투자			(5천만원)	
추가 투자에 따른 NOI 증감			+3천만원	+4천만원
현가계수		0.952	0.906	0.862

① ㄱ : -260,000원, ㄴ : +16,360,000원

② ㄱ : -260,000원, ㄴ : +17,240,000원

③ ㄱ : -260,000원, ㄴ : +18,120,000원

④ ㄱ : +260,000원, ㄴ : +16,360,000원

⑤ ㄱ : +260,000원, ㄴ : +17,240,000원

14 부동산투자회사법상 부동산투자회사에 관한 설명으로 옳은 것은?

① 최저자본금준비기간이 지난 위탁관리 부동산투자회사의 자본금은 70억원 이상이 되어 야 한다.

② 자기관리 부동산투자회사의 설립자본금은 3억원 이상으로 한다.

③ 자기관리 부동산투자회사에 자산운용 전문인력으로 상근하는 감정평가사는 해당 분야에 3년 이상 종사한 사람이어야 한다.

④ 최저자본금준비기간이 끝난 후에는 매 분기 말 현재 총자산의 100분의 80 이상이 부동 산(건축 중인 건축물 포함)이어야 한다.

⑤ 위탁관리 부동산투자회사는 해당 연도 이익을 초과하여 배당할 수 있다.

15 부동산투자이론에 관한 설명으로 옳지 않은 것은?

① 변동계수는 수익률을 올리기 위해 감수하는 위험의 비율로 표준편차를 기대수익률로 나눈 값이다.

② 포트폴리오를 구성하면 비체계적 위험을 회피할 수 있다.

③ 위험기피형 투자자는 위험부담에 대한 보상심리로 위험할증률을 요구수익률에 반영한다.

④ 두 개별자산으로 구성된 포트폴리오에서 자산 간 상관계수가 양수인 경우에 음수인 경우보다 포트폴리오 위험절감효과가 높다.

⑤ 투자안의 기대수익률이 요구수익률보다 높으면 해당 투자안의 수요증가로 기대수익률이 낮아져 요구수익률에 수렴한다.

16 부동산 투자분석기법에 관한 설명으로 옳은 것은?

① 투자 규모가 상이한 투자안에서 수익성지수(PI)가 큰 투자안이 순현재가치(NPV)도 크다.

② 서로 다른 투자안 A, B를 결합한 새로운 투자안의 내부수익률(IRR)은 A의 내부수익률과 B의 내부수익률을 합한 값이다.

③ 순현재가치법과 수익성지수법에서는 화폐의 시간가치를 고려하지 않는다.

④ 투자안마다 단일의 내부수익률만 대응된다.

⑤ 수익성지수가 1보다 크면 순현재가치는 0보다 크다.

17 대출상환방식에 관한 설명으로 옳지 않은 것은? (단, 주어진 조건에 한함)

① 원금균등분할상환방식은 만기에 가까워질수록 차입자의 원리금상환액이 감소한다.

② 원리금균등분할상환방식은 만기에 가까워질수록 원리금상환액 중 원금의 비율이 높아진다.

③ 대출조건이 동일하다면 대출기간 동안 차입자의 총원리금상환액은 원금균등분할상환방식이 원리금균등분할상환방식보다 크다.

④ 차입자의 소득에 변동이 없는 경우 원금균등상환방식의 총부채상환비율(DTI)은 만기에 가까워질수록 낮아진다.

⑤ 차입자의 소득에 변동이 없는 경우 원리금균등분할상환방식의 총부채상환비율은 대출기간 동안 일정하게 유지된다.

18 A는 다음과 같은 조건을 가지는 원리금균등분할상환방식의 주택저당대출을 받았다. 5년 뒤 대출잔액은 얼마인가? (단, 주어진 자료에 한함)

- 대출액 : 47,400만원
- 대출금리 : 연 6%, 고정금리
- 연금현가계수(0.5%, 60) : 51.73
- 연금현가계수(0.5%, 180) : 118.50
- 대출만기 : 15년
- 원리금은 매월 말 상환
- 연금현가계수(0.5%, 120) : 90.07

---

① 20,692만원
③ 30,916만원
⑤ 41,140만원

② 25,804만원
④ 36,028만원

19 이자율과 할인율이 연 6%로 일정할 때, A, B, C를 크기 순서로 나열한 것은? (단, 주어진 자료에 한하며, 모든 현금흐름은 연말에 발생함)

- A : 2차년도부터 6차년도까지 매년 250만원씩 받는 연금의 현재가치
- B : 2차년도부터 6차년도까지 매년 200만원씩 받는 연금의 6차년도의 미래가치
- C : 1차년도에 40만원을 받고 매년 전년 대비 2%씩 수령액이 증가하는 성장형 영구연금의 현재가치
- 연금현가계수(6%, 5) : 4.212
- 연금현가계수(6%, 6) : 4.917
- 연금내가계수(6%, 5) : 5.637
- 연금내가계수(6%, 6) : 6.975

---

① A > B > C
③ B > A > C
⑤ C > B > A

② A > C > B
④ B > C > A

20 부동산 증권에 관한 설명으로 옳지 않은 것은?

① 한국주택금융공사는 유동화증권의 발행을 통해 자본시장에서 정책모기지 재원을 조달할 수 있다.

② 금융기관은 주택저당증권(MBS)을 통해 유동성 위험을 감소시킬 수 있다.

③ 저당담보부채권(MBB)의 투자자는 채무불이행위험을 부담한다.

④ 저당이체증권(MPTS)은 지분형 증권이며 유동화기관의 부채로 표기되지 않는다.

⑤ 지불이체채권(MPTB)의 투자자는 조기상환위험을 부담한다.

21 부동산 금융에 관한 설명으로 옳지 않은 것은? (단, 주어진 조건에 한함)

① 대출채권의 듀레이션(평균회수기간)은 만기일시상환대출이 원리금균등분할상환대출보다 길다.

② 대출수수료와 조기상환수수료를 부담하는 경우 차입자의 실효이자율은 조기상환시점이 앞당겨질수록 상승한다.

③ 금리하락기에 변동금리대출은 고정금리대출에 비해 대출자의 조기상환위험이 낮다.

④ 금리상승기에 변동금리대출의 금리조정주기가 짧을수록 대출자의 금리위험은 낮아진다.

⑤ 총부채원리금상환비율(DSR)과 담보인정비율(LTV)은 소득기준으로 채무불이행위험을 측정하는 지표이다.

22 A는 향후 30년간 매월 말 30만원의 연금을 받을 예정이다. 시중 금리가 연 6%일 때, 이 연금의 현재가치를 구하는 식으로 옳은 것은? (단, 주어진 조건에 한함)

① $30만원 \times \left(1 + \dfrac{0.06}{12}\right)^{30 \times 12}$

② $30만원 \times \left[\dfrac{(1+0.06)^{30} - 1}{0.06}\right]$

③ $30만원 \times \left[\dfrac{1 - (1+0.06)^{-30}}{0.06}\right]$

④ $30만원 \times \left[\dfrac{1 - \left(1 + \dfrac{0.06}{12}\right)^{-30 \times 12}}{\dfrac{0.06}{12}}\right]$

⑤ $30만원 \times \left[\dfrac{\left(1 + \dfrac{0.06}{12}\right)^{30 \times 12} - 1}{\dfrac{0.06}{12}}\right]$

23 부동산 관리와 생애주기에 관한 설명으로 옳지 않은 것은?

① 자산관리(Asset Management)란 소유자의 부를 극대화시키기 위하여 대상 부동산을 포트폴리오 관점에서 관리하는 것을 말한다.

② 시설관리(Facility Management)란 각종 부동산 시설을 운영하고 유지하는 것으로 시설 사용자나 건물주의 요구에 단순히 부응하는 정도의 소극적이고 기술적인 측면의 관리를 말한다.

③ 생애주기상 노후단계는 물리적·기능적 상태가 급격히 악화되기 시작하는 단계로 리모델링을 통하여 가치를 올릴 수 있다.

④ 재산관리(Property Management)란 부동산의 운영수익을 극대화하고 자산가치를 증진시키기 위한 임대차 관리 등의 일상적인 건물운영 및 관리뿐만 아니라 부동산 투자의 위험관리와 프로젝트 파이낸싱 등의 업무를 하는 것을 말한다.

⑤ 건물의 이용에 의한 마멸, 파손, 노후화, 우발적 사고 등으로 사용이 불가능할 때까지의 기간을 물리적 내용연수라고 한다.

24 건물의 관리방식에 관한 설명으로 옳은 것은?

① 위탁관리방식은 부동산관리 전문업체에 위탁해 관리하는 방식으로 대형건물의 관리에 유용하다.

② 혼합관리방식은 필요한 부분만 일부 위탁하는 방식으로 관리자들 간의 협조가 긴밀하게 이루어진다.

③ 자기관리방식은 관리업무의 타성(惰性)을 방지할 수 있다.

④ 위탁관리방식은 외부 전문가가 관리하므로 기밀 및 보안 유지에 유리하다.

⑤ 혼합관리방식은 관리문제 발생 시 책임소재가 명확하다.

25 부동산 개발에 관한 설명으로 옳은 것을 모두 고른 것은?

> ㄱ. 부동산개발업의 관리 및 육성에 관한 법률상 부동산 개발은 토지를 건설공사의 수행 또는 형질변경의 방법으로 조성하는 행위 및 건축물을 건축, 대수선, 리모델링 또는 용도를 변경하거나 공작물을 설치하는 행위를 말하며, 시공을 담당하는 행위는 제외한다.
>
> ㄴ. 혼합방식은 개발 전의 면적·등급·지목 등을 고려하여, 개발된 토지를 토지 소유주에게 종전의 토지위치에 재분배하는 것을 말한다.
>
> ㄷ. 흡수율 분석은 수요·공급분석을 통하여 대상 부동산이 언제 얼마만큼 시장에서 매각 또는 임대될 수 있는지를 파악하는 것이다.
>
> ㄹ. 개발권양도제(TDR)는 일정하게 주어진 개발허용한도 내에서 해당 지역의 토지이용규제로 인해 사용하지 못하는 부분을 다른 지역에 양도할 수 있는 것이다.

① ㄱ, ㄷ   ② ㄷ, ㄹ

③ ㄱ, ㄴ, ㄹ   ④ ㄱ, ㄷ, ㄹ

⑤ ㄴ, ㄷ, ㄹ

26 부동산 마케팅에 관한 설명으로 옳지 않은 것은?

① STP란 시장세분화(Segmentation), 표적시장(Target market), 포지셔닝(Positioning)을 말한다.

② 마케팅 믹스 전략에서의 4P는 유통경로(Place), 제품(Product), 가격(Price), 판매촉진(Promotion)을 말한다.

③ 노벨티(novelty) 광고는 개인 또는 가정에서 이용되는 실용적이며 장식적인 물건에 상호·전화번호 등을 표시하는 것으로 분양광고에 주로 활용된다.

④ 관계마케팅 전략은 공급자와 소비자 간의 장기적·지속적인 상호작용을 중요시하는 전략을 말한다.

⑤ AIDA 원리에 따르면 소비자의 구매의사결정은 행동(Action), 관심(Interest), 욕망(Desire), 주의(Attention)의 단계를 순차적으로 거친다.

27 부동산 개발의 타당성 분석 유형을 설명한 것이다. (　　)에 들어갈 내용으로 옳게 연결된 것은?

> • (ㄱ)은 부동산이 현재나 미래의 시장상황에서 매매 또는 임대될 수 있는 가능성을 분석하는 것이다.
> • (ㄴ)은 개발업자가 대상 부동산에 대해 수립한 사업안들 중에서 최유효이용을 달성할 수 있는 방식을 판단할 수 있도록 자료를 제공해주는 것이다.
> • (ㄷ)은 주요 변수들의 초기 투입값을 변화시켜 적용함으로써 낙관적 또는 비관적인 상황에서 발생할 수 있는 수익성 및 부채상환능력 등을 예측하는 것이다.

① ㄱ : 시장성 분석,　　ㄴ : 민감도 분석,　　ㄷ : 투자 분석
② ㄱ : 민감도 분석,　　ㄴ : 투자 분석,　　ㄷ : 시장성 분석
③ ㄱ : 투자 분석,　　ㄴ : 시장성 분석,　　ㄷ : 민감도 분석
④ ㄱ : 시장성 분석,　　ㄴ : 투자 분석,　　ㄷ : 민감도 분석
⑤ ㄱ : 민감도 분석,　　ㄴ : 시장성 분석,　　ㄷ : 투자 분석

28 에스크로(Escrow)에 관한 설명으로 옳지 않은 것은?

① 부동산 매매 및 교환 등에 적용된다.
② 권리관계조사, 물건확인 등의 업무를 포함한다.
③ 매수자, 매도자, 저당대출기관 등의 권익을 보호한다.
④ 은행이나 신탁회사는 해당 업무를 취급할 수 없다.
⑤ 에스크로 업체는 계약조건이 이행될 때까지 금전·문서·권원증서 등을 점유한다.

29 부동산 중개계약에 관한 설명으로 옳지 않은 것은?

① 순가중개계약에서는 매도자가 개업공인중개사에게 제시한 가격을 초과해 거래가 이루어진 경우 그 초과액을 매도자와 개업공인중개사가 나누어 갖는다.
② 일반중개계약에서는 의뢰인이 다수의 개업공인중개사에게 동등한 기회로 거래를 의뢰한다.
③ 공인중개사법령상 당사자 간에 다른 약정이 없는 경우 전속중개계약의 유효기간은 3월로 한다.
④ 공동중개계약에서는 부동산거래정보망 등을 통하여 다수의 개업공인중개사가 상호 협동하여 공동으로 거래를 촉진한다.
⑤ 독점중개계약에서는 의뢰인이 직접 거래를 성사시킨 경우에도 중개보수 청구권이 발생한다.

30 공인중개사법령상 개업공인중개사가 주택을 중개하는 경우 확인·설명해야 할 사항이 아닌 것은?

① 일조·소음·진동 등 환경조건
② 소유권·전세권·임차권 등 권리관계
③ 거래예정금액·중개보수 및 실비의 금액
④ 권리를 양도함에 따라 부담하여야 할 조세의 종류 및 세율
⑤ 토지이용계획, 공법상의 거래규제 및 이용제한에 관한 사항

31 A지역 주택시장의 시장수요함수는 QD = −2P + 2,400이고 시장공급함수는 QS = 3P − 1,200이다. 정부가 부동산거래세를 공급 측면에 단위당 세액 20만원의 종량세 형태로 부과하는 경우에 A지역 주택시장의 경제적 순손실은? (단, QD : 수요량, QS : 공급량, P : 가격, 단위는 만호, 만원이며, 다른 조건은 동일함)

① 60억원
② 120억원
③ 240억원
④ 360억원
⑤ 480억원

32 다음 설명에 모두 해당하는 부동산 조세는?

> • 시·군·구세, 특별자치시(도)세
> • 과세대상에 따라 누진세율 또는 단일세율 적용
> • 보통징수 방식

① 종합부동산세
② 양도소득세
③ 취득세
④ 등록면허세
⑤ 재산세

33 부동산 권리분석에 관한 설명으로 옳지 않은 것은?

① 권리분석의 원칙에는 능률성, 안전성, 탐문주의, 증거주의 등이 있다.

② 건물의 소재지, 구조, 용도 등의 사실관계는 건축물대장으로 확인·판단한다.

③ 임장활동 이전 단계 활동으로 여러 가지 물적 증거를 수집하고 탁상으로 검토하여 1차적으로 하자의 유무를 발견하는 작업을 권리보증이라고 한다.

④ 부동산의 상태 또는 사실관계, 등기능력이 없는 권리 및 등기를 요하지 않는 권리관계 등 자세한 내용까지 분석의 대상으로 하는 것이 최광의의 권리분석이다.

⑤ 매수인이 대상 부동산을 매수하기 전에 소유권을 저해하는 조세체납, 계약상 하자 등을 확인하기 위해 공부 등을 조사하는 일도 포함된다.

34 부동산 권리분석 시 등기능력이 없는 것으로 묶인 것은?

① 지역권, 지상권

② 유치권, 점유권

③ 전세권, 법정지상권

④ 가압류, 분묘기지권

⑤ 저당권, 권리질권

35 감정평가에 관한 규칙상 원가방식에 관한 설명으로 옳지 않은 것은?

① 원가법과 적산법은 원가방식에 속한다.

② 적산법에 의한 임대료 평가에서는 대상 물건의 재조달원가에 기대이율을 곱하여 산정된 기대수익에 대상 물건을 계속하여 임대하는 데에 필요한 경비를 더한다.

③ 원가방식을 적용한 감정평가서에는 부득이한 경우를 제외하고는 재조달원가 산정 및 감가수정 등의 내용이 포함되어야 한다.

④ 입목 평가 시 소경목림(小徑木林)인 경우에는 원가법을 적용할 수 있다.

⑤ 선박 평가 시 본래 용도의 효용가치가 있으면 선체·기관·의장(艤裝)별로 구분한 후 각각 원가법을 적용해야 한다.

36 할인현금흐름분석법에 의한 수익가액은? (단, 주어진 자료에 한함, 모든 현금흐름은 연말에 발생함)

- 보유기간(5년)의 순영업소득 : 매년 9천만원
- 6기 순영업소득 : 1억원
- 매도비용 : 재매도가치의 5%
- 기입환원율 : 4%, 기출환원율 : 5%, 할인율 : 연 5%
- 연금현가계수(5%, 5년) : 4.329
- 일시불현가계수(5%, 5년) : 0.783

① 1,655,410,000원
② 1,877,310,000원
③ 2,249,235,000원
④ 2,350,000,000원
⑤ 2,825,000,000원

37 수익환원법에 관한 설명으로 옳지 않은 것은?

① 운영경비에 감가상각비를 포함시킨 경우 상각 전 환원율을 적용한다.
② 직접환원법에서 사용할 환원율은 시장추출법으로 구하는 것을 원칙으로 한다.
③ 재매도가치를 내부추계로 구할 때 보유기간 경과 후 초년도 순수익을 반영한다.
④ 할인 또는 환원할 순수익을 구할 때 자본적 지출은 비용으로 고려하지 않는다.
⑤ 요소구성법으로 환원율을 결정할 때 위험요소를 적극적으로 반영하면 환원율은 커진다.

38 감정평가사 A는 B토지의 감정평가를 의뢰받고 인근지역 나지 거래사례인 C토지를 활용해 2억원으로 평가했다. A가 C토지 거래금액에 대해 판단한 사항은? (단, 주어진 자료에 한함)

- B, C토지의 소재지, 용도지역 : D구, 제2종일반주거지역
- 면적 : B토지 200㎡, C토지 150㎡
- 거래금액 : 1.5억원(거래시점 일괄지급)
- D구 주거지역 지가변동률(거래시점~기준시점) : 10% 상승
- 개별요인 : B토지 가로조건 10% 우세, 그 외 조건 대등

① 정상
② 10% 고가
③ 20% 고가
④ 21% 고가
⑤ 31% 고가

39 감정평가에 관한 규칙에서 규정하고 있는 내용으로 옳지 않은 것은?

① 기업가치의 주된 평가방법은 수익환원법이다.

② 적정한 실거래가는 감정평가의 기준으로 적용하기에 적정하다고 판단되는 거래가격으로서, 거래시점이 도시지역은 5년 이내, 그 밖의 지역은 3년 이내인 거래가격을 말한다.

③ 시산가액 조정 시, 공시지가기준법과 그 밖의 비교방식에 속한 감정평가방법은 서로 다른 감정평가방식에 속한 것으로 본다.

④ 필요한 경우 관련 전문가에 대한 자문 등을 거쳐 감정평가할 수 있다.

⑤ 항공기의 주된 평가방법은 원가법이며, 본래 용도의 효용가치가 없는 물건은 해체처분가액으로 감정평가할 수 있다.

40 수익환원법(직접환원법)에 의한 대상 부동산의 가액이 8억원일 때, 건물의 연간 감가율(회수율)은? (단, 주어진 자료에 한함)

- 가능총수익 : 월 6백만원
- 공실 및 대손 : 연 1천2백만원
- 운영경비(감가상각비 제외) : 유효총수익의 20%
- 토지, 건물 가격구성비 : 각각 50%
- 토지환원율, 건물상각 후 환원율 : 각각 연 5%

① 1% 　　　　② 2%

③ 3% 　　　　④ 4%

⑤ 5%

2021년 제32회 기출문제

01 부동산의 개념에 관한 설명으로 옳지 않은 것은?

① 자연·공간·위치·환경 속성은 물리적 개념에 해당한다.
② 부동산의 절대적 위치는 토지의 부동성에서 비롯된다.
③ 토지는 생산의 기본요소이면서 소비재가 된다.
④ 협의의 부동산과 준부동산을 합쳐 광의의 부동산이라고 한다.
⑤ 부동산의 법률적·경제적·물리적 측면을 결합한 개념을 복합 부동산이라고 한다.

02 토지의 분류 및 용어에 관한 설명으로 옳은 것은?

① 필지는 법률적 개념으로 다른 토지와 구별되는 가격수준이 비슷한 일단의 토지이다.
② 후보지는 부동산의 용도적 지역인 택지지역, 농지지역, 임지지역 상호 간에 전환되고 있는 지역의 토지이다.
③ 나지는 「건축법」에 의한 건폐율·용적률 등의 제한으로 인해 한 필지 내에서 건축하지 않고 비워둔 토지이다.
④ 표본지는 지가의 공시를 위해 가치 형성 요인이 같거나 유사하다고 인정되는 일단의 토지 중에서 선정한 토지이다.
⑤ 공한지는 특정의 지점을 기준으로 한 택지 이용의 최원방권의 토지이다.

03 토지의 특성에 관한 설명으로 옳은 것을 모두 고른 것은?

ㄱ. 부증성으로 인해 이용 전환을 통한 토지의 용도적 공급이 불가능하다.
ㄴ. 부동성으로 인해 부동산 활동이 국지화된다.
ㄷ. 영속성으로 인해 토지는 감가상각에서 배제되는 자산이다.
ㄹ. 개별성으로 인해 외부효과가 발생한다.

① ㄱ, ㄹ   ② ㄴ, ㄷ
③ ㄱ, ㄴ, ㄷ   ④ ㄴ, ㄷ, ㄹ
⑤ ㄱ, ㄴ, ㄷ, ㄹ

04 부동산 수요의 가격탄력성에 관한 설명으로 옳지 않은 것은? (단, 다른 조건은 동일함)

① 수요곡선 기울기의 절댓값이 클수록 수요의 가격탄력성이 작아진다.

② 임대주택 수요의 가격탄력성이 1보다 작을 경우 임대료가 상승하면 전체 수입은 증가한다.

③ 대체재가 많을수록 수요의 가격탄력성이 크다.

④ 일반적으로 부동산의 용도 전환 가능성이 클수록 수요의 가격탄력성이 커진다.

⑤ 수요의 가격탄력성이 비탄력적이면 가격의 변화율보다 수요량의 변화율이 더 크다.

05 수요함수와 공급함수가 각각 A부동산 시장에서는 $QD = 200 - P$, $QS = 10 + \dfrac{1}{2}P$이고 B부동산 시장에서는 $QD = 400 - \dfrac{1}{2}P$, $QS = 50 + 2P$이다. 거미집 이론(Cob-web theory)에 의한 A시장과 B시장의 모형 형태의 연결이 옳은 것은? (단, X축은 수량, Y축은 가격, 각각의 시장에 대한 P는 가격, QD는 수요량, QS는 공급량이며, 가격 변화에 수요는 즉각 반응하지만 공급은 시간적인 차이를 두고 반응함, 다른 조건은 동일함)

① A : 발산형, B : 수렴형   ② A : 발산형, B : 순환형

③ A : 순환형, B : 발산형   ④ A : 수렴형, B : 발산형

⑤ A : 수렴형, B : 순환형

06 도시 공간 구조 이론에 관한 설명으로 옳지 않은 것은?

① 동심원 이론은 도시 공간 구조의 형성을 침입, 경쟁, 천이과정으로 설명하였다.

② 동심원 이론에 따르면 중심지에서 멀어질수록 지대 및 인구 밀도가 낮아진다.

③ 선형 이론에서의 점이지대는 중심업무지구에 직장 및 생활 터전이 있어 중심업무지구에 근접하여 거주하는 지대를 말한다.

④ 선형 이론에 따르면 도시 공간 구조의 성장 및 분화가 주요 교통노선을 따라 부채꼴 모양으로 확대된다.

⑤ 다핵심 이론에 따르면 하나의 중심이 아니라 몇 개의 분리된 중심이 점진적으로 통합됨에 따라 전체적인 도시 공간 구조가 형성된다.

07 A토지에 접하여 도시·군계획시설(도로)이 개설될 확률은 60%로 알려져 있고, 1년 후에 해당 도로가 개설되면 A토지의 가치는 2억 7,500만원, 그렇지 않으면 9,350만원으로 예상된다. 만약 부동산 시장이 할당 효율적이라면 합리적인 투자자가 최대한 지불할 수 있는 정보비용의 현재 가치는? (단, 요구수익률은 연 10%이고, 주어진 조건에 한함)

① 5,200만원　　　　　　　　② 5,600만원
③ 6,200만원　　　　　　　　④ 6,600만원
⑤ 7,200만원

08 부동산 시장의 특성으로 옳은 것은?
① 일반상품의 시장과 달리 조직성을 갖고 지역을 확대하는 특성이 있다.
② 토지의 인문적 특성인 지리적 위치의 고정성으로 인하여 개별화된다.
③ 매매의 단기성으로 인하여 유동성과 환금성이 우수하다.
④ 거래 정보의 대칭성으로 인하여 정보수집이 쉽고 은밀성이 축소된다.
⑤ 부동산의 개별성으로 인한 부동산 상품의 비표준화로 복잡·다양하게 된다.

09 A지역 아파트 시장의 단기공급함수는 Q = 300, 장기공급함수는 Q = P + 250이고, 수요함수는 장단기 동일하게 $Q = 400 - \frac{1}{2}P$이다. 이 아파트 시장이 단기에서 장기로 변화할 때 아파트 시장의 균형 가격(ㄱ)과 균형 수량(ㄴ)의 변화는? (단, P는 가격이고 Q는 수급량이며, 다른 조건은 일정하다고 가정함)

① ㄱ : 50 감소, ㄴ : 50 증가　　② ㄱ : 50 감소, ㄴ : 100 증가
③ ㄱ : 100 감소, ㄴ : 50 증가　　④ ㄱ : 100 감소, ㄴ : 100 증가
⑤ ㄱ : 100 감소, ㄴ : 150 증가

10 다음 중 현행 부동산 가격공시제도에 관한 설명으로 옳은 것은 몇 개인가?

- 표준주택 가격의 조사, 평가는 감정평가사가 담당한다.
- 개별주택 가격의 공시기준일이 6월 1일인 경우도 있다.
- 공동주택 가격의 공시권자는 시장·군수·구청장이다.
- 표준지공시지가는 표준지의 사용·수익을 제한하는 사법상의 권리가 설정되어 있는 경우 이를 반영하여 평가한다.
- 개별공시지가는 감정평가법인 등이 개별적으로 토지를 감정평가하는 경우에 기준이 된다.

① 없음   ② 1개
③ 2개   ④ 3개
⑤ 4개

11 감정평가사 A는 표준지공시지가의 감정평가를 의뢰받고 현장조사를 통해 표준지에 대해 다음과 같이 확인하였다. 표준지조사평가보고서상 토지 특성 기재방법의 연결이 옳은 것은?

ㄱ. 지형지세 : 간선도로 또는 주위의 지형지세보다 높고 경사도가 15°를 초과하는 지대의 토지
ㄴ. 도로접면 : 폭 12m 이상 25m 미만 도로에 한면이 접하고 있는 토지

① ㄱ : 급경사, ㄴ : 광대한면   ② ㄱ : 급경사, ㄴ : 중로한면
③ ㄱ : 고지, ㄴ : 광대한면   ④ ㄱ : 고지, ㄴ : 중로한면
⑤ ㄱ : 고지, ㄴ : 소로한면

12 우리나라의 부동산제도와 근거법률의 연결이 옳은 것은?

① 토지거래허가제 – 「부동산 거래신고 등에 관한 법률」
② 검인계약서제 – 「부동산등기법」
③ 토지은행제 – 「공익사업을 위한 토지 등의 취득 및 보상에 관한 법률」
④ 개발부담금제 – 「재건축 초과이익 환수에 관한 법률」
⑤ 분양가상한제 – 「건축물의 분양에 관한 법률」

13 국토의 계획 및 이용에 관한 법령상 현재 지정될 수 있는 용도지역을 모두 고른 것은?

> ㄱ. 준상업지역　　　　　　　　　　ㄴ. 준주거지역
> ㄷ. 준공업지역　　　　　　　　　　ㄹ. 준농림지역

① ㄱ, ㄴ　　　　　　　　　　　② ㄴ, ㄷ
③ ㄷ, ㄹ　　　　　　　　　　　④ ㄱ, ㄴ, ㄷ
⑤ ㄴ, ㄷ, ㄹ

14 다음 중 부동산 시장과 부동산 정책에 관한 설명으로 옳은 것은 몇 개인가?

> ㄱ. 부동산 정책이 자원배분의 비효율성을 오히려 악화시키는 것을 시장의 실패라 한다.
> ㄴ. 법령상 도입순서를 비교하면 부동산거래신고제는 부동산실명제보다 빠르다.
> ㄷ. 개발행위허가제와 택지소유상한제는 현재 시행되고 있는 제도이다.
> ㄹ. 분양가상한제와 개발부담금제는 정부가 직접적으로 부동산 시장에 개입하는 정책수
> 　　단이다.
> ㅁ. PIR(Price to Income Ratio)은 가구의 주택지불능력을 측정하는 지표이다.

① 없음　　　　　　　　　　　② 1개
③ 2개　　　　　　　　　　　④ 3개
⑤ 4개

15 비율분석법을 이용하여 산출한 것으로 옳지 않은 것은? (단, 주어진 조건에 한하며, 연간 기준임)

> • 주택담보대출액 : 2억원
> • 주택담보대출의 연간 원리금상환액 : 1천만원
> • 부동산 가치 : 4억원
> • 차입자의 연소득 : 5천만원
> • 가능총소득 : 4천만원
> • 공실손실상당액 및 대손충당금 : 가능총소득의 25%
> • 영업경비 : 가능총소득의 50%

① 부채감당률(DCR) = 1.0　　② 채무불이행률(DR) = 1.0
③ 총부채상환비율(DTI) = 0.2　　④ 부채비율(debt ratio) = 1.0
⑤ 영업경비비율(OER, 유효총소득 기준) = 0.8

16 사업기간 초에 3억원을 투자하여 다음과 같은 현금 유입의 현재 가치가 발생하는 투자사업이 있다. 이 경우 보간법으로 산출한 내부수익률은? (단, 주어진 조건에 한함)

현금 유입의 현재 가치	(단위 : 천원)
할인율 5%인 경우	할인율 6%인 경우
303,465	295,765

① 5.42%　　② 5.43%
③ 5.44%　　④ 5.45%
⑤ 5.46%

17 포트폴리오이론에 관한 설명으로 옳지 않은 것은?

① 부동산 투자에 수반되는 총위험은 체계적 위험과 비체계적 위험을 합한 것으로, 포트폴리오를 구성함으로써 제거될 수 있는 위험은 비체계적 위험이다.
② 포트폴리오를 구성하는 자산들의 수익률 간 상관계수가 1인 경우에는 포트폴리오를 구성한다고 하더라도 위험은 감소되지 않는다.
③ 효율적 프론티어(efficient frontier)는 모든 위험수준에서 최대의 기대수익률을 올릴 수 있는 포트폴리오의 집합을 연결한 선이다.
④ 무위험자산이 없는 경우의 최적 포트폴리오는 효율적 프론티어(efficient frontier)와 투자자의 무차별곡선이 접하는 점에서 결정되는데, 투자자가 위험선호형일 경우 최적 포트폴리오는 위험기피형에 비해 저위험-고수익 포트폴리오가 된다.
⑤ 위험자산으로만 구성된 포트폴리오와 무위험자산을 결합할 때 얻게 되는 직선의 기울기가 커질수록 기대초과수익률(위험프리미엄)이 커진다.

18 부동산 투자분석기법에 관한 설명으로 옳은 것을 모두 고른 것은? (단, 다른 조건은 동일함)

> ㄱ. 현금 유출의 현가합이 4천만원이고 현금 유입의 현가합이 5천만원이라면, 수익성지수는 0.8이다.
> ㄴ. 내부수익률은 투자로부터 발생하는 현재와 미래 현금흐름의 순현재가치를 1로 만드는 할인율을 말한다.
> ㄷ. 재투자율로 내부수익률법에서는 요구수익률을 사용하지만, 순현재가치법에서는 시장이 자율을 사용한다.
> ㄹ. 내부수익률법, 순현재가치법, 수익성지수법은 할인현금흐름기법에 해당한다.
> ㅁ. 내부수익률법에서는 내부수익률과 요구수익률을 비교하여 투자 여부를 결정한다.

① ㄱ, ㄹ   ② ㄴ, ㄷ
③ ㄹ, ㅁ   ④ ㄱ, ㄴ, ㅁ
⑤ ㄷ, ㄹ, ㅁ

19 화폐의 시간가치 계산에 관한 설명으로 옳은 것은?

① 연금의 현재가치 계수에 일시불의 미래가치 계수를 곱하면 연금의 미래가치 계수가 된다.
② 원금 균등 분할 상환 방식에서 매 기간의 상환액을 계산할 경우 저당상수를 사용한다.
③ 기말에 일정 누적액을 만들기 위해 매 기간마다 적립해야 할 금액을 계산할 경우 연금의 현재가치 계수를 사용한다.
④ 연금의 미래가치 계수에 일시불의 현재가치 계수를 곱하면 일시불의 미래가치 계수가 된다.
⑤ 저당상수에 연금의 현재가치 계수를 곱하면 일시불의 현재 가치가 된다.

20 부동산 금융에 관한 설명으로 옳은 것은?

① 역모기지(reverse mortgage)는 시간이 지남에 따라 대출잔액이 늘어나는 구조이고, 일반적으로 비소구형 대출이다.
② 가치상승공유형 대출(SAM : Shared Appreciation Mortgage)은 담보물의 가치상승 일부분을 대출자가 사전약정에 의해 차입자에게 이전하기로 하는 조건의 대출이다.
③ 기업의 구조조정을 촉진하기 위하여 기업구조조정 부동산투자회사에 대하여는 현물출자, 자산구성, 최저 자본금을 제한하는 규정이 없다.

④ 부채금융은 대출이나 회사채 발행 등을 통해 타인자본을 조달하는 방법으로서 저당담보
부증권(MBS), 조인트벤처(joint venture) 등이 있다.

⑤ 우리나라의 공적보증형태 역모기지제도로 현재 주택연금, 농지연금, 산지연금이 시행되
고 있다.

21 부동산 증권에 관한 설명으로 옳지 않은 것은?

① MPTS(Mortgage Pass-Through Securities)는 지분을 나타내는 증권으로서 유동화
기관의 부채로 표기되지 않는다.

② CMO(Collateralized Mortgage Obligation)는 동일한 저당풀(mortgage pool)에서 상환
우선순위와 만기가 다른 다양한 증권을 발행할 수 있다.

③ 부동산개발PF ABCP(Asset Backed Commercial Paper)는 부동산개발PF ABS(Asset
Backed Securities)에 비해 만기가 길고, 대부분 공모로 발행된다.

④ MPTS(Mortgage Pass-Through Securities)는 주택담보대출의 원리금이 회수되면
MPTS의 원리금으로 지급되므로 유동화기관의 자금관리 필요성이 원칙적으로 제거된다.

⑤ MBB(Mortgage Backed Bond)는 주택저당대출 차입자의 채무불이행이 발생하더라도
MBB에 대한 원리금을 발행자가 투자자에게 지급하여야 한다.

22 부동산투자회사법령상 자기관리 부동산투자회사가 자산을 투자·운용할 때 상근으로 두어
야 하는 자산운용 전문인력에 해당되지 않는 사람은?

① 공인회계사로서 해당 분야에 3년 이상 종사한 사람

② 공인중개사로서 해당 분야에 5년 이상 종사한 사람

③ 감정평가사로서 해당 분야에 5년 이상 종사한 사람

④ 부동산 관련 분야의 석사학위 이상의 소지자로서 부동산의 투자·운용과 관련된 업무에
3년 이상 종사한 사람

⑤ 자산관리회사에서 5년 이상 근무한 사람으로서 부동산의 취득·처분·관리·개발 또는
자문 등의 업무에 3년 이상 종사한 경력이 있는 사람

23 대출조건이 다음과 같을 때, 5년 거치가 있을 경우(A)와 거치가 없을 경우(B)에 원금을 상환해야 할 첫번째 회차의 상환원금의 차액(A − B)은? (단, 주어진 조건에 한함)

> • 대출금 : 1억 2천만원
> • 대출금리 : 고정금리, 연 3%
> • 대출기간 : 30년
> • 월 저당상수(360개월 기준) : 0.00422
> • 월 저당상수(300개월 기준) : 0.00474
> • 월 원리금 균등 분할 상환 방식

① 52,000원   ② 54,600원
③ 57,200원   ④ 59,800원
⑤ 62,400원

24 조기상환에 관한 설명으로 옳지 않은 것은?

① 조기상환이 어느 정도 일어나는가를 측정하는 지표로 조기상환율(CPR : Constant Prepayment Rate)이 있다.
② 저당대출 차입자에게 주어진 조기상환권은 풋옵션(put option)의 일종으로, 차입자가 조기상환을 한다는 것은 대출잔액을 행사가격으로 하여 대출채권을 매각하는 것과 같다.
③ 저당대출 차입자의 조기상환 정도에 따라 MPTS(Mortgage Pass-Through Securities)의 현금흐름과 가치가 달라진다.
④ 이자율 하락에 따른 위험을 감안하여 금융기관은 대출기간 중 조기상환을 금지하는 기간을 설정하고, 위반 시에는 위약금으로 조기상환수수료를 부과하기도 한다.
⑤ 저당대출 차입자의 조기상환은 MPTS(Mortgage Pass-Through Securities) 투자자에게 재투자 위험을 유발한다.

25 부동산 신탁에 있어 위탁자가 부동산의 관리와 처분을 부동산신탁회사에 신탁한 후 수익증권을 발급받아 이를 담보로 금융기관에서 대출을 받는 신탁방식은?

① 관리신탁   ② 처분신탁
③ 담보신탁   ④ 개발신탁
⑤ 명의신탁

26 감정평가사 A는 단독주택의 감정평가를 의뢰받고 관련 공부(公簿)를 통하여 다음과 같은 사항을 확인하였다. 이 단독주택의 건폐율(ㄱ)과 용적률(ㄴ)은? (단, 주어진 자료에 한함)

- 토지대장상 토지면적 : 240㎡
- 대지 중 도시·군계획시설(공원) 저촉면적 : 40㎡
- 건축물의 용도 : 지하1층(주차장), 지상1층(단독주택), 지상2층(단독주택)
- 건축물대장상 건축면적 : 120㎡
- 건축물대장상 각 층 바닥면적 : 지하1층(60㎡), 지상1층(120㎡), 지상2층(120㎡)

① ㄱ : 50.00%, ㄴ : 100.00% ② ㄱ : 50.00%, ㄴ : 120.00%
③ ㄱ : 50.00%, ㄴ : 150.00% ④ ㄱ : 60.00%, ㄴ : 120.00%
⑤ ㄱ : 60.00%, ㄴ : 150.00%

27 토지개발방식으로서 수용방식과 환지방식의 비교에 관한 설명으로 옳지 않은 것은? (단, 사업구역은 동일함)

① 수용방식은 환지방식에 비해 종전 토지소유자에게 개발이익이 귀속될 가능성이 큰 편이다.
② 수용방식은 환지방식에 비해 사업비의 부담이 큰 편이다.
③ 수용방식은 환지방식에 비해 기반시설의 확보가 용이한 편이다.
④ 환지방식은 수용방식에 비해 사업시행자의 개발토지 매각부담이 적은 편이다.
⑤ 환지방식은 수용방식에 비해 종전 토지소유자의 재정착이 쉬운 편이다.

28 부동산 개발사업에 관련된 설명으로 옳은 것을 모두 고른 것은?

ㄱ. 개발기간의 연장, 이자율의 인상, 인플레이션의 영향으로 개발비용이 증가하는 위험은 비용위험에 속한다.
ㄴ. 개발 부동산의 선분양제도는 후분양제도에 비해 사업시행자가 부담하는 시장위험을 줄일 수 있다.
ㄷ. 민감도 분석에 있어 주요 변수로는 토지구입비, 개발기간, 분양가격 등이 있다.
ㄹ. 수익성지수가 1보다 크다는 것은 순현가가 '0'(zero)보다 크다는 뜻이다.

① ㄱ, ㄴ ② ㄴ, ㄷ
③ ㄱ, ㄷ, ㄹ ④ ㄴ, ㄷ, ㄹ
⑤ ㄱ, ㄴ, ㄷ, ㄹ

29 공인중개사법령상 공인중개사 정책심의위원회에서 공인중개사의 업무에 관하여 심의하는 사항으로 명시되지 않은 것은?

① 개업공인중개사의 교육에 관한 사항
② 부동산 중개업의 육성에 관한 사항
③ 공인중개사의 시험 등 공인중개사의 자격취득에 관한 사항
④ 중개보수 변경에 관한 사항
⑤ 손해배상책임의 보장 등에 관한 사항

30 공인중개사법령상 공인중개사의 중개대상물이 아닌 것은? (다툼이 있으면 판례에 따름)

① 토지거래허가구역 내의 토지
② 가등기가 설정되어 있는 건물
③ 「입목에 관한 법률」에 따른 입목
④ 하천구역에 포함되어 사권이 소멸된 포락지
⑤ 「공장 및 광업재단 저당법」에 따른 광업재단

31 우리나라의 부동산 조세제도에 관한 설명으로 옳지 않은 것은?

① 양도소득세와 취득세는 신고납부방식이다.
② 취득세와 증여세는 부동산의 취득단계에 부과한다.
③ 양도소득세와 종합부동산세는 국세에 속한다.
④ 상속세와 증여세는 누진세율을 적용한다.
⑤ 종합부동산세와 재산세의 과세기준일은 매년 6월 30일이다.

32 부동산 권리분석에 관련된 설명으로 옳지 않은 것은?

① 부동산 권리관계를 실질적으로 조사 · 확인 · 판단하여 일련의 부동산 활동을 안전하게 하려는 것이다.
② 대상 부동산의 권리관계를 조사 · 확인하기 위한 판독 내용에는 권리의 하자나 거래규제의 확인 · 판단이 포함된다.
③ 매수인이 대상 부동산을 매수하기 전에 소유권 이전을 저해하는 사항이 있는지 여부를 확인하기 위하여 공부(公簿) 등을 조사하는 일도 포함된다.
④ 우리나라 등기는 관련 법률에 다른 규정이 있는 경우를 제외하고는 당사자의 신청 또는 관공서의 촉탁에 따라 행하는 신청주의 원칙을 적용한다.
⑤ 부동산 권리분석을 행하는 주체가 분석대상 권리의 주요한 사항을 직접 확인해야 한다는 증거주의의 원칙은 권리분석 활동을 하는 데 지켜야 할 이념이다.

33 다음 중 부동산 권리분석 시 등기사항전부증명서를 통해 확인할 수 없는 것은 몇 개인가?

• 유치권	• 전세권	• 점유권
• 구분지상권	• 지역권	• 분묘기지권
• 법정지상권	• 근저당권	

① 3개 ② 4개
③ 5개 ④ 6개
⑤ 7개

34 감정평가 과정상 지역분석과 개별분석에 관한 설명으로 옳지 않은 것은?

① 지역분석을 통해 해당 지역 내 부동산의 표준적 이용과 가격수준을 파악할 수 있다.
② 지역분석은 개별분석보다 먼저 실시하는 것이 일반적이다.
③ 인근지역이란 대상 부동산이 속한 지역으로서 부동산의 이용이 동질적이고 가치 형성 요인 중 개별 요인을 공유하는 지역을 말한다.
④ 유사지역이란 대상 부동산이 속하지 아니하는 지역으로서 인근지역과 유사한 특성을 갖는 지역을 말한다.
⑤ 지역분석은 대상지역에 대한 거시적인 분석인 반면, 개별분석은 대상 부동산에 대한 미시적인 분석이다.

35 부동산 평가활동에서 부동산 가격의 원칙에 관한 설명으로 옳지 않은 것은?

① 예측의 원칙이란 평가활동에서 가치 형성 요인의 변동 추이 또는 동향을 주시해야 한다는 것을 말한다.

② 대체의 원칙이란 부동산의 가격이 대체관계의 유사 부동산으로부터 영향을 받는다는 것을 말한다.

③ 균형의 원칙이란 부동산의 유용성이 최고도로 발휘되기 위해서는 부동산이 외부 환경과 균형을 이루어야 한다는 것을 말한다.

④ 변동의 원칙이란 가치 형성 요인이 시간의 흐름에 따라 지속적으로 변화함으로써 부동산 가격도 변화한다는 것을 말한다.

⑤ 기여의 원칙이란 부동산의 가격이 대상 부동산의 각 구성요소가 기여하는 정도의 합으로 결정된다는 것을 말한다.

36 감정평가에 관한 규칙상 현황기준 원칙에 관한 내용으로 옳지 않은 것은? (단, 감정평가조건이란 기준시점의 가치형성요인 등을 실제와 다르게 가정하거나 특수한 경우로 한정하는 조건을 말함)

① 감정평가업자는 감정평가조건의 합리성, 적법성이 결여되거나 사실상 실현 불가능하다고 판단할 때에는 의뢰를 거부하거나 수임을 철회할 수 있다.

② 현황기준 원칙에도 불구하고 법령에 다른 규정이 있는 경우에는 감정평가조건을 붙여 감정평가할 수 있다.

③ 현황기준 원칙에도 불구하고 대상 물건의 특성에 비추어 사회통념상 필요하다고 인정되는 경우에는 감정평가조건을 붙여 감정평가할 수 있다.

④ 감정평가의 목적에 비추어 사회통념상 필요하다고 인정되어 감정평가조건을 붙여 감정평가하는 경우에는 감정평가조건의 합리성, 적법성 및 실현 가능성의 검토를 생략할 수 있다.

⑤ 현황기준 원칙에도 불구하고 감정평가 의뢰인이 요청하는 경우에는 감정평가조건을 붙여 감정평가할 수 있다.

37 감정평가에 관한 규칙상 대상 물건별 주된 감정평가방법으로 옳지 않은 것은? (단, 대상 물건은 본래 용도의 효용가치가 있음을 전제함)

① 선박 – 거래사례비교법   ② 건설기계 – 원가법

③ 자동차 – 거래사례비교법   ④ 항공기 – 원가법

⑤ 동산 – 거래사례비교법

38 다음 자료를 활용하여 공시지가기준법으로 평가한 대상 토지의 단위면적당 가액은? (단, 주어진 조건에 한함)

- 대상 토지 현황 : A시 B구 C동 175번지, 일반상업지역, 상업나지
- 기준시점 : 2021.04.24.
- 비교표준지 : A시 B구 C동 183번지, 일반상업지역, 상업용
  2021.01.01. 기준 공시지가 6,000,000원/㎡
- 지가변동률(2021.01.01. ~ 2021.04.24.) : A시 B구 상업지역 2% 상승함
- 지역요인 : 비교표준지와 대상 토지는 인근지역에 위치하여 지역요인 동일함
- 개별요인 : 대상 토지는 비교표준지에 비해 가로조건에서 5% 우세하고, 환경조건에서
  10% 열세하며, 다른 조건은 동일함(상승식으로 계산할 것)
- 그 밖의 요인 보정 : 대상 토지 인근지역의 가치 형성 요인이 유사한 정상적인 거래사례
  및 평가사례 등을 고려하여 그 밖의 요인으로 50% 증액 보정함

① 5,700,000원/㎡
② 5,783,400원/㎡
③ 8,505,000원/㎡
④ 8,675,100원/㎡
⑤ 8,721,000원/㎡

39 다음 자료를 활용하여 원가법으로 평가한 대상 건물의 가액은? (단, 주어진 조건에 한함)

- 대상 건물 현황 : 연와조, 단독주택, 연면적 200㎡
- 사용승인시점 : 2016.06.30.
- 기준시점 : 2021.04.24.
- 사용승인시점의 신축공사비 : 1,000,000원/㎡(신축공사비는 적정함)
- 건축비지수
  - 사용승인시점 : 100
  - 기준시점 : 110
- 경제적 내용연수 : 40년
- 감가수정방법 : 정액법(만년감가기준)
- 내용연수 만료 시 잔존가치 없음

① 175,000,000원
② 180,000,000원
③ 192,500,000원
④ 198,000,000원
⑤ 203,500,000원

40 감정평가실무기준에서 규정하고 있는 수익환원법에 관한 내용으로 옳지 않은 것은?

① 수익환원법으로 감정평가할 때에는 직접환원법이나 할인현금흐름분석법 중에서 감정평가 목적이나 대상 물건에 적절한 방법을 선택하여 적용한다.

② 부동산의 증권화와 관련한 감정평가 등 매기의 순수익을 예상해야 하는 경우에는 할인현금흐름분석법을 원칙으로 하고 직접환원법으로 합리성을 검토한다.

③ 직접환원법에서 사용할 환원율은 요소구성법으로 구하는 것을 원칙으로 한다. 다만, 요소구성법의 적용이 적절하지 않은 때에는 시장추출법, 투자결합법, 유효총수익승수에 의한 결정방법, 시장에서 발표된 환원율 등을 검토하여 조정할 수 있다.

④ 할인현금흐름분석법에서 사용할 할인율은 투자자조사법(지분할인율), 투자결합법(종합할인율), 시장에서 발표된 할인율 등을 고려하여 대상 물건의 위험이 적절히 반영되도록 결정하되 추정된 현금흐름에 맞는 할인율을 적용한다.

⑤ 복귀가액 산정을 위한 최종환원율은 환원율에 장기위험프리미엄·성장률·소비자물가 상승률 등을 고려하여 결정한다.

2020년 제31회 기출문제

01 토지의 특성에 관한 설명으로 옳지 않은 것은?

① 부동성으로 인해 지역분석을 필요로 하게 된다.

② 용도의 다양성은 최유효이용의 판단근거가 된다.

③ 영속성은 부동산 활동에 대해서 장기적 배려를 필연적으로 고려하게 한다.

④ 합병·분할의 가능성은 토지의 이행과 전환을 가능하게 한다.

⑤ 개별성으로 인해 일물일가의 법칙이 적용되지 않고, 부동산 시장에서 부동산 상품 간에 완벽한 대체는 불가능하다.

02 다음의 부동산 권리분석 특별원칙은?

• 하자전제의 원칙   • 범위확대의 원칙

• 차단의 원칙   • 완전심증의 원칙

• 유동성 대비의 원칙

---

① 능률성의 원칙   ② 탐문주의 원칙

③ 증거주의 원칙   ④ 안전성의 원칙

⑤ 사후확인의 원칙

03 다음의 내용과 관련된 토지의 특성은?

• 지가를 상승시키는 요인이 된다.

• 토지는 생산비를 투입하여 생산할 수 없다.

• 토지의 독점 소유욕을 갖게 하며, 토지이용을 집약화시킨다.

---

① 부동성   ② 부증성

③ 영속성   ④ 개별성

⑤ 인접성

04 다음 ( )에 들어갈 내용으로 옳은 것은?

> • ( )(이)란 임장활동의 전 단계 활동으로 여러 가지 물적 증거를 수집하고 탁상 위에서 검토하여 1차적으로 하자의 유무를 발견하려는 작업이다.
> • ( )의 과정은 위험사례를 미리 발견하기 위한 노력 또는 그 기초 작업이다.

① 보정   ② 심사
③ 판독   ④ 면책사항
⑤ 권리보증

05 감정평가에 관한 규칙상 용어의 정의로 옳지 않은 것은?

① 기준시점이란 대상물건의 감정평가액을 결정하는 기준이 되는 날짜를 말한다.
② 가치형성요인이란 대상물건의 경제적 가치에 영향을 미치는 일반요인, 지역요인 및 개별요인 등을 말한다.
③ 동일수급권이란 대상부동산과 대체·경쟁관계가 성립하고 가치형성에 서로 영향을 미치는 관계에 있는 다른 부동산이 존재하는 권역을 말하며, 인근지역과 유사지역을 포함한다.
④ 임대사례비교법이란 대상물건과 가치형성요인이 같거나 비슷한 물건의 임대사례와 비교하여 대상물건의 현황에 맞게 사정보정, 시점수정, 가치형성요인 비교 등의 과정을 거쳐 대상물건의 임대료를 산정하는 감정평가방법을 말한다.
⑤ 수익분석법이란 대상물건이 장래 산출할 것으로 기대되는 순수익이나 미래의 현금흐름을 환원하거나 할인하여 대상물건의 가액을 산정하는 감정평가방법을 말한다.

06 감정평가실무기준상 권리금 감정평가방법에 관한 설명으로 옳지 않은 것은?

① 권리금을 감정평가할 때에는 유형·무형의 재산마다 개별로 감정평가하는 것을 원칙으로 한다.
② 권리금을 개별로 감정평가하는 것이 곤란하거나 적절하지 아니한 경우에는 일괄하여 감정평가할 수 있으며, 이 경우 감정평가액은 유형재산가액과 무형재산가액으로 구분하지 않아야 한다.
③ 유형재산을 감정평가할 때에는 주된 방법으로 원가법을 적용하여야 한다.
④ 무형재산을 감정평가할 때에는 주된 방법으로 수익환원법을 적용하여야 한다.
⑤ 유형재산과 무형재산을 일괄하여 감정평가할 때에는 주된 방법으로 수익환원법을 적용하여야 한다.

07 다음과 같은 조건에서 수익환원법에 의해 평가한 대상부동산의 가액은? (단, 주어진 조건에 한함)

- 가능총소득(PGI) : 1억원
- 공실손실상당액 및 대손충당금 : 가능총소득의 5%
- 재산세 : 300만원
- 화재보험료 : 200만원
- 영업소득세 : 400만원
- 건물주 개인업무비 : 500만원
- 토지가액 : 건물가액 = 40% : 60%
- 토지환원이율 : 5%
- 건물환원이율 : 10%

① 1,025,000,000원
② 1,075,000,000원
③ 1,125,000,000원
④ 1,175,000,000원
⑤ 1,225,000,000원

08 다음 자료를 활용하여 거래사례비교법으로 평가한 대상토지의 감정평가액은? (단, 주어진 조건에 한함)

- 대상토지 : A시 B대로 30, 토지면적 200㎡, 제3종 일반주거지역, 주거용 토지
- 기준시점 : 2020.3.1.
- 거래사례의 내역(거래시점 : 2019.9.1.)

소재지	용도지역	토지면적	이용상황	거래사례가격
A시 B대로 29	제3종 일반주거지역	250㎡	주거용	6억원

- 지가변동률(2019.9.1. ~ 2020.3.1.) : A시 주거지역은 3% 상승함
- 지역요인 : 대상토지는 거래사례의 인근지역에 위치함
- 개별요인 : 대상토지는 거래사례에 비해 8% 우세함
- 그 밖의 다른 조건은 동일함
- 상승식으로 계산할 것

① 531,952,000원
② 532,952,000원
③ 533,952,000원
④ 534,952,000원
⑤ 535,952,000원

09 감정평가에 관한 규칙상 주된 감정평가방법 중 거래사례비교법을 적용하는 것은?

ㄱ. 토지	ㄴ. 건물
ㄷ. 토지와 건물의 일괄	ㄹ. 임대료
ㅁ. 광업재단	ㅂ. 과수원
ㅅ. 자동차	

① ㄱ, ㄴ, ㅂ   ② ㄱ, ㅁ, ㅅ
③ ㄴ, ㅁ, ㅅ   ④ ㄷ, ㄹ, ㅁ
⑤ ㄷ, ㅂ, ㅅ

10 다음과 같은 조건에서 대상부동산의 수익가액 산정 시 적용할 환원이율(capitalization rate)은? (단, 소수점 셋째 자리에서 반올림하여 둘째 자리까지 구함)

- 유효총소득(EGI) : 80,000,000원
- 재산세 : 2,000,000원
- 화재보험료 : 1,000,000원
- 재산관리 수수료 : 1,000,000원
- 유틸리티 비용(전기, 가스, 난방 등 공익시설에 따른 비용) : 1,000,000원
- 소득세 : 2,000,000원
- 관리직원 인건비 : 2,000,000원
- 부채서비스액(debt service) : 연 40,000,000원
- 대부비율 : 30%
- 대출조건 : 이자율 연 4%로 15년간 매년 원리금 균등분할상환(고정금리)
- 저당상수(이자율 연 4%, 기간 15년) : 0.09

① 3.93%   ② 4.93%
③ 5.93%   ④ 6.93%
⑤ 7.93%

11 A도시와 B도시 사이에 C도시가 있다. 레일리의 소매인력법칙을 적용할 경우, C도시에서 A도시, B도시로 구매활동에 유입되는 비율은? (단, C도시의 인구는 모두 A도시 또는 B도시에서 구매하고, 주어진 조건에 한함)

- A도시 인구수 : 45,000명
- B도시 인구수 : 20,000명
- C도시에서 A도시 간의 거리 : 36km
- C도시에서 B도시 간의 거리 : 18km

① A : 36%, B : 64%
② A : 38%, B : 62%
③ A : 40%, B : 60%
④ A : 42%, B : 58%
⑤ A : 44%, B : 56%

12 디파스퀠리–위튼(DiPasquale & Wheaton)의 사분면 모형에 관한 설명으로 옳지 않은 것은? (단, 주어진 조건에 한함)

① 1사분면에서는 부동산 공간시장의 단기공급곡선과 수요곡선에 의해 균형임대료가 결정된다.
② 2사분면에서는 부동산의 임대료가 가격으로 환원되는 부동산 자산시장의 조건을 나타낸다.
③ 3사분면에서 신규 부동산의 건설량은 부동산 가격과 부동산 개발비용의 함수로 결정된다.
④ 4사분면에서는 신규 부동산의 건설량과 재고의 멸실량이 변화하여야 부동산 공간시장의 균형을 이룰 수 있다.
⑤ 이 모형은 부동산이 소비재이면서도 투자재라는 특성을 전제로 한다.

13 다음과 같은 지대이론을 주장한 학자는?

- 지대는 자연적 기회를 이용하는 반대급부로 토지소유자에게 지불하는 대가로 보았다.
- 토지지대는 토지이용으로부터 얻는 순소득을 의미하며, 이 순소득을 잉여라고 하였다.
- 토지의 몰수가 아닌 지대의 몰수라고 주장하면서 토지가치에 대한 조세 이외의 모든 조세를 철폐하자고 하였다.

① 리카도(D. Ricardo)
② 알론소(W. Alonso)
③ 헨리 조지(H. George)
④ 마르크스(K. Marx)
⑤ 튀넨(J. H. von Thunen)

14 부동산 시장에 대한 정부의 직접개입방식으로 옳게 묶인 것은?

① 토지비축제, 개발부담금제도

② 수용제도, 선매권제도

③ 최고가격제도, 부동산 조세

④ 보조금제도, 용도지역지구제

⑤ 담보대출규제, 부동산거래허가제

15 우리나라에서 현재(2020.3.7.) 시행하지 않는 부동산 정책을 모두 고른 것은?

ㄱ. 종합토지세	ㄴ. 공한지세
ㄷ. 토지거래허가제	ㄹ. 택지소유상한제
ㅁ. 분양가상한제	ㅂ. 개발이익환수제
ㅅ. 실거래가신고제	ㅇ. 부동산실명제

① ㄱ, ㄴ, ㄹ   ② ㄱ, ㅁ, ㅂ

③ ㄱ, ㅂ, ㅅ   ④ ㄴ, ㄷ, ㅁ

⑤ ㄹ, ㅅ, ㅇ

16 다음의 개발방식은?

- 대지로서의 효용증진과 공공시설의 정비를 목적으로 하며, 택지개발사업에 주로 활용되는 방식이다.
- 사업 후 개발토지 중 사업에 소요된 비용과 공공용지를 제외한 토지를 당초의 토지소유자에게 되돌려 주는 방식이다.
- 개발사업 시 사업재원으로 확보해 놓은 토지를 체비지라고 한다.

① 환지방식   ② 신탁방식

③ 수용방식   ④ 매수방식

⑤ 합동방식

17 **화폐의 시간적 가치를 고려하지 않는 부동산 투자타당성방법은?**

① 수익성지수법(PI) ② 회계적수익률법(ARR)
③ 현가회수기간법(PVP) ④ 내부수익률법(IRR)
⑤ 순현재가치법(NPV)

18 **토지이용계획과 용도지역지구제에 관한 설명으로 옳지 않은 것은?**

① 용도지역지구제는 토지이용규제의 대표적인 예로 들 수 있다.
② 용도지역지구제는 특정 토지를 용도지역이나 용도지구로 지정한 후 해당 토지의 이용을 지정목적에 맞게 제한하는 제도이다.
③ 토지이용계획은 토지이용규제의 근간을 이루지만 법적 구속력을 가지고 있지는 않다.
④ 용도지역지구제는 토지이용계획의 내용을 실현하는 수단으로서, 도시・군관리계획의 내용을 구성한다.
⑤ 용도지역지구제에 따른 용도 지정 후, 관련법에 의해 사인의 토지이용이 제한되지 않는다.

19 **건물의 관리방식에 관한 설명으로 옳지 않은 것은?**

① 자가관리방식은 일반적으로 소유자의 지시와 통제 권한이 강하다.
② 위탁관리방식은 부동산 관리를 전문적으로 하는 대행업체에게 맡기는 방식으로 사회적으로 신뢰도가 높고 성실한 대행업체를 선정하는 것이 중요하다.
③ 혼합관리방식은 자가관리에서 위탁관리로 이행하는 과도기적 조치로 적합하다.
④ 자가관리방식에 있어 소유자가 전문적 관리지식이 부족한 경우 효율적 관리에 한계가 있을 수 있다.
⑤ 혼합관리방식에 있어 관리상의 문제가 발생할 경우, 책임소재에 대한 구분이 명확하다.

20 **개발업자 甲이 직면한 개발사업의 시장위험에 관한 설명으로 옳지 않은 것은?**

① 개발기간 중에도 상황이 변할 수 있다는 점에 유의해야 한다.
② 개발기간이 장기화될수록 개발업자의 시장위험은 높아진다.
③ 선분양은 개발업자가 부담하는 시장위험을 줄일 수 있다.
④ 금융조달비용의 상승과 같은 시장의 불확실성은 개발업자에게 시장위험을 부담시킨다.
⑤ 후분양은 개발업자의 시장위험을 감소시킨다.

21 부동산 증권에 관한 설명으로 옳은 것은?

① 저당이체증권(MPTS)의 모기지 소유권과 원리금 수취권은 모두 투자자에게 이전된다.

② 지불이체채권(MPTB)의 모기지 소유권은 투자자에게 이전되고, 원리금 수취권은 발행자에게 이전된다.

③ 저당담보부채권(MBB)의 조기상환위험과 채무불이행 위험은 투자자가 부담한다.

④ 다계층증권(CMO)은 지분형증권으로만 구성되어 있다.

⑤ 상업용 저당증권(CMBS)은 반드시 공적 유동화중개기관을 통하여 발행된다.

22 부동산개발업의 관리 및 육성에 관한 법률상 부동산 개발에 해당하지 않는 행위는?

① 토지를 건설공사의 수행으로 조성하는 행위

② 토지를 형질변경의 방법으로 조성하는 행위

③ 시공을 담당하는 행위

④ 건축물을 건축기준에 맞게 용도변경하는 행위

⑤ 공작물을 설치하는 행위

23 프로젝트 금융의 특징에 관한 설명으로 옳지 않은 것은?

① 사업자체의 현금흐름을 근거로 자금을 조달하고, 원리금 상환도 해당 사업에서 발생하는 현금흐름에 근거한다.

② 사업주의 입장에서는 비소구(non-recourse) 또는 제한적 소구(limited-recourse) 방식이므로 상환 의무가 제한되는 장점이 있다.

③ 금융기관의 입장에서는 부외금융(off-balance sheet financing)에 의해 채무수용능력이 커지는 장점이 있다.

④ 금융기관의 입장에서는 금리와 수수료 수준이 높아 일반적인 기업금융보다 높은 수익을 얻을 수 있는 장점이 있다.

⑤ 복잡한 계약에 따른 사업의 지연과 이해당사자 간의 조정의 어려움은 사업주와 금융기관 모두의 입장에서 단점으로 작용한다.

24 다음 민간투자사업방식을 바르게 연결한 것은?

> ㄱ. 사업주가 시설준공 후 소유권을 취득하여, 일정기간 동안 운영을 통해 운영수익을 획득하고, 그 기간이 만료되면 공공에게 소유권을 이전하는 방식
> ㄴ. 사업주가 시설준공 후 소유권을 공공에게 귀속시키고, 그 대가로 받은 시설운영권으로 그 시설을 공공에게 임대하여 임대료를 획득하는 방식
> ㄷ. 사업주가 시설준공 후 소유권을 공공에게 귀속시키고, 그 대가로 일정기간 동안 시설운영권을 받아 운영수익을 획득하는 방식
> ㄹ. 사업주가 시설준공 후 소유권을 취득하여, 그 시설을 운영하는 방식으로, 소유권이 사업주에게 계속 귀속되는 방식

① ㄱ : BTO 방식, ㄴ : BTL 방식, ㄷ : BOT 방식, ㄹ : BOO 방식
② ㄱ : BOT 방식, ㄴ : BTL 방식, ㄷ : BTO 방식, ㄹ : BOO 방식
③ ㄱ : BOT 방식, ㄴ : BTO 방식, ㄷ : BOO 방식, ㄹ : BTL 방식
④ ㄱ : BTL 방식, ㄴ : BOT 방식, ㄷ : BOO 방식, ㄹ : BTO 방식
⑤ ㄱ : BOT 방식, ㄴ : BOO 방식, ㄷ : BTO 방식, ㄹ : BTL방식

25 저당대출의 상환방식에 관한 설명으로 옳은 것은?

① 원금균등분할상환(CAM) 방식의 경우, 원리금의 합계가 매기 동일하다.
② 원리금균등분할상환(CPM) 방식의 경우, 초기에는 원리금에서 이자가 차지하는 비중이 높으나, 원금을 상환해 가면서 원리금에서 이자가 차지하는 비중이 줄어든다.
③ 다른 조건이 일정하다면, 대출채권의 듀레이션(평균 회수기간)은 원리금균등분할상환(CPM) 방식이 원금균등분할상환(CAM) 방식보다 짧다.
④ 체증분할상환(GPM) 방식은 장래 소득이 줄어들 것으로 예상되는 차입자에게 적합한 대출방식이다.
⑤ 거치식(Interest-only Mortgage) 방식은 대출자 입장에서 금리수입이 줄어드는 상환방식으로, 상업용 부동산 저당대출보다 주택 저당대출에서 주로 활용된다.

26 다음의 조건을 가진 A부동산의 대부비율(LTV)은? (단, 주어진 조건에 한함)

- 매매가격 : 5억원
- 부채감당률 : 1.5
- 순영업소득 : 3,000만원
- 연 저당상수 : 0.1

① 10%
② 20%
③ 30%
④ 40%
⑤ 50%

27 A는 주택 투자를 위해 은행으로부터 다음과 같은 조건으로 대출을 받았다. A가 7년 후까지 원리금을 정상적으로 상환했을 경우, 미상환 원금잔액은? (단, 주어진 조건에 한함. 1.04^{-7} ≒ 0.76, 1.04^{-13} ≒ 0.6, 1.04^{-20} ≒ 0.46으로 계산. 천원 단위에서 반올림)

- 대출원금 : 5억원
- 대출기간 : 20년
- 대출금리 : 연 4%(고정금리)
- 상환방식 : 연 1회 원리금균등분할상환

① 2억 2,222만원
② 3억 263만원
③ 3억 7,037만원
④ 3억 8,333만원
⑤ 3억 9,474만원

28 다음은 투자 예정 부동산의 향후 1년 동안 예상되는 현금흐름이다. 연간 세후현금흐름은? (단, 주어진 조건에 한함)

- 단위 면적당 월 임대료 : 20,000원/㎡
- 임대면적 : 100㎡
- 공실손실상당액 : 임대료의 10%
- 영업경비 : 유효총소득의 30%
- 부채서비스액 : 연 600만원
- 영업소득세 : 세전현금흐름의 20%

① 4,320,000원
② 6,384,000원
③ 7,296,000원
④ 9,120,000원
⑤ 12,120,000원

29 부동산 투자분석기법에 관한 설명으로 옳지 않은 것은?

① 다른 조건이 일정하다면, 승수법에서는 승수가 클수록 더 좋은 투자안이다.
② 내부수익률(IRR)은 순현재가치(NPV)를 "0"으로 만드는 할인율이다.
③ 내부수익률(IRR)이 요구수익률보다 클 경우 투자한다.
④ 순현재가치(NPV)가 "0"보다 클 경우 투자한다.
⑤ 수익성지수(PI)가 "1"보다 클 경우 투자한다.

30 화폐의 시간가치에 관한 설명으로 옳지 않은 것은? (단, 다른 조건은 동일함)

① 은행으로부터 주택구입자금을 원리금 균등분할상환방식으로 대출한 가구가 매월 상환할 원리금을 계산하는 경우, 저당상수를 사용한다.
② 일시불의 미래가치계수는 이자율이 상승할수록 커진다.
③ 연금의 현재가치계수와 저당상수는 역수관계이다.
④ 연금의 미래가치계수와 감채기금계수는 역수관계이다.
⑤ 3년 후에 주택자금 5억원을 만들기 위해 매 기간 납입해야 할 금액을 계산하는 경우, 연금의 미래가치계수를 사용한다.

31 토지에 관한 설명으로 옳지 않은 것은?

① 빈지는 일반적으로 바다와 육지 사이의 해변 토지와 같이 소유권이 인정되며 이용실익이 있는 토지이다.
② 맹지는 타인의 토지에 둘러싸여 도로에 어떤 접속면도 가지지 못하는 토지이며, 건축법에 의해 원칙적으로 건물을 세울 수 없다.
③ 법지는 택지경계와 접한 경사된 토지부분과 같이 법률상으로는 소유를 하고 있지만 이용실익이 없는 토지이다.
④ 후보지는 부동산의 주된 용도적 지역인 택지지역, 농지지역, 임지지역 상호 간에 전환되고 있는 지역의 토지이다.
⑤ 이행지는 부동산의 주된 용도적 지역인 택지지역, 농지지역, 임지지역의 세분된 지역 내에서 용도전환이 이루어지고 있는 토지이다.

32 부동산 투자에서 위험과 수익에 관한 설명으로 옳지 않은 것은? (단, 주어진 조건에 한함)

① 투자자의 요구수익률에는 위험할증률이 포함된다.

② 투자자가 위험기피자일 경우, 위험이 증가할수록 투자자의 요구수익률도 증가한다.

③ 투자자의 개별적인 위험혐오도에 따라 무위험률이 결정된다.

④ 체계적 위험은 분산투자에 의해 제거될 수 없다.

⑤ 위험조정할인율이란 장래 기대소득을 현재가치로 할인할 때 위험한 투자일수록 높은 할인율을 적용하는 것을 말한다.

33 공간으로서의 부동산에 관한 설명으로 옳지 않은 것은?

① 토지는 물리적 형태로서의 지표면과 함께 공중공간과 지하공간을 포함한다.

② 부동산 활동은 3차원의 공간활동으로 농촌지역에서는 주로 지표공간이 활동의 중심이 되고, 도시지역에서는 입체공간이 활동의 중심이 된다.

③ 지표권은 토지소유자가 지표상의 토지를 배타적으로 사용할 수 있는 권리를 말하며, 토지와 해면과의 분계는 최고만조시의 분계점을 표준으로 한다.

④ 지중권 또는 지하권은 토지소유자가 지하공간으로부터 어떤 이익을 획득하거나 사용할 수 있는 권리를 말하며, 물을 이용할 수 있는 권리가 이에 포함된다.

⑤ 공적 공중권은 일정 범위 이상의 공중공간을 공공기관이 공익목적의 실현을 위해 사용할 수 있는 권리를 말하며, 항공기 통행권이나 전파의 발착권이 이에 포함된다.

34 한국표준산업분류(KSIC)에 따른 부동산업의 세분류 항목으로 옳지 않은 것은?

① 주거용 건물 건설업

② 부동산 임대업

③ 부동산 개발 및 공급업

④ 부동산 관리업

⑤ 부동산 중개, 자문 및 감정평가업

35 부동산 가치의 발생요인에 관한 설명으로 옳지 않은 것은?

① 유효수요는 구입의사와 지불능력을 가지고 있는 수요이다.

② 효용(유용성)은 인간의 필요나 욕구를 만족시킬 수 있는 재화의 능력이다.

③ 효용(유용성)은 부동산의 용도에 따라 주거지는 쾌적성, 상업지는 수익성, 공업지는 생산성으로 표현할 수 있다.

④ 부동산은 용도적 관점에서 대체성이 인정되고 있기 때문에 절대적 희소성이 아닌 상대적 희소성을 가지고 있다.

⑤ 이전성은 법률적인 측면이 아닌 경제적인 측면에서의 가치발생요인이다.

36 A지역 오피스텔시장의 시장수요함수가 QD = 100 − P이고, 시장공급함수가 2QS = −40 + 3P일 때, 오피스텔 시장의 균형에서 수요의 가격탄력성(ϵP)과 공급의 가격탄력성(η)은? (단, QD : 수요량, QS : 공급량, P : 가격이고, 수요의 가격탄력성과 공급의 가격탄력성은 점탄력성을 말하며, 다른 조건은 동일함)

① $\epsilon P = \dfrac{12}{13}, \ \eta = \dfrac{18}{13}$ ② $\epsilon P = \dfrac{12}{13}, \ \eta = \dfrac{13}{18}$

③ $\epsilon P = \dfrac{13}{12}, \ \eta = \dfrac{13}{18}$ ④ $\epsilon P = \dfrac{13}{12}, \ \eta = \dfrac{18}{13}$

⑤ $\epsilon P = \dfrac{18}{13}, \ \eta = \dfrac{12}{13}$

37 공인중개사법령에 관한 설명으로 옳은 것은?

① 공인중개사법에 의한 공인중개사자격을 취득한 자를 개업공인중개사라고 말한다.

② 선박법 및 선박등기법에 따라 등기된 20톤 이상의 선박은 공인중개사법에 의한 중개대상물이다.

③ 개업공인중개사에 소속된 공인중개사인 자로서 중개업무를 수행하는 자는 소속공인중개사가 아니다.

④ 중개업은 다른 사람의 의뢰에 의하여 일정한 보수를 받고 중개를 업으로 행하는 것을 말한다.

⑤ 중개보조원이란 공인중개사가 아닌 자로서 중개업을 하는 자를 말한다.

38 부동산 관련 조세는 과세주체 또는 과세권자에 따라 국세와 지방세로 구분된다. 이 기준에 따라 동일한 유형으로 분류된 것은?

① 취득세, 상속세, 증여세
② 종합부동산세, 증여세, 취득세
③ 등록면허세, 소득세, 부가가치세
④ 소득세, 상속세, 재산세
⑤ 취득세, 등록면허세, 재산세

39 A지역 주택시장의 시장수요함수는 2QD = 200 − P이고 시장공급함수는 3QS = 60 + P이다. (QD : 수요량, QS : 공급량, P : 가격, 단위는 만호, 만원임) 정부가 부동산거래세를 수요측면에 단위당 세액 10만원의 종량세의 형태로 부과하는 경우에 A지역 주택시장 부동산거래세의 초과부담은? (단, 다른 조건은 동일함)

① 8억원
② 10억원
③ 12억원
④ 20억원
⑤ 24억원

40 부동산 거래신고 등에 관한 법률상 옳지 않은 것은? (단, 주어진 조건에 한함)

① 거래당사자 중 일방이 지방자치단체인 경우에는 지방자치단체가 신고를 하여야 한다.
② 공동으로 중개한 경우에는 해당 개업공인중개사가 공동으로 신고하여야 하며, 일방이 신고를 거부한 경우에는 단독으로 신고할 수 있다.
③ 거래당사자는 그 실제 거래가격 등을 거래계약의 체결일부터 30일 이내에 공동으로 신고해야 한다.
④ 누구든지 개업공인중개사에게 부동산 거래의 신고를 하지 아니하게 하거나 거짓으로 신고하도록 요구하는 행위를 하여서는 아니 된다.
⑤ 거래당사자가 부동산의 거래신고를 한 후 해당 거래계약이 취소된 경우에는 취소가 확정된 날부터 60일 이내에 해당 신고관청에 공동으로 신고하여야 한다.

2019년 제30회 기출문제

01 토지의 특성에 관한 설명으로 옳지 않은 것은?

① 부동성은 부동산 활동 및 현상을 국지화하여 지역특성을 갖도록 한다.
② 부증성은 생산요소를 투입하여도 토지 자체의 양을 늘릴 수 없는 특성이다.
③ 영속성은 토지관리의 필요성을 높여 감정평가에서 원가방식의 이론적 근거가 된다.
④ 개별성은 대상 토지와 다른 토지의 비교를 어렵게 하며 시장에서 상품 간 대체관계를 제약할 수 있다.
⑤ 인접성은 물리적으로 연속되고 연결되어 있는 특성이다.

02 전·답·임야 등의 지반이 절토되어 하천으로 변한 토지는?

① 포락지   ② 유휴지
③ 공한지   ④ 건부지
⑤ 휴한지

03 다음의 내용과 관련된 부동산 활동상의 토지 분류에 해당하는 것은?

- 주택지가 대로변에 접하여 상업지로 전환 중인 토지
- 공업지가 경기불황으로 공장가동률이 저하되어 주거지로 전환 중인 토지
- 도로변 과수원이 전으로 전환 중인 토지

① 이행지   ② 우등지
③ 체비지   ④ 한계지
⑤ 후보지

04 부동산의 개념에 관한 설명으로 옳지 않은 것은?

① 토지는 제품생산에 필요한 부지를 제공하는 생산요소이다.

② 토지는 생활의 편의를 제공하는 최종 소비재이기도 하다.

③ 「민법」상 부동산은 토지 및 그 정착물이며, 부동산 이외의 물건은 동산이다.

④ 준부동산에는 등기나 등록수단으로 공시된 광업재단, 공장재단, 선박, 항공기, 어업권 등이 있다.

⑤ 「입목에 관한 법률」에 의해 소유권보존등기를 한 입목은 토지와 분리하여 양도할 수 없다.

05 토지정책에 관한 설명으로 옳은 것은?

① 토지정책수단 중 토지비축제도, 토지수용, 금융지원, 보조금 지급은 간접 개입방식이다.

② 개발부담금제는 개발이 제한되는 지역의 토지소유권에서 개발권을 분리하여 개발이 필요한 다른 지역에 개발권을 양도할 수 있도록 하는 제도이다.

③ 토지선매에 있어 시장·군수·구청장은 토지거래계약허가를 받아 취득한 토지를 그 이용목적대로 이용하고 있지 아니한 토지에 대해서 선매자에게 강제로 수용하게 할 수 있다.

④ 개발권양도제는 개발사업의 시행으로 이익을 얻은 사업시행자로부터 개발이익의 일정액을 환수하는 제도이다.

⑤ 토지적성평가제는 토지에 대한 개발과 보전의 경합이 발생했을 때 이를 합리적으로 조정하는 수단이다.

06 다음의 내용에 모두 관련된 토지의 특성은?

- 최유효이용의 판단근거가 되며, 최고의 효율성을 발휘하게 하여 경제적 가치를 증대시킨다.
- 토지이용의 이행과 전환을 가능하게 한다.
- 부동산의 가격은 그 이용을 통해 초과이윤을 얻기 위한 시장참여자들의 경쟁관계에 의해 형성된다.

① 인접성   ② 용도의 다양성

③ 위치의 가변성   ④ 고가성

⑤ 부동성

07 부동산 투자에서 레버리지(leverage)에 관한 설명으로 옳지 않은 것은?

① 총투자수익률에서 지분투자수익률을 차감하여 정(+)의 수익률이 나오는 경우에는 정(+)의 레버리지가 발생한다.

② 차입이자율이 총투자수익률보다 높은 경우에는 부(-)의 레버리지가 발생한다.

③ 정(+)의 레버리지는 이자율의 변화 등에 따라 부(-)의 레버리지로 변화될 수 있다.

④ 부채비율이 상승할수록 레버리지 효과로 인한 지분투자자의 수익률 증대효과가 있지만, 한편으로는 차입금리의 상승으로 지분투자자의 수익률 감소효과도 발생한다.

⑤ 대출기간 연장을 통하여 기간이자 상환액을 줄이는 것은 부(-)의 레버리지 발생 시 적용할 수 있는 대안 중 하나이다.

08 부동산 수익률에 관한 설명으로 옳지 않은 것을 모두 고른 것은?

> ㄱ. 요구수익률이란 투자자가 투자하기 위한 최대한의 수익률을 말하는 것으로 시간에 대한 비용은 고려하지 않는다.
> ㄴ. 실현수익률이란 투자가 이루어지고 난 후 현실적으로 달성된 수익률로서 역사적 수익률을 의미한다.
> ㄷ. 기대수익률이 요구수익률보다 높으면, 대상 부동산에 대하여 수요가 증가하여 기대수익률이 상승한다.

① ㄱ   ② ㄷ

③ ㄱ, ㄴ   ④ ㄱ, ㄷ

⑤ ㄱ, ㄴ, ㄷ

09 다음의 그림은 포트폴리오 분석을 위해 기대수익률과 위험이 다른 개별 자산1과 자산2로 포트폴리오를 구성하여, 포트폴리오 내의 상관계수별 자산비중에 따른 위험과 수익 궤적을 나타낸 것이다. 이에 관한 설명으로 옳은 것은? (단, 주어진 조건에 한함)

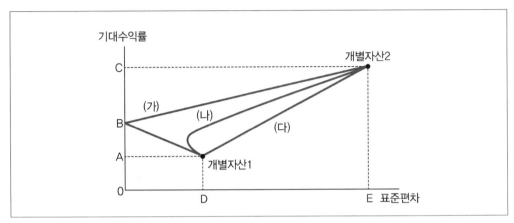

① 두 개별자산 간의 상관계수가 1인 경우에는 비체계적 위험을 완전히 제거할 수 있다.
② 두 개별자산 간의 상관계수가 −1인 경우에는 체계적 위험을 완전히 제거할 수 있다.
③ 두 개별자산 간의 상관계수가 0인 경우의 위험과 수익 궤적을 나타낸 선은 (다)이다.
④ 두 개별자산 간의 상관계수가 1인 경우에는 체계적 위험을 완전히 제거할 수 있다.
⑤ 두 개별자산 간의 상관계수가 −1인 경우의 위험과 수익 궤적을 나타낸 선은 (가)이다.

10 다음은 A부동산 투자에 따른 1년간 예상 현금흐름이다. 운영경비비율(OER)과 부채감당률(DCR)을 순서대로 나열한 것은? (단, 주어진 조건에 한함)

- 총투자액 : 10억원(자기자본 6억원)
- 세전현금흐름 : 6천만원
- 부채서비스액 : 4천만원
- 유효총소득승수 : 5

① 0.5, 0.4 ② 0.5, 2.5
③ 2.0, 0.4 ④ 2.0, 2.0
⑤ 2.0, 2.5

11 고정금리대출과 변동금리대출에 관한 설명으로 옳은 것은?

① 예상치 못한 인플레이션이 발생할 경우 대출기관에게 유리한 유형은 고정금리대출이다.
② 일반적으로 대출일 기준 시 이자율은 변동금리대출이 고정금리대출보다 높다.
③ 시장이자율 하락 시 고정금리대출을 실행한 대출기관은 차입자의 조기상환으로 인한 위험이 커진다.
④ 변동금리대출은 시장상황에 따라 이자율을 변동시킬 수 있으므로 기준금리 외에 가산금리는 별도로 고려하지 않는다.
⑤ 변동금리대출의 경우 시장이자율 상승 시 이자율 조정주기가 짧을수록 대출기관에게 불리하다.

12 부동산 투자분석에 관한 설명으로 옳지 않은 것은?

① 순현재가치는 장래 예상되는 현금유입액과 현금유출액의 현재가치를 차감한 금액이다.
② 내부수익률은 장래 예상되는 현금유입액과 현금유출액의 현재가치를 같게 하는 할인율이다.
③ 회수기간법은 투자안 중에서 회수기간이 가장 단기인 투자안을 선택하는 방법이다.
④ 순현가법, 내부수익률법, 수익성지수법은 현금흐름을 할인하여 투자분석을 하는 방법이다.
⑤ 순현재가치가 1보다 큰 경우나 내부수익률이 요구수익률보다 큰 경우에는 투자하지 않는다.

13 대출조건이 다음과 같을 때, 원금 균등분할상환방식과 원리금 균등분할상환방식에서 1회차에 납부할 원금을 순서대로 나열한 것은? (단, 주어진 조건에 한함)

• 대출금 : 1억 2천만원	• 대출금리 : 고정금리, 연 6%
• 대출기간 : 10년	• 월 저당상수 : 0.0111
• 거치기간 없이 매월말 상환	

① 1,000,000원, 725,000원
② 1,000,000원, 732,000원
③ 1,000,000원, 735,000원
④ 1,200,000원, 732,000원
⑤ 1,200,000원, 735,000원

14 부동산 증권에 관한 설명으로 옳지 않은 것은?

① 자산유동화증권(ABS)은 금융기관 및 기업이 보유하고 있는 매출채권, 부동산저당채권 등 현금흐름이 보장되는 자산을 담보로 발행하는 증권을 의미한다.

② 저당담보부채권(MBB)은 모기지풀에서 발생하는 현금흐름과 관련된 위험을 투자자에게 이전하는 채권이다.

③ 주택저당증권(MBS)은 금융기관 등이 주택자금을 대출하고 취득한 주택저당채권을 유동화전문회사 등이 양수하여 이를 기초로 발행하는 증권을 의미한다.

④ 저당이체증권(MPTS)은 발행기관이 원리금수취권과 주택저당권에 대한 지분권을 모두 투자자에게 이전하는 증권이다.

⑤ 다계층증권(CMO)은 저당채권의 발행액을 몇 개의 계층으로 나눈 후 각 계층마다 상이한 이자율을 적용하고 원금이 지급되는 순서를 다르게 정할 수 있다.

15 사업주가 특수목적회사인 프로젝트 회사를 설립하여 특정 프로젝트 수행에 필요한 자금을 금융기관으로부터 대출받는 방식의 프로젝트 금융을 활용하는 경우에 관한 설명으로 옳지 않은 것은? (단, 프로젝트 회사를 위한 별도의 보증이나 담보제공 등은 없음)

① 대규모 자금이 소요되고 공사기간이 장기인 사업에 적합한 자금조달수단이다.

② 프로젝트 금융에 의한 채무는 사업주와 독립적이므로 부채상환의무가 사업주에게 전가되지 않는다.

③ 사업주가 이미 대출한도를 넘어섰거나 대출제약요인이 있는 경우에도 가능하다.

④ 해당 프로젝트가 부실화되더라도 대출기관의 채권회수에는 영향이 없다.

⑤ 프로젝트 회사는 법률적, 경제적으로 완전히 독립적인 회사이지만 이해당사자 간의 이견이 있을 경우에는 사업지연을 초래할 수 있다.

16 주택자금대출을 위한 다음과 같은 대안에 관한 설명으로 옳은 것은? (단, 주어진 조건에 한함)

공통 대출조건	• 대출금 : 2억원 • 이자율 : 고정금리, 연 5 % • 대출기간 : 15년
대안 1	원금 만기일시상환조건(이자는 연말 납입)
대안 2	원리금 균등분할상환조건(거치기간 없이 연말 상환)
대안 3	원금 균등분할상환조건(거치기간 없이 연말 상환)
대안 4	부(-)의 상환인 체증분할상환조건(거치기간 없이 연말 상환)

① 모든 대안별 대출금액에 대한 상환방식은 다르지만, 첫째 연도에 지불하는 이자금액은 모든 대안이 동일하다.
② 모든 대안의 대출기간 동안에 상환한 원금과 이자의 총합계액은 동일하다.
③ 대안 4는 다른 대안에 비해서 대출기간이 경과할수록 이자부담이 점증하는 구조이기에 원금부담은 줄어든다.
④ 대안 2는 대안 3에 비해서 첫째 연도의 원금상환액이 큰 방식이다.
⑤ 대안 3은 다른 대안에 비해서 첫째 연도에 차입자의 원리금지급 부담이 큰 방식이다.

17 다음 부동산 관련 조세 중 국세만으로 묶인 것은?

① 상속세, 취득세, 양도소득세
② 증여세, 등록면허세, 양도소득세
③ 취득세, 등록면허세, 종합부동산세
④ 증여세, 양도소득세, 종합부동산세
⑤ 재산세, 등록면허세, 상속세

18 부동산 조세에 관한 설명으로 옳지 않은 것은? (단, 주어진 조건에 한함)

① 종합부동산세와 재산세의 과세대상은 일치한다.
② 조세의 귀착 문제는 수요와 공급의 상대적 탄력성에 달려 있다.
③ 임대주택에 재산세가 강화되면 장기적으로 임차인에게 전가될 수 있다.
④ 부동산 조세는 자원을 재분배하는 기능이 있다.
⑤ 주택에 보유세가 중과되면 자가소유 수요가 감소할 수 있다.

19 지역분석과 개별분석에 관한 설명으로 옳은 것은?

① 지역분석은 일반적으로 개별분석에 선행하여 행하는 것으로 그 지역 내의 최유효이용을 판정하는 것이다.
② 인근지역이란 대상 부동산이 속한 지역으로 부동산의 이용이 동질적이고 가치형성요인 중 개별요인을 공유하는 지역이다.
③ 유사지역이란 대상 부동산이 속하지 아니하는 지역으로서 인근지역과 유사한 특성을 갖는 지역이다.
④ 개별분석이란 지역분석의 결과로 얻어진 정보를 기준으로 대상 부동산의 가격을 표준화·일반화시키는 작업을 말한다.
⑤ 지역분석 시에는 균형의 원칙에, 개별분석 시에는 적합의 원칙에 더 유의하여야 한다.

20 감정평가에 관한 규칙상 가치에 관한 설명으로 옳지 않은 것은?

① 대상 물건에 대한 감정평가액은 시장가치를 기준으로 결정하는 것을 원칙으로 한다.

② 법령에 다른 규정이 있는 경우에는 시장가치 외의 가치를 기준으로 감정평가할 수 있다.

③ 대상 물건의 특성에 비추어 사회통념상 필요하다고 인정되는 경우에는 시장가치 외의 가치를 기준으로 감정평가할 수 있다.

④ 시장가치란 대상 물건이 통상적인 시장에서 충분한 기간 방매된 후 매수인에 의해 제시된 것 중에서 가장 높은 가격을 말한다.

⑤ 감정평가 의뢰인이 요청하여 시장가치 외의 가치로 감정평가하는 경우에는 해당 시장가치 외의 가치의 성격과 특징을 검토하여야 한다.

21 다음의 자료를 활용하여 평가한 A부동산의 연간 비준임대료(원/m²)는? (단, 주어진 조건에 한함)

- 유사임대사례의 임대료 : 월 1,000,000원/m²(보증금 없음)
- 임대료 상승률 : 유사임대사례의 계약일로부터 기준시점까지 10% 상승
- A부동산이 유사임대사례보다 개별요인에서 5% 우세

① 13,200,000   ② 13,540,000

③ 13,560,000   ④ 13,800,000

⑤ 13,860,000

22 최유효이용에 관한 설명으로 옳지 않은 것은?

① 토지이용흡수율 분석은 경제적 타당성 여부판단에 활용되지 않는다.

② 인근지역의 용도와는 전혀 다른데도 불구하고 최유효이용이 되는 경우가 있다.

③ 중도적 이용에 할당되고 있는 부동산을 평가할 때는 토지와 개량물을 같은 용도로 평가해야 한다.

④ 단순히 최고의 수익을 창출하는 잠재적 용도가 아니라 적어도 그 용도에 대한 유사부동산의 시장수익률과 동등 이상의 수준이 되어야 한다.

⑤ 투기적 목적으로 사용되고 있는 토지에 대한 최유효이용분석에 있어서는 특정한 용도를 미리 상정해서는 안 되며 미래 사용에 대한 일반적 유형을 상정해야 한다.

23 자본환원율에 관한 설명으로 옳지 않은 것은?

① 자본환원율이란 대상 부동산이 장래 산출할 것으로 기대되는 표준적인 순영업소득과 부동산 가격의 비율이다.

② 감가상각 전의 순영업소득으로 가치를 추계하는 경우 감가상각률을 제외한 자본환원율을 사용해야 한다.

③ 할인현금흐름분석법에서는 별도로 자본회수율을 계산하지 않는다.

④ 부채감당법에 의한 자본환원율은 부채감당률에 저당비율과 저당상수를 곱하여 구한다.

⑤ 지분수익률은 매기간 세전현금수지의 현가와 기말지분복귀액의 현가의 합을 지분투자액과 같게 만드는 내부수익률이다.

24 감정평가에 관한 규칙상 시산가액 조정에 관한 설명으로 옳지 않은 것은?

① 평가대상 물건별로 정한 감정평가방법을 적용하여 산정한 가액을 시산가액이라 한다.

② 평가대상 물건의 시산가액은 감정평가 3방식 중 다른 감정평가방식에 속하는 하나 이상의 감정평가방법으로 산정한 시산가액과 비교하여 합리성을 검토하여야 한다.

③ 시산가액 조정 시 공시지가기준법과 거래사례비교법은 같은 감정평가방식으로 본다.

④ 대상 물건의 특성 등으로 인하여 다른 감정평가방법을 적용하는 것이 곤란하거나 불필요한 경우에는 시산가액 조정을 생략할 수 있다.

⑤ 산출한 시산가액의 합리성이 없다고 판단되는 경우에는 주된 방법 및 다른 감정평가방법으로 산출한 시산가액을 조정하여 감정평가액을 결정할 수 있다.

25 다음의 조건을 가진 A부동산에 관한 설명으로 옳지 않은 것은? (단, 주어진 조건에 한함)

- 가능총소득 : 연 1억원
- 공실 및 대손 : 가능총소득의 10%
- 운영경비 : 유효총소득의 30%
- 가격구성비 : 토지 40%, 건물 60%
- 토지환원율 : 연 3%, 건물환원율 : 연 5%

① 유효총소득은 연 9천만원이다. ② 순영업소득은 연 6천3백만원이다.

③ 자본환원율은 연 4%이다. ④ 수익가격은 15억원이다.

⑤ 운영경비는 연 2천7백만원이다.

26 주거분리와 여과과정에 관한 설명으로 옳지 않은 것은?

① 저가주택이 수선되거나 재개발되어 상위계층의 사용으로 전환되는 것을 상향여과라 한다.

② 민간주택시장에서 저가주택이 발생하는 것은 시장이 하향여과작용을 통해 자원할당기능을 원활하게 수행하고 있기 때문이다.

③ 주거입지는 침입과 천이현상으로 인해 변화할 수 있다.

④ 주거분리는 도시 전체에서뿐만 아니라 지리적으로 인접한 근린지역에서도 발생할 수 있다.

⑤ 하향여과는 고소득층 주거지역에서 주택의 개량을 통한 가치상승분이 주택개량비용보다 큰 경우에 발생한다.

27 부동산 시장에 관한 설명으로 옳지 않은 것은? (단, 주어진 조건에 한함)

① 부동산 시장은 단기적으로 수급조절이 쉽지 않기 때문에 가격의 왜곡이 발생할 가능성이 높다.

② 부동산의 공급이 탄력적일수록 수요증가에 따른 가격변동의 폭이 크다.

③ 취득세의 강화는 수급자의 시장진입을 제한하여 시장의 효율성을 저해한다.

④ 토지이용 규제로 인한 택지공급의 비탄력성은 주택공급의 가격탄력성을 비탄력적으로 하는 요인 중 하나이다.

⑤ 주택시장에서 시장균형가격보다 낮은 수준의 가격상한규제는 장기적으로 민간주택 공급량을 감소시킨다.

28 A지역 임대아파트의 시장수요함수가 $QD = 100 - \frac{1}{2} P$이고, 시장공급함수는 $QS = 20 + \frac{1}{3} P$이다. 정부가 임대료를 시장균형 임대료에서 36만원을 낮추었을 경우 A지역 임대아파트의 초과수요량은? (단, QD : 수요량, QS : 공급량, P : 임대료, 단위는 천호 및 만원이고, 다른 조건은 불변임)

① 30천호   ② 32천호

③ 40천호   ④ 52천호

⑤ 70천호

29 우리나라의 부동산 정보관리정책에 관한 설명으로 옳은 것은?

① 부동산거래 계약과 신고 등에 관한 정보체계 구축의 법적 근거는 「공간정보의 구축 및 관리 등에 관한 법률」이다.

② 국토교통부장관 또는 시장·군수·구청장은 정보의 관리를 위하여 관계 행정기관이나 그 밖에 필요한 기관에 필요한 자료를 요청할 수 있으며, 이 경우 관계 행정기관 등은 특별한 사유가 없으면 요청에 따라야 한다.

③ 광역시장·도지사는 적절한 부동산 정책의 수립 및 시행을 위하여 부동산 거래상황, 주택 임대차 계약상황, 외국인 부동산 취득현황, 부동산 가격 동향 등에 관한 정보를 종합적으로 관리하고, 이를 관련 기관·단체 등에 제공해야 한다.

④ 광역시장·도지사는 효율적인 정보의 관리 및 국민편의 증진을 위하여 대통령령으로 정하는 바에 따라 부동산거래 및 주택 임대차의 계약·신고·허가·관리 등의 업무와 관련된 정보체계를 구축·운영해야 한다.

⑤ 국토교통부장관은 정보체계에 구축되어 있는 정보를 수요자에게 제공할 수 있으며, 이 경우 제공하는 정보의 종류와 내용을 제한할 수 없다.

30 개업공인중개사의 금지행위에 해당하지 않는 것은?

① 경매대상 부동산의 권리분석 및 취득을 알선하는 행위

② 중개대상물의 매매를 업으로 하는 행위

③ 중개의뢰인과 직접 거래를 하거나 거래당사자 쌍방을 대리하는 행위

④ 해당 중개대상물의 거래상의 중요사항에 관하여 거짓된 언행 그 밖의 방법으로 중개의뢰인의 판단을 그르치게 하는 행위

⑤ 중개사무소의 개설등록을 하지 아니하고 중개업을 영위하는 자인 사실을 알면서 그를 통하여 중개를 의뢰받는 행위

31 민간투자사업의 추진방식에 관한 설명으로 옳지 않은 것은?

① 사회기반시설의 준공과 동시에 해당 시설의 소유권이 국가 또는 지방자치단체에 귀속되며, 사업시행자에게 일정기간의 시설관리운영권을 인정하는 방식을 BTO 방식이라고 한다.

② 사회기반시설의 준공과 동시에 해당 시설의 소유권이 국가 또는 지방자치단체에 귀속되며, 사업시행자에게 일정기간의 시설관리운영권을 인정하되, 그 시설을 국가 또는 지방자치단체 등이 협약에서 정한 기간 동안 임차하여 사용·수익하는 방식을 BTL 방식이라고 한다.

③ 사회기반시설의 준공 후 일정기간 동안 사업시행자에게 해당 시설의 소유권이 인정되며 그 기간이 만료되면 시설소유권이 국가 또는 지방자치단체에 귀속되는 방식을 BOT 방식이라고 한다.

④ BTO 방식은 초등학교 교사 신축사업에 적합한 방식이다.

⑤ BTL 방식은 사업시행자가 최종 수요자에게 사용료를 직접 부과하기 어려운 경우 적합한 방식이다.

32 부동산 관리방식에 관한 설명으로 옳지 않은 것은?

① 자기관리방식은 소유자가 직접 관리하는 방식으로 단독주택이나 소형빌딩과 같은 소규모 부동산에 주로 적용된다.

② 위탁관리방식은 부동산관리 전문업체에 위탁해 부동산을 관리하는 방식으로 대형건물의 관리에 유용하다.

③ 혼합관리방식은 관리업무 모두를 위탁하지 않고 필요한 부분만 따로 위탁하는 방식이다.

④ 자기관리방식은 전문성 결여의 가능성이 높으나 신속하고 종합적인 운영관리가 가능하다.

⑤ 위탁관리방식은 관리업무의 전문성과 효율성을 제고할 수 있으며 기밀유지의 장점이 있다.

33 부동산 개발의 시장위험에 해당하지 않는 것은? (단, 다른 조건은 불변임)

① 이자율 상승
② 행정인허가 불확실성
③ 공실률 증가
④ 공사자재 가격급등
⑤ 임대료 하락

34 워포드(L. Wofford)의 부동산 개발 7단계의 순서로 올바르게 나열한 것은?

> ㄱ. 사업구상   ㄴ. 마케팅
>
> ㄷ. 예비타당성 분석   ㄹ. 부지확보
>
> ㅁ. 금융   ㅂ. 건설
>
> ㅅ. 타당성 분석

① ㄱ−ㄴ−ㄷ−ㄹ−ㅅ−ㅁ−ㅂ   ② ㄱ−ㄴ−ㄷ−ㅅ−ㅁ−ㄹ−ㅂ

③ ㄱ−ㄷ−ㄴ−ㅅ−ㄹ−ㅁ−ㅂ   ④ ㄱ−ㄷ−ㄹ−ㅅ−ㅁ−ㅂ−ㄴ

⑤ ㄱ−ㄹ−ㄷ−ㅁ−ㅅ−ㅂ−ㄴ

35 부동산 개발의 개념에 관한 설명으로 옳지 않은 것은?

① 「부동산개발업의 관리 및 육성에 관한 법률」상 부동산 개발은 시공을 담당하는 행위를 포함한다.

② 부동산 개발은 온전하게 운용할 수 있는 부동산을 생산하기 위한 토지와 개량물의 결합이다.

③ 부동산 개발이란 인간에게 생활, 일, 쇼핑, 레저 등의 공간을 제공하기 위한 토지, 노동, 자본 및 기업가적 능력의 결합과정이다.

④ 부동산 개발은 토지조성활동과 건축활동을 포함한다.

⑤ 부동산 개발은 토지 위에 건물을 지어 이익을 얻기 위해 일정 면적의 토지를 이용하는 과정이다.

36 부동산 마케팅 전략에 관한 설명으로 옳은 것은?

① 시장점유 마케팅 전략은 AIDA원리에 기반을 두면서 소비자의 욕구를 파악하여 마케팅 효과를 극대화하는 전략이다.

② 고객점유 마케팅 전략은 공급자 중심의 마케팅 전략으로 표적시장을 선정하거나 틈새시장을 점유하는 전략이다.

③ 관계 마케팅 전략은 생산자와 소비자의 지속적인 관계를 통해서 마케팅효과를 도모하는 전략이다.

④ STP 전략은 시장세분화(Segmentation), 표적시장 선정(Targeting), 판매촉진(Promotion)으로 구성된다.

⑤ 4P-Mix 전략은 제품(Product), 가격(Price), 유통경로(Place), 포지셔닝(Positioning)으로 구성된다.

37 부동산 중개계약에 관한 설명으로 옳은 것은?

① 순가중개계약은 중개의뢰인이 다수의 개업공인중개사에게 의뢰하는 계약의 형태이다.

② 독점중개계약을 체결한 개업공인중개사는 자신이 거래를 성립시키지 않았을 경우 중개보수를 받지 못한다.

③ 전속중개계약을 체결한 개업공인중개사는 누가 거래를 성립시켰는지에 상관없이 중개보수를 받을 수 있다.

④ 공동중개계약은 다수의 개업공인중개사가 상호 협동하여 공동으로 중개역할을 하는 것이다.

⑤ 일반중개계약은 거래가격을 정하여 개업공인중개사에게 제시하고, 이를 초과한 가격으로 거래가 이루어진 경우 그 초과액을 개업공인중개사가 중개보수로 획득하는 방법이다.

38 컨버스(P. Converse)의 분기점모형에 따르면 상권은 거리의 제곱에 반비례하고 인구에 비례한다. 다음의 조건에서 A, B 도시의 상권 경계지점은 A시로부터 얼마나 떨어진 곳에 형성되는가? (단, 주어진 조건에 한함)

- A시의 인구 : 16만명, B시의 인구 : 4만명
- 두 도시 간의 거리 : 15km
- 두 도시의 인구는 모두 구매자이며, 두 도시에서만 구매함

① 8km
② 9km
③ 10km
④ 11km
⑤ 12km

39 지대이론 및 도시공간구조이론에 관한 설명으로 옳지 않은 것은?

① 리카도(D. Ricardo)는 비옥한 토지의 희소성과 수확체감의 법칙으로 인해 지대가 발생한다고 보았다.

② 마샬(A. Marshall)은 일시적으로 토지와 유사한 성격을 가지는 생산요소에 귀속되는 소득을 준지대로 보았다.

③ 알론소(W. Alonso)는 각 토지의 이용은 최고의 지대지불의사가 있는 용도에 할당된다고 보았다.

④ 호이트(H. Hoyt)는 저급주택지가 고용기회가 많은 도심지역과의 교통이 편리한 지역에 선형으로 입지한다고 보았다.

⑤ 해리스(C. Harris)와 울만(E. Ullman)은 도시 내부의 토지이용이 단일한 중심이 아니라 여러 개의 전문화된 중심으로 이루어진다고 보았다.

40 자산 A, B, C에 대한 경제상황별 예상수익률이 다음과 같을 때, 이에 관한 설명으로 옳지 않은 것은? (단, 호황과 불황의 확률은 같음)

구분	경제상황별 예상수익률(%)	
	호황	불황
자산 A	8	4
자산 B	12	8
자산 C	16	10

① 기대수익률은 자산 C가 가장 높고, 자산 A가 가장 낮다.

② 합리적인 투자자라면 자산 A와 자산 B 중에서는 자산 B를 투자안으로 선택한다.

③ 평균분산 지배원리에 따르면 자산 C가 자산 B를 지배한다.

④ 자산 B의 변동계수(Coefficient of variation)는 0.2이다.

⑤ 자산 C가 상대적으로 다른 자산에 비해서 위험이 높다.

2018년 제29회 기출문제

01 다음의 내용과 모두 관련된 토지의 특성은?

- 부동산 활동에서 임장활동이 중요하다.
- 외부효과가 발생한다.
- 부동산 활동 및 현상을 국지화시킨다.

① 영속성　　　　　　　　　　　② 부증성
③ 부동성　　　　　　　　　　　④ 개별성
⑤ 기반성

02 부동산 활동과 관련된 다음의 내용을 설명하는 용어로 옳게 연결된 것은?

ㄱ. 인근 지역의 주위환경 등의 사정으로 보아 현재의 용도에서 장래 택지 등 다른 용도로의 전환이 객관적으로 예상되는 토지
ㄴ. 택지 등 다른 용도로 조성되기 이전 상태의 토지

① ㄱ : 후보지, ㄴ : 소지　　　　② ㄱ : 후보지, ㄴ : 공지
③ ㄱ : 이행지, ㄴ : 소지　　　　④ ㄱ : 이행지, ㄴ : 공지
⑤ ㄱ : 성숙지, ㄴ : 소지

03 입목에 관한 법령상 옳지 않은 것은?

① 입목의 소유자는 토지와 분리하여 입목을 양도할 수 있다.
② 입목을 위한 법정지상권은 성립하지 않는다.
③ 토지소유권 또는 지상권 처분의 효력은 입목에 미치지 않는다.
④ 입목을 목적으로 하는 저당권의 효력은 입목을 베어 낸 경우에 그 토지로부터 분리된 수목에도 미친다.
⑤ 지상권자에게 속하는 입목이 저당권의 목적이 되어 있는 경우에는 지상권자는 저당권자의 승낙 없이 그 권리를 포기할 수 없다.

04 소급감정평가를 의뢰받은 감정평가사 A는 종전 감정평가서의 관련서류인 등기부등본을 통해 감정평가대상 임야의 면적이 1정 3무인 것을 확인하였다. 감정평가서 기재를 위한 사정면적은? (단, 임야대장에 등록되는 면적으로 사정하며, 임야도의 축척은 1 : 3,000임)

① 12,893㎡

② 10,215㎡

③ 9,947㎡

④ 4,298㎡

⑤ 3,405㎡

05 부동산과 준부동산에 관한 설명으로 옳은 것은? (다툼이 있으면 판례에 의함)

① 신축 중인 건물은 사용승인이 완료되기 전에는 토지와 별개의 부동산으로 취급되지 않는다.

② 개개의 수목은 명인방법을 갖추더라도 토지와 별개의 부동산으로 취급되지 않는다.

③ 토지에 정착된 담장은 토지와 별개의 부동산으로 취급된다.

④ 자동차에 관한 압류등록은 자동차등록원부에 한다.

⑤ 총톤수 10톤 이상의 기선(機船)과 범선(帆船)은 등기가 가능하다.

06 부동산 시장의 효율성에 관한 설명으로 옳지 않은 것은? (단, 다른 조건은 고려하지 않음)

① 약성 효율적 시장은 현재의 시장가치가 과거의 추세를 충분히 반영하고 있는 시장이다.

② 준강성 효율적 시장은 어떤 새로운 정보가 공표되는 즉시 시장가치에 반영되는 시장이다.

③ 강성 효율적 시장은 공표된 것이건 공표되지 않은 것이건 어떠한 정보도 이미 시장가치에 반영되어 있는 시장이다.

④ 부동산 시장은 주식시장이나 일반상품시장보다 더 불완전하고 비효율적이므로 할당 효율적일 수 없다.

⑤ 부동산 시장의 제약조건을 극복하는 데 소요되는 거래비용이 타 시장보다 부동산 시장을 더 비효율적이게 하는 중요한 요인이다.

07 입지 및 도시공간구조이론에 관한 설명으로 옳지 않은 것은?

① 최소마찰비용이론은 경제부문의 집적화 이익이 시공간적으로 누적적 인과과정을 통해 낙후된 지역까지 파급된다고 본다.

② 알론소(Alonso)의 입찰지대곡선은 도심으로부터 교외로 이동하면서 거리에 따라 가장 높은 지대를 지불할 수 있는 산업들의 지대곡선을 연결한 선이다.

③ 해리스(Harris)와 울만(Ullman)의 다핵심이론은 서로 유사한 활동이 집적하려는 특성이 있다고 본다.

④ 버제스(Burgess)의 동심원이론은 침입, 경쟁, 천이과정을 수반하는 생태학적 논리에 기반하고 있다.

⑤ 호이트(Hoyt)의 선형이론은 도시공간의 성장 및 분화가 주요 교통노선을 따라 확대되면서 나타난다고 본다.

08 전국에 세 개의 지역(A, B, C)과 세 개의 산업(제조업, 금융업, 숙박업)만 존재한다고 가정할 때 입지계수에 관한 설명으로 옳은 것은?

산업 \ 지역	A	B	C	전국
제조업 고용자 수(명)	150	170	195	515
금융업 고용자 수(명)	200	180	190	570
숙박업 고용자 수(명)	180	190	200	570
합계(명)	530	540	585	1,655

① B지역의 제조업은 A지역의 숙박업보다 입지계수가 낮다.

② A지역의 숙박업은 C지역의 금융업보다 입지계수가 높다.

③ A지역의 숙박업과 B지역의 제조업의 입지계수는 같다.

④ A지역의 제조업은 C지역의 숙박업보다 입지계수가 높다.

⑤ B지역의 제조업은 C지역의 금융업보다 입지계수가 낮다.

09 부동산 정책의 시행으로 A지역 아파트시장의 공급함수는 일정하고 수요함수는 다음과 같이 변화되었다. 이 경우 y축, 수요곡선, 공급곡선으로 둘러싸인 도형의 면적과 균형 거래량의 변화는? (단, 거래량과 도형 면적의 단위는 무시하며, x축은 수량, y축은 가격을 나타냄)

- 수요함수 : $Q_{d1} = 50 - P$ (이전) → $Q_{d2} = 80 - P$ (이후)
- 공급함수 : $Q_s = -40 + 2P$
- P는 가격, Q_d는 수요량, Q_s는 공급량

① 면적 : 700 증가, 균형 거래량 : 10 증가
② 면적 : 900 증가, 균형 거래량 : 10 증가
③ 면적 : 700 증가, 균형 거래량 : 20 증가
④ 면적 : 900 증가, 균형 거래량 : 20 증가
⑤ 면적 : 700 증가, 균형 거래량 : 30 증가

10 부동산의 가치와 가격에 관한 설명으로 옳지 않은 것은?

① 일정시점에서 부동산 가격은 하나밖에 없지만, 부동산 가치는 여러 개 있을 수 있다.
② 부동산 가격은 장기적 고려하에서 형성된다.
③ 부동산의 가격과 가치 간에는 오차가 있을 수 있으며, 이는 감정평가 필요성의 근거가 된다.
④ 부동산 가격은 시장경제에서 자원배분의 기능을 수행한다.
⑤ 부동산 가치는 부동산의 소유에서 비롯되는 현재의 편익을 미래가치로 환원한 값이다.

11 D도시 인근에 A, B, C 세 개의 쇼핑센터가 있다. 허프(Huff)의 상권분석모형을 적용할 경우, 각 쇼핑센터의 이용객 수는? (단, 거리마찰계수 : 2, D도시 인구의 40%가 위 쇼핑센터의 이용객이고, A, B, C 중 한 곳에서만 쇼핑함)

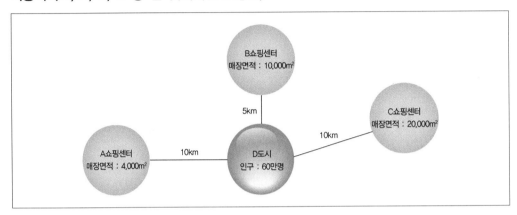

① A : 15,000명, B : 150,000명, C : 75,000명
② A : 15,000명, B : 155,000명, C : 70,000명
③ A : 15,000명, B : 160,000명, C : 65,000명
④ A : 16,000명, B : 150,000명, C : 74,000명
⑤ A : 16,000명, B : 155,000명, C : 69,000명

12 다음과 같은 상황이 주어졌을 때 총투자수익률(ROI : return on investment)과 부채감당률(DCR : debt coverage ratio)은? (단, 총투자기간은 1년, 수치는 소수점 이하 둘째 자리에서 반올림함)

- 총투자액 : 12억원(현금)
- 순영업소득(순수익) : 1억원/연
- 세전현금흐름(세전현금수지) : 5천만원/연
- 저당지불액(부채서비스액) : 5천만원/연
- 공실 및 불량부채(공실손실상당액 및 대손충당금) : 5천만원/연
- 사업소득세 : 1천만원/연
- 유효총소득승수 : 4
- 지분투자액 : 5억원

① 총투자수익률 : 8.3%, 부채감당률 : 2.0
② 총투자수익률 : 8.4%, 부채감당률 : 2.4
③ 총투자수익률 : 9.3%, 부채감당률 : 2.0

④ 총투자수익률 : 9.4%, 부채감당률 : 2.4
⑤ 총투자수익률 : 10.5%, 부채감당률 : 3.0

13 부동산 투자타당성 분석기법에 관한 설명으로 옳지 않은 것은?

① 수익성지수는 투자개시시점에서의 순현가와 현금지출의 현재가치비율이다.
② 내부수익률법은 화폐의 시간가치를 고려한다.
③ 동일한 투자안에 대해서 복수의 내부수익률이 존재할 수 있다.
④ 내부수익률은 순현가가 '0'이 되는 할인율이다.
⑤ 순현가법에 적용되는 할인율은 요구수익률이다.

14 포트폴리오이론에 따른 부동산투자의 포트폴리오 분석에 관한 설명으로 옳지 않은 것은?

① 체계적 위험은 분산투자를 통해서도 회피할 수 없다.
② 위험과 수익은 상충관계에 있으므로 효율적 투자선은 우하향하는 곡선이다.
③ 투자자의 무차별곡선과 효율적 투자선의 접점에서 최적의 포트폴리오가 선택된다.
④ 비체계적 위험은 개별적인 부동산의 특성으로 야기되며 분산투자 등으로 회피할 수 있다.
⑤ 포트폴리오 구성자산의 수익률 간 상관계수(ρ)가 '−1'인 경우는 상관계수(ρ)가 '1'인 경우에 비해서 위험회피효과가 더 크다.

15 경제상황별 예상수익률이 다음과 같을 때, 상가 투자안의 변동계수(coefficient of variation)는? (단, 호황과 불황의 확률은 같음)

구분	경제상황별 예상수익률	
	호황	불황
상가	0.1	0.06

① 0.25 ② 0.35
③ 0.45 ④ 0.55
⑤ 0.65

16 우리나라의 부동산투자회사제도에 관한 설명으로 옳지 않은 것은?

① 자기관리 부동산투자회사의 설립 자본금은 5억원 이상이다.

② 부동산투자회사는 발기설립의 방법으로 하여야 하며, 현물출자에 의한 설립이 가능하다.

③ 위탁관리 부동산투자회사는 자산의 투자·운용업무를 자산관리회사에 위탁하여야 한다.

④ 부동산투자회사는 최저 자본금 준비기간이 끝난 후에는 매 분기 말 현재 총자산의 100분의 80 이상을 부동산, 부동산 관련 증권 및 현금으로 구성하여야 한다.

⑤ 부동산투자회사의 상근 임원은 다른 회사의 상근 임직원이 되거나 다른 사업을 하여서는 아니 된다.

17 다음과 같이 고정금리부 원리금 균등 분할 상환조건의 주택저당대출을 받는 경우 매월 상환해야 하는 원리금을 구하는 산식은?

> - 대출원금 : 1억원
> - 대출기간 : 10년(대출일 : 2018.4.1.)
> - 대출이자율 : 연 5.0%
> - 원리금상환일 : 매월 말일

① $1억 원 \times \left[(1+0.05)^{10} - 1 \right] / \left[0.05 \times (1+0.05)^{10} \right]$

② $1억 원 \times \left[0.05 \times (1+0.05)^{10} \right] / \left[(1+0.05)^{10} - 1 \right]$

③ $1억 원 \times \left[0.05 \times (1+0.05)^{120} \right] / \left[(1+0.05)^{120} - 1 \right]$

④ $1억 원 \times \left[0.05/12 \times (1+0.05/12)^{120} \right] / \left[(1+0.05/12)^{120} - 1 \right]$

⑤ $1억 원 \times \left[(1+0.05/12)^{120} - 1 \right] / \left[0.05/12 \times (1+0.05/12)^{120} \right]$

18 한국주택금융공사법령에 의한 주택담보노후연금제도에 관한 설명으로 옳지 않은 것은?

① 주택소유자와 그 배우자 모두 60세 이상이어야 이용할 수 있다.

② 연금지급방식으로 주택소유자가 선택하는 일정한 기간 동안 노후생활자금을 매월 지급받는 방식이 가능하다.

③ 주택담보노후연금보증을 받은 사람은 담보주택의 소유권등기에 한국주택금융공사의 동의 없이는 제한물권을 설정하거나 압류 등의 목적물이 될 수 없는 재산임을 부기등기하여야 한다.

④ 주택담보노후연금을 받을 권리는 양도하거나 압류할 수 없다.

⑤ 한국주택금융공사는 주택담보노후연금보증을 받으려는 사람에게 소유주택에 대한 저당권 설정에 관한 사항을 설명하여야 한다.

19 프로젝트 사업주(sponsor)가 특수목적회사인 프로젝트회사를 설립하여 특정 프로젝트 수행에 필요한 자금을 금융회사로부터 대출받는 방식의 프로젝트 파이낸싱(PF)에 관한 설명으로 옳은 것을 모두 고른 것은? (단, 프로젝트 사업주가 프로젝트회사를 위해 보증이나 담보제공을 하지 않음)

> ㄱ. 일정한 요건을 갖춘 프로젝트회사는 법인세 감면을 받을 수 있다.
> ㄴ. 프로젝트 사업주의 재무상태표에 해당 부채가 표시되지 않는다.
> ㄷ. 금융회사는 담보가 없어 위험이 높은 반면 대출이자율을 높게 할 수 있다.
> ㄹ. 프로젝트회사가 파산하더라도 금융회사는 프로젝트 사업주에 대해 원리금 상환을 청구할 수 없다.

① ㄱ, ㄴ, ㄷ   ② ㄱ, ㄴ, ㄹ
③ ㄱ, ㄷ, ㄹ   ④ ㄴ, ㄷ, ㄹ
⑤ ㄱ, ㄴ, ㄷ, ㄹ

20 시장실패 또는 정부의 시장개입에 관한 설명으로 옳지 않은 것은?

① 외부효과는 시장실패의 원인이 된다.
② 소비의 비경합성과 비배제성을 수반하는 공공재는 시장실패의 원인이 된다.
③ 정보의 비대칭성은 시장실패의 원인이 아니다.
④ 시장가격에 임의로 영향을 미칠 수 있는 독과점 공급자의 존재는 시장실패의 원인이 된다.
⑤ 시장실패의 문제를 해결하기 위하여 정부는 시장에 개입할 수 있다.

21 현재 우리나라에서 시행 중인 부동산 정책이 아닌 것은?

① 토지거래허가제   ② 실거래가신고제
③ 개발이익환수제   ④ 분양가상한제
⑤ 택지소유상한제

22 **정부의 간접적 시장개입방법이 아닌 것은?**

① 주택에 대한 금융지원정책   ② 토지비축정책
③ 토지에 대한 조세감면정책   ④ 토지거래에 관한 정보체계 구축
⑤ 임대주택에 대한 임대료 보조

23 **부동산 조세에 관한 설명으로 옳은 것은?**

① 취득세와 재산세는 비례세율을 적용한다.
② 상속세와 등록면허세는 누진세율을 적용한다.
③ 종합부동산세와 상속세는 국세에 속한다.
④ 증여세와 재산세는 보유세에 속한다.
⑤ 취득세와 증여세는 지방세에 속한다.

24 **양도소득세의 과세대상인 양도소득에 속하지 않는 것은?**

① 지상권의 양도로 발생하는 소득
② 전세권의 양도로 발생하는 소득
③ 지역권의 양도로 발생하는 소득
④ 등기된 부동산임차권의 양도로 발생하는 소득
⑤ 부동산을 취득할 수 있는 권리의 양도로 발생하는 소득

25 **다음에 해당하는 민간투자사업방식은?**

- 민간사업자가 기숙사를 개발하여 준공과 동시에 그 소유권을 공공에 귀속시켰다.
- 민간사업자는 30년간 시설관리운영권을 갖고, 공공은 그 시설을 임차하여 사용하고 있다.

① BOT(Build-Own-Transfer) 방식   ② BTO(Build-Transfer-Operate) 방식
③ BTL(Build-Transfer-Lease) 방식   ④ BLT(Build-Lease-Transfer) 방식
⑤ BOO(Build-Own-Operate) 방식

26 부동산 관리에 관한 설명으로 옳은 것은?

① 시설관리(facility management)는 부동산시설의 자산 및 부채를 종합관리하는 것으로 시설사용자나 기업의 요구에 따르는 적극적인 관리에 해당한다.

② 자기관리방식은 입주자와의 소통 측면에 있어서 위탁관리방식에 비해 유리한 측면이 있다.

③ 위탁관리방식은 자기관리방식에 비해 기밀유지가 유리한 측면이 있다.

④ 혼합관리방식은 자기관리방식에 비해 문제발생 시 책임소재 파악이 용이하다.

⑤ 건물의 고층화와 대규모화가 진행되면서 위탁관리방식에서 자기관리방식으로 바뀌는 경향이 있다.

27 부동산 마케팅에 관한 설명으로 옳지 않은 것은?

① 부동산 공급자가 부동산 시장을 점유하기 위한 일련의 활동을 시장점유 마케팅 전략이라 한다.

② AIDA 원리는 소비자가 대상 상품을 구매할 때까지 나타나는 심리 변화의 4단계를 의미한다.

③ 시장점유 마케팅 전략에 해당되는 STP 전략은 시장세분화(segmentation), 표적시장 선정(targeting), 포지셔닝(positioning)으로 구성된다.

④ 고객점유 마케팅 전략에 해당되는 4P MIX 전략은 유통경로(place), 제품(product), 위치선점(position), 판매촉진(promotion)으로 구성된다.

⑤ 고객점유 마케팅 전략은 AIDA 원리를 적용하여 소비자의 욕구를 충족시키기 위해 수행된다.

28 부동산 개발의 사업타당성 분석에 관한 설명으로 옳지 않은 것은?

① 물리적 타당성 분석은 대상 부지의 지형, 지세, 토질과 같은 물리적 요인들이 개발대상 부동산의 건설 및 운영에 적합한지 여부를 분석하는 과정이다.

② 법률적 타당성 분석은 대상 부지와 관련된 법적 제약조건을 분석해서 대상 부지 내에서 개발 가능한 용도와 개발규모를 판단하는 과정이다.

③ 경제적 타당성 분석은 개발사업에 소요되는 비용, 수익, 시장수요와 공급 등을 분석하는 과정이다.

④ 민감도 분석은 사업타당성 분석의 주요 변수들의 초기투입 값을 변화시켰을 때 수익성의 변화를 예측하는 과정이다.

⑤ 투자결정 분석은 부동산 개발에 영향을 미치는 인근 환경요소의 현황과 전망을 분석하는 과정이다.

29 다음과 같은 이유들로 인해 나타날 수 있는 부동산 투자의 위험은?

> • 근로자의 파업가능성 • 관리자의 관리능력
> • 영업경비의 증가 • 임대료의 연체

① 인플레이션 위험   ② 금융 위험
③ 유동성 위험   ④ 입지 위험
⑤ 운영 위험

30 공시지가기준법에 의한 토지의 감정평가 시 개별요인 세 항목의 비교 내용이 다음의 표와 같을 때 개별요인 비교치(격차율)는? (단, 주어진 자료 이외의 내용은 없음)

조건	항목	세항목	비교 내용
접근조건	교통의 편부	취락과의 접근성	대상 토지가 10% 우세
		농로의 상태	대상 토지가 5% 열세
자연조건	일조 등	일조, 통풍 등	대상 토지가 10% 우세
	토양, 토질	토양·토질의 양부	대상 토지가 5% 열세
획지조건	면적, 경사 등	경사도	대상 토지가 5% 열세
	경작의 편부	형상에 의한 장애정도	동일함
행정적 조건	행정상의 조장 및 규제 정도	용도지역	동일함
기타조건	기타	장래의 동향	대상 토지가 10% 열세

① 0.980   ② 0.955
③ 0.950   ④ 0.943
⑤ 0.934

31 감정평가에 관한 규칙에서 규정하고 있는 내용으로 옳지 않은 것은?

① 감정평가법인등은 자신의 능력으로 업무수행이 불가능한 경우 감정평가를 하여서는 아니 된다.

② 감정평가법인등은 감정평가조건의 합리성이 결여되었다고 판단할 때에는 감정평가 의뢰를 거부할 수 있다.

③ 유사지역이란 감정평가의 대상이 된 부동산이 속한 지역으로서 인근지역과 유사한 특성을 갖는 지역을 말한다.

④ 둘 이상의 대상 물건 상호 간에 용도상 불가분의 관계가 있는 경우에는 일괄하여 감정평가할 수 있다.

⑤ 기준시점을 미리 정하였을 때에는 그 날짜에 가격조사가 가능한 경우에만 기준시점으로 할 수 있다.

32 감정평가에 관한 규칙상 대상 물건별 주된 감정평가방법으로 옳지 않은 것은?

① 임대료 – 임대사례비교법

② 자동차 – 거래사례비교법

③ 비상장채권 – 수익환원법

④ 건설기계 – 원가법

⑤ 과수원 – 공시지가기준법

33 우리나라의 부동산 가격공시제도에 관한 설명으로 옳은 것은?

① 다가구주택은 공동주택 가격의 공시대상이다.

② 개별공시지가의 공시기준일이 6월 1일인 경우도 있다.

③ 표준주택에 그 주택의 사용·수익을 제한하는 권리가 설정되어 있을 때에는 이를 반영하여 적정가격을 산정하여야 한다.

④ 국세 또는 지방세 부과대상이 아닌 단독주택은 개별주택 가격을 결정·공시하지 아니할 수 있다.

⑤ 표준지공시지가의 공시권자는 시장·군수·구청장이다.

34 감정평가사 A는 표준지공시지가의 감정평가를 의뢰받고 현장조사를 통해 표준지에 대해 다음과 같이 확인하였다. 표준지조사평가보고서의 토지 특성 기재방법으로 옳게 연결된 것은?

> ㄱ. 토지이용상황 : 주변의 토지이용상황이 '답'으로서 돈사·우사 등으로 이용되고 있는 토지
> ㄴ. 도로접면 : 폭 12미터의 도로에 한 면이 접하면서 자동차 통행이 가능한 폭 6미터의 도로에 다른 한 면이 접하고 있는 토지

① ㄱ : 목장용지, ㄴ : 중로각지　　② ㄱ : 목장용지, ㄴ : 소로각지
③ ㄱ : 답기타, ㄴ : 중로각지　　④ ㄱ : 답기타, ㄴ : 소로각지
⑤ ㄱ : 답축사, ㄴ : 중로각지

35 감정평가에 관한 규칙상 감정평가법인 등이 의뢰인과 협의하여 확정할 기본적 사항이 아닌 것은?

① 감정평가 목적　　　　　② 감정평가조건
③ 실지조사 여부　　　　　④ 기준가치
⑤ 수수료 및 실비에 관한 사항

36 공인중개사법령상 개업공인중개사가 주택을 중개하는 경우 확인·설명해야 할 사항이 아닌 것은?

① 일조·소음·진동 등 환경조건　　② 벽면 및 도배의 상태
③ 중개대상물의 최유효이용상태　　④ 중개대상물의 권리관계
⑤ 시장·학교와의 접근성 등 입지조건

37 공인중개사법령상 법인인 개업공인중개사가 할 수 있는 업무가 아닌 것은?

① 주택의 분양대행
② 부동산의 이용에 관한 상담
③ 「민사집행법」에 의한 경매대상 부동산의 취득알선
④ 상업용 건축물의 관리대행
⑤ 토지의 분양대행

38 감정평가사 A는 권리분석을 위해 등기사항전부증명서를 발급하였다. 등기사항전부증명서의 을구에서 확인가능한 내용은?

① 구분지상권　　　　　　② 유치권
③ 가압류　　　　　　　　④ 점유권
⑤ 예고등기

39 부동산 경매에서 어떤 권리들은 말소촉탁의 대상이 되지 않고 낙찰자가 인수해야 하는 권리가 있다. 부동산 경매의 권리분석에서 말소와 인수의 판단기준이 되는 권리인 말소기준권리가 될 수 없는 것은?

① 압류　　　　　　　　　② 전세권
③ 근저당권　　　　　　　④ 담보가등기
⑤ 강제경매개시결정등기

40 다음의 자료는 수익형 부동산 A에 관한 내용이다. 수익환원법에 적용할 순수익은? (단, 모든 금액은 연 기준이며, 제시된 자료에 한함)

• 가능총수익 : 9천만원	• 공실손실상당액 : 3백만원
• 대손충당금 : 1백만원	• 관리직원 인건비 : 2천4백만원
• 자본적 지출액 : 6백만원	• 수선유지비 : 3백만원
• 재산세 : 2백만원	• 광고선전비 : 3백만원
• 사업소득세 : 6백만원	

① 42,000,000원　　　　② 48,000,000원
③ 52,000,000원　　　　④ 54,000,000원
⑤ 60,000,000원

2017년 제28회 기출문제

01 부동산 정책의 공적개입 필요성에 관한 설명으로 옳지 않은 것은?

① 정부가 부동산 시장에 개입하는 논리에는 부(−)의 외부효과 방지와 공공재 공급 등이 있다.

② 부동산 시장은 불완전정보, 공급의 비탄력성으로 인한 수요·공급 시차로 인하여 시장 실패가 나타날 수 있다.

③ 정부는 토지를 경제적·효율적으로 이용하고 공공복리의 증진을 도모하기 위하여 용도 지역제를 활용하고 있다.

④ 정부는 주민의 편의를 위해 공공재인 도로, 공원 등의 도시계획시설을 공급하고 있다.

⑤ 공공재는 시장기구에 맡겨둘 경우 경합성과 배제성으로 인하여 무임승차(free ride) 현상이 발생할 수 있다.

02 부동산 시장이 과열국면일 경우, 정부가 시행할 수 있는 부동산 시장의 안정화 대책을 모두 고른 것은?

> ㄱ. 양도소득세율 인상
> ㄴ. 분양가상한제 폐지
> ㄷ. 아파트 전매제한기간 확대
> ㄹ. 주택청약 시 재당첨제한 폐지
> ㅁ. 담보인정비율(LTV) 및 총부채상환비율(DTI)의 축소

① ㄱ, ㄴ, ㄷ   ② ㄱ, ㄷ, ㅁ

③ ㄱ, ㄹ, ㅁ   ④ ㄴ, ㄷ, ㄹ

⑤ ㄴ, ㄹ, ㅁ

03 부동산 정책의 수단을 직접 개입과 간접 개입으로 구분할 때, 정부의 간접개입수단에 해당하는 것은?

① 공영개발사업
② 토지세제
③ 토지수용
④ 토지은행제도
⑤ 공공임대주택 공급

04 A금융기관은 원금균등분할상환방식과 원리금균등분할상환방식의 대출을 제공하고 있다. 두 방식에 의해 산정한 첫 번째 월불입액의 차액은?

- 주택가격 : 6억원
- 담보인정비율(LTV) : 50%
- 대출조건(매월 말 상환) : 대출기간은 30년, 대출이자율은 연 6%(월 0.5%, 월 저당상수 = 0.006443)
- 원금균등분할상환방식 : 3년 거치 후 원금 균등분할상환하며, 거치기간 동안에는 이자만 지급함
- 원리금균등분할상환방식 : 거치기간 없음

① 332,900원
② 432,900원
③ 532,900원
④ 632,900원
⑤ 732,900원

05 주택 금융에 관한 설명으로 옳은 것을 모두 고른 것은?

ㄱ. 주택 금융은 주택 수요자에게 자금을 융자해 줌으로써 주택 구매력을 높여준다.
ㄴ. 주택소비 금융은 주택을 구입하려는 사람이 신용을 담보로 제공하고, 자금을 제공받는 형태의 금융을 말한다.
ㄷ. 주택개발 금융은 서민에게 주택을 담보로 하고 자금을 융자해주는 실수요자 금융이다.
ㄹ. 주택자금 융자는 주로 장기융자 형태이므로, 대출기관의 유동성 제약이 발생할 우려가 있어 주택저당채권의 유동화 필요성이 있다.

① ㄱ, ㄴ
② ㄱ, ㄷ
③ ㄱ, ㄹ
④ ㄴ, ㄹ
⑤ ㄷ, ㄹ

06 프로젝트 파이낸싱(PF)에 의한 부동산 개발에 관한 설명으로 옳지 않은 것은?

① PF는 부동산 개발로 인해 발생하는 현금흐름을 담보로 개발에 필요한 자금을 조달한다.
② 일반적으로 PF의 자금관리는 부동산신탁회사가 에스크로(Escrow) 계정을 관리하면서 사업비의 공정하고 투명한 자금집행을 담당한다.
③ 일반적으로 PF의 차입금리는 기업 대출금리보다 높다.
④ PF는 위험부담을 위해 여러 이해관계자가 계약관계에 따라 참여하므로, 일반개발사업에 비해 사업진행이 신속하다.
⑤ PF의 금융구조는 비소구 금융이 원칙이나, 제한적 소구 금융의 경우도 있다.

07 한국주택금융공사법에 의한 주택담보노후연금에 관한 설명으로 옳지 않은 것은?

① 단독주택, 다세대주택, 상가주택 등이 연금의 대상주택이 된다.
② 연금 수령 중 담보 주택이 주택재개발, 주택재건축이 되더라도 계약을 유지할 수 있다.
③ 연금의 방식에는 주택소유자가 선택하는 일정기간 동안 노후생활자금을 매월 지급받는 방식이 있다.
④ 가입자와 그 배우자는 종신거주, 종신지급이 보장되며, 가입자는 보증료를 납부해야 한다.
⑤ 연금의 방식에는 주택소유자가 생존해 있는 동안 노후생활자금을 매월 지급받는 방식이 있다.

08 다음 자료에 의한 영업소득세는? (단, 주어진 조건에 한함)

- 세전현금수지 : 4,000만원
- 대체충당금 : 350만원
- 원금상환액 : 400만원
- 감가상각액 : 250만원
- 세율 : 20%

① 820만원   ② 900만원
③ 1,000만원   ④ 1,100만원
⑤ 1,200만원

09 부동산 투자 의사결정방법에 관한 설명으로 옳지 않은 것은?

① 수익성지수법은 투자된 현금유출의 현재가치를 이 투자로부터 발생되는 현금유입의 현재가치로 나눈 것이다.

② 회계적 이익률법에서는 상호 배타적인 투자안일 경우에 목표이익률보다 큰 투자안 중에서 회계적 이익률이 가장 큰 투자안을 선택한다.

③ 순현가법은 화폐의 시간가치를 고려한 방법으로 순현가가 "0"보다 작으면 그 투자안을 기각한다.

④ 내부수익률은 투자안의 순현가를 "0"으로 만드는 할인율을 의미하며, 투자자 입장에서는 최소한의 요구수익률이기도 하다.

⑤ 회수기간법은 화폐의 시간적 가치를 고려하지 않고, 회수기간이 더 짧은 투자안을 선택하는 투자결정법이다.

10 부동산 투자의 수익률에 관한 설명으로 옳지 않은 것은?

① 기대수익률은 투자한 부동산의 예상수입과 예상지출로 계산되는 수익률이다.

② 실현수익률이란 투자가 이루어지고 난 후에 실제로 달성된 수익률이다.

③ 요구수익률은 투자자에게 충족되어야 할 최소한의 수익률이다.

④ 장래 기대되는 수익의 흐름이 주어졌을 때, 요구수익률이 클수록 부동산의 가치는 증가한다.

⑤ 투자자의 요구수익률은 체계적 위험이 증대됨에 따라 상승한다.

11 A부동산의 1년 동안 예상되는 현금흐름이다. 다음 중 옳은 것은? (단, 주어진 조건에 한함)

- A부동산 가격 : 15억원(자기자본 : 10억원, 대출 : 5억원)
- 순영업소득 : 1억 5,000만원
- 영업소득세 : 5,000만원
- 저당지불액 : 8,000만원

① 부채비율 : 20% ② 순소득승수 : 15
③ 지분투자수익률 : 30% ④ 부채감당비율 : 53%
⑤ 총투자수익률 : 10%

12 부동산 투자 시 위험과 수익과의 관계에 관한 설명으로 옳은 것을 모두 고른 것은?

> ㄱ. 위험회피형 투자자는 위험 증가에 따른 보상으로 높은 기대수익률을 요구한다.
> ㄴ. 위험과 수익과의 상쇄관계는 위험이 크면 클수록 요구하는 수익률이 작아지는 것을 의미한다.
> ㄷ. 위험의 크기에 관계없이 기대수익률에만 의존해서 행동하는 투자유형을 위험선호형이라 한다.
> ㄹ. 요구수익률은 무위험률과 위험할증률을 합산하여 계산해야 한다.
> ㅁ. 평균 – 분산모형에서, 기대수익률이 같다면 위험이 작은 투자안을 선택하고, 위험이 같다면 기대수익률이 높은 투자안을 선택하는 투자안의 선택기준을 지배원리(dominance principle)라고 한다.

① ㄱ, ㄴ   ② ㄴ, ㄷ
③ ㄱ, ㄹ, ㅁ   ④ ㄴ, ㄷ, ㅁ
⑤ ㄷ, ㄹ, ㅁ

13 시장상황별 수익률의 예상치가 다음과 같은 경우 기대수익률과 분산은?

시장상황	수익률	확률
불황	20%	30%
보통	30%	40%
호황	40%	30%

① 기대수익률 : 20%, 분산 : 0.004   ② 기대수익률 : 20%, 분산 : 0.006
③ 기대수익률 : 30%, 분산 : 0.004   ④ 기대수익률 : 30%, 분산 : 0.006
⑤ 기대수익률 : 30%, 분산 : 0.04

14 원가법에 의한 대상 물건 기준시점의 감가누계액은? (단, 주어진 조건에 한함)

> • 준공시점 : 2019.3.2.   • 기준시점 : 2024.3.2.
> • 기준시점 재조달원가 : 500,000,000원   • 경제적 내용연수 : 50년
> • 감가수정은 정액법에 의함   • 내용연수 만료 시 잔존가치율은 10%

① 35,000,000원   ② 40,000,000원
③ 45,000,000원   ④ 50,000,000원
⑤ 55,000,000원

15 부동산 개념 등에 관한 설명으로 옳지 않은 것은?

① 부동산이란 토지 및 그 정착물을 말하며, 부동산 이외의 물건은 동산이다.
② 부동산의 복합 개념은 부동산을 법률적·경제적·기술적인 측면 등으로 이해하고자 하는 것이다.
③ 부동산은 20년간 소유의 의사로 평온, 공연하게 점유하고 등기함으로써 그 소유권을 취득한다.
④ 동산은 용익물권과 담보물권의 설정이 가능하다.
⑤ 넓은 의미의 부동산에는 등기·등록의 대상이 되는 항공기·선박·자동차 등도 포함된다.

16 토지의 자연적·인문적 특성에 관한 설명으로 옳지 않은 것은?

① 부동성(위치의 고정성)으로 인해 외부효과가 발생한다.
② 분할·합병의 가능성은 용도의 다양성을 지원하는 특성이 있다.
③ 용도의 다양성은 토지용도 중에서 최유효이용을 선택할 수 있는 근거가 된다.
④ 일반적으로 부증성은 집약적 토지이용과 가격급등 현상을 일으키기도 한다.
⑤ 토지의 인문적 특성 중에서 도시계획의 변경, 공업단지의 지정 등은 위치의 가변성 중 사회적 위치가 변화하는 예이다.

17 토지의 정착물과 동산에 관한 설명으로 옳지 않은 것은?

① 부동산과 동산은 공시방법을 달리하며, 동산은 공신의 원칙이 인정되나 부동산은 공신의 원칙이 인정되지 않는다.
② 토지의 정착물 중 명인방법을 구비한 수목의 집단은 토지와 독립적인 거래의 객체가 될 수 있다.
③ 토지의 정착물 중 도로와 교량 등은 토지와 독립적인 것이 아니라 토지의 일부로 간주된다.
④ 제거하여도 건물의 기능 및 효용의 손실이 없는 부착된 물건은 일반적으로 동산으로 취급한다.
⑤ 임차인이 설치한 영업용 선반·카운터 등 사업이나 생활의 편의를 위해 설치한 정착물은 일반적으로 부동산으로 취급한다.

18 다음 중 연립주택에 해당하는 것은?

① 주택으로 쓰는 층수가 5개층 이상인 주택

② 주택으로 쓰는 1개 동의 바닥면적 합계가 660제곱미터를 초과하고, 층수가 4개층 이하인 주택

③ 학교 또는 공장 등의 학생 또는 종업원 등을 위하여 쓰는 것으로서 1개 동의 공동 취사시설 이용세대가 전체의 50퍼센트 이상인 주택

④ 주택으로 쓰는 1개 동의 바닥면적 합계가 660제곱미터 이하이고, 층수가 4개층 이하인 주택

⑤ 주택으로 쓰는 층수가 3개층 이하이고, 1개 동의 주택으로 쓰이는 바닥면적의 합계가 660제곱미터 이하인 주택

19 부동산 권리분석의 원칙에 해당하지 않는 것은?

① 능률성의 원칙   ② 안전성의 원칙

③ 탐문주의의 원칙   ④ 증거주의의 원칙

⑤ 사후확인의 원칙

20 부동산 권리분석에 관한 내용으로 옳지 않은 것은?

① 부동산의 상태 또는 사실관계, 등기능력 없는 권리 및 등기를 요하지 않는 권리관계 등 자세한 내용에 이르기까지 분석의 대상으로 하는 것이 협의의 권리분석이다.

② 매수인이 대상 부동산을 매수하기 전에 소유권이전을 저해하는 조세체납, 계약상 하자 등을 확인하기 위해 공부 등을 조사하는 일도 포함한다.

③ 부동산 권리관계를 실질적으로 조사, 확인, 판단하여 일련의 부동산활동을 안전하게 하려는 것이다.

④ 대상 부동산의 권리에 하자가 없는지 여부를 판단하는 것을 권리분석이라 한다.

⑤ 권리분석보고서에는 대상 부동산 및 의뢰인, 권리분석의 목적, 판단결과의 표시 및 이유, 권리분석의 방법 및 성격, 수집한 자료 목록, 면책사항 등이 포함된다.

21 수익방식의 직접환원법에 의한 대상 부동산의 시산가액은? (단, 주어진 조건에 한함)

- 가능총수익 : 연 2천만원
- 임대경비비율 : 유효총수익의 30%
- 토지환원율 : 연 5%, 건물환원율 : 연 7%
- 공실 및 대손 : 가능총수익의 10%
- 가격구성비 : 토지, 건물 각각 50%

① 190,000,000원

② 200,000,000원

③ 210,000,000원

④ 220,000,000원

⑤ 230,000,000원

22 부동산 평가활동에서 부동산 가격의 원칙에 관한 설명으로 옳지 않은 것은?

① 기여의 원칙이란 부동산 가격이 대상 부동산의 각 구성요소가 기여하는 정도의 합으로 결정된다는 것을 말한다.

② 최유효이용의 원칙이란 객관적으로 보아 양식과 통상의 이용능력을 지닌 사람이 대상 토지를 합법적이고 합리적이며 최고최선의 방법으로 이용하는 것을 말한다.

③ 변동의 원칙이란 가치 형성 요인이 시간의 흐름에 따라 지속적으로 변화함으로써 부동산 가격도 변화한다는 것을 말한다.

④ 적합의 원칙이란 부동산의 유용성이 최고도로 발휘되기 위해서는 부동산 구성요소의 결합에 균형이 있어야 한다는 것을 말한다.

⑤ 예측의 원칙이란 평가활동에서 가치 형성 요인의 변동추이 또는 동향을 주시해야 한다는 것을 말한다.

23 감가수정에 관한 설명으로 옳은 것은?

① 치유가능한 감가는 내용연수 항목 중에서 치유로 증가가 예상되는 효용이 치유에 요하는 비용보다 큰 경우의 감가를 의미한다.

② 감가수정의 방법은 직접법과 간접법이 있으며, 직접법에는 내용연수법, 관찰감가법 및 분해법이 있다. 감가수정액의 산정은 세 가지 방법을 병용하여 산정해야 한다.

③ 감가수정은 재조달원가에서 부동산 가격에 영향을 미치는 물리적·기능적·경제적 감가 요인 등을 고려하고, 그에 해당하는 감가수정액을 공제하여, 기준시점 현재 대상 물건의 기간손익의 배분을 산정하기 위한 것이다.

④ 감정평가대상이 되는 부동산의 상태를 면밀히 관찰한 후 감정평가사의 폭넓은 경험과 지식에 의존하는 것이 분해법이다.

⑤ 감가요인을 물리적·기능적·경제적 요인으로 세분하고, 치유가능·불능항목으로 세분하여 각각의 발생감가의 합계액을 감가수정액으로 하는 방법이 관찰감가법이다.

24 환원이율에 관한 설명으로 옳지 않은 것은?

① 환원이율은 투하자본에 대한 수익비율로서 상각 후·세공제 전의 이율을 말한다.
② 개별환원이율이란 토지와 건물 각각의 환원이율을 말한다.
③ 환원이율이란 대상 부동산이 장래 산출할 것으로 기대되는 표준적인 순수익과 부동산 가격의 비율이다.
④ 환원이율은 순수익을 자본환원해서 수익가격을 구하는 경우에 적용되며, 이는 결국 부동산의 수익성을 나타낸다.
⑤ 세공제 전 환원이율이란 세금으로 인한 수익의 변동을 환원이율에 반영하여 조정(배제)하지 않은 환원이율을 말한다.

25 감정평가에 관한 규칙의 내용으로 옳지 않은 것은?

① 대상 물건에 대한 감정평가액은 시장가치를 기준으로 결정하나, 감정평가 의뢰인이 요청하는 경우 등에는 시장가치 외의 가치를 기준으로 결정할 수 있다.
② 적정한 실거래가는 「부동산 거래신고에 관한 법률」에 따라 신고된 실제 거래가격으로서 거래시점이 도시지역은 3년 이내, 그 밖의 지역은 5년 이내인 거래가격 중에서 감정평가업자가 인근지역의 지가수준 등을 고려하여 감정평가의 기준으로 적용하기에 적정하다고 판단하는 거래가격을 말한다.
③ 가치형성요인은 대상 물건의 경제적 가치에 영향을 미치는 일반요인, 지역요인 및 개별요인 등을 말한다.
④ 시장가치는 감정평가의 대상이 되는 토지 등(이하 "대상 물건")이 통상적인 시장에서 충분한 기간 동안 거래를 위하여 공개된 후 그 대상 물건의 내용에 정통한 당사자 사이에 신중하고 자발적인 거래가 있을 경우 성립될 가능성이 가장 높다고 인정되는 대상 물건의 가액을 말한다.
⑤ 유사지역은 감정평가의 대상이 된 부동산이 속한 지역으로서 부동산의 이용이 동질적이고 가치형성요인 중 지역요인을 공유하는 지역을 말한다.

26 감정평가의 유형에 관한 설명으로 옳지 않은 것은?

① 일괄평가란 2개 이상의 대상 물건이 일체로 거래되거나 대상 물건 상호 간에 용도상 불가분의 관계가 있는 경우에는 일괄하여 평가하는 것을 말한다.

② 조건부 평가란 일체로 이용되고 있는 물건의 일부만을 평가하는 것을 말한다.

③ 구분평가란 1개의 대상 물건이라도 가치를 달리하는 부분은 이를 구분하여 평가하는 것을 말한다.

④ 현황평가란 대상 물건의 상태, 구조, 이용방법 등을 있는 그대로 평가하는 것을 말한다.

⑤ 참모평가란 대중평가가 아니라 고용주 혹은 고용기관을 위해 하는 평가를 말한다.

27 부동산 개발과 시장분석에 관한 설명으로 옳지 않은 것은? (단, 주어진 조건에 한함)

① 부동산 개발과정에서 시장분석의 목적은 개발과 관련된 의사결정을 하기 위하여 부동산의 특성상 용도별, 지역별로 각각의 수요와 공급에 미치는 요인들과 수요와 공급의 상호관계가 개발사업에 어떠한 영향을 미치는가를 조사·분석하는 것이다.

② 시장성 분석은 현재와 미래의 대상 부동산에 대한 수요·공급분석을 통해 흡수율 분석과 시장에서 분양될 수 있는 가격, 적정개발 규모 등의 예측을 한다.

③ 지역경제분석은 지역의 경제활동, 지역인구와 소득 등 대상지역시장 전체에 대한 총량적 지표를 분석한다.

④ 부동산 개발과정의 시장분석은 속성상 지리적·공간적 범위에 국한되지 않으며, 대상 개발사업의 경쟁력 분석에 한한다.

⑤ 경제성 분석은 구체적으로 개발사업의 수익성 여부 등을 평가한다.

28 부동산 시장에 관한 설명으로 옳은 것은?

① 부동산 시장은 부동산 재화와 서비스가 교환되는 메커니즘이기 때문에 유형의 부동산거래는 허용되며, 무형의 이용과 관련한 권리는 제외된다.

② 일반적으로 부동산 시장은 일반시장에 비해 거래비용이 많이 들고, 수요자와 공급자의 시장진출입이 제약을 받게 되어 완전경쟁시장이 된다.

③ 부동산의 입지성으로 인해 소유자는 해당 부동산의 활용과 가격결정에 있어서 입지 독점권(location monopoly)을 가지며, 이것은 하위시장의 형성과 관련이 있다.

④ 정부가 제품의 품질이나 규격을 통제하는 건축기준은 양적규제의 예로 들 수 있다.

⑤ 준강성 효율적 시장은 공표된 것이건 그렇지 않은 것이건 어떠한 정보들이 이미 가치에 반영되어 있는 시장이다.

29 A와 B도시 사이에 C마을이 있다. 레일리의 소매인력법칙을 적용할 경우, C마을에서 A도시와 B도시로 구매 활동에 유인되는 인구수는? (단, C마을 인구의 60%만 A도시 또는 B도시에서 구매하고, 주어진 조건에 한함)

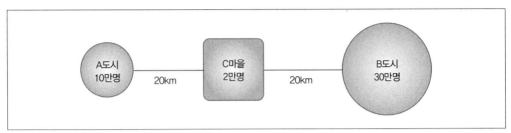

① A : 3천명   B : 9천명
② A : 4천명   B : 8천명
③ A : 5천명   B : 7천명
④ A : 5천5백명   B : 6천5백명
⑤ A : 6천명   B : 6천명

30 부동산의 수요와 공급, 균형에 관한 설명으로 옳은 것은? (단, 다른 조건은 동일함)

① 부동산의 수요는 유효수요의 개념이 아니라, 단순히 부동산을 구입하고자 하는 의사만을 의미한다.
② 건축비의 하락 등 생산요소 가격의 하락은 주택공급곡선을 왼쪽으로 이동시킨다.
③ 수요자의 소득이 변하여 수요곡선 자체가 이동하는 경우는 수요량의 변화에 해당한다.
④ 인구의 증가로 부동산 수요가 증가하는 경우 균형 가격은 상승하고, 균형량은 감소한다.
⑤ 기술의 개발로 부동산 공급이 증가하는 경우 수요의 가격탄력성이 작을수록 균형 가격의 하락폭은 커지고, 균형량의 증가폭은 작아진다.

31 법인인 개업공인중개사가 할 수 있는 업무로 옳지 않은 것은?

① 상업용 건축물 및 주택의 임대관리 등 부동산의 관리대행
② 부동산의 이용·개발 및 거래에 관한 상담
③ 상업용 건축물 및 주택의 개발대행
④ 개업공인중개사를 대상으로 한 중개업의 경영기법 및 경영정보의 제공
⑤ 중개의뢰인의 의뢰에 따른 도배·이사업체의 소개 등 주거이전에 부수되는 용역의 알선

32 부동산 보유과세와 관련된 내용으로 옳지 않은 것은?

① 종합부동산세는 인별 과세이고 누진세율을 채택하고 있다.

② 토지에 대한 종합부동산세는 종합합산과세대상인 경우에는 국내에 소재하는 해당 과세 대상토지의 공시가격을 합한 금액이 3억원을 초과하는 자는 종합부동산세를 납부할 의무가 있다.

③ 종합부동산세는 조세부담의 형평성을 제고하고 가격안정을 도모하기 위해 도입되었다.

④ 종합부동산세는 주택에 대한 종합부동산세와 토지에 대한 종합부동산세의 세액을 합한 금액을 그 세액으로 한다.

⑤ 종합부동산세의 과세기준일은 재산세의 과세기준일로 한다.

33 상업용 부동산 시장분석에 관한 설명으로 옳지 않은 것은?

① 소매점포 개설을 위한 시장분석의 절차는 부지평가 → 구역분석 → 시장선택의 3단계로 이루어진다.

② 통계적 분석방법은 기존통계를 분석해서 시장의 지역성을 포착하고, 그 지역성을 기초로 상권의 특성을 추계하는 방법이다.

③ 상권추정기법에는 실제조사방법, 2차 자료 이용방법, 통계적 분석방법 등이 있다.

④ 수정허프모델에서 고객의 구매확률은 상업지의 매장면적과 상업지로의 도달거리에 의해 결정된다.

⑤ 체크리스트법은 매출액과 비용에 영향을 미칠 것으로 예상되는 다양한 요인들을 나열하고 이를 토대로 전문가적 경험에 의존하여 시장 내 대안부지들을 체계적으로 비교·평가하는 기법이다.

34 부동산 조세에 관한 설명으로 옳지 않은 것은?

① 재산세나 종합부동산세는 과세관청이 세액을 산정하여 납세의무자에게 교부하여 징수하는 세금인 반면, 상속세나 양도소득세는 납세의무자가 과세관청에 신고를 통해 납부하는 세금이다.

② 자본이득에 과세하는 양도소득세의 경우 소유자가 자산을 계속 보유함으로써 시장에서 자산거래가 위축되는 동결효과(lock-in effect)가 발생할 수 있다.

③ 토지분 재산세의 과세대상 중 공장용지·전·답·과수원·목장용지와 같이 생산활동에 이용되는 토지는 별도 합산하여 과세한다.

④ 취득세의 납세의무자는 사실상 취득자이다.
⑤ 양도소득세의 양도가액은 원칙적으로 그 자산의 양도 당시의 양도자와 양수자 간에 실제로 거래한 가액에 따른다.

35 부동산 마케팅 전략에 관한 설명으로 옳지 않은 것은?

① 시장점유 마케팅 전략에는 STP 전략과 4P Mix 전략이 있다.
② 시장점유 마케팅 전략은 AIDA원리로 대표되는 소비자 중심의 마케팅 전략이다.
③ 관계 마케팅 전략은 생산자와 소비자의 지속적인 관계를 통해서 상호 이익이 되는 장기적인 관점의 마케팅 전략이다.
④ STP 전략 중 시장세분화 전략은 부동산 시장을 명확한 여러 개의 구매자 집단으로 나누는 것을 말한다.
⑤ 제품 포지셔닝이란 표적고객의 마음속에 특정 상품이나 서비스가 자리 잡는 느낌을 말하며, 고객에게 자사의 상품과 서비스 이미지가 자리를 잡도록 디자인하는 활동을 말한다.

36 다음은 부동산 개발과정에 내재하는 위험에 관한 설명이다. ( ) 안에 들어갈 내용으로 옳게 연결된 것은?

- (ㄱ)은 정부의 정책이나 용도지역제와 같은 토지이용규제의 변화로 인해 발생하기도 한다.
- (ㄴ)은 개발된 부동산이 분양이나 임대가 되지 않거나, 계획했던 가격 이하나 임대료 이하로 매각되거나 임대되는 경우를 말한다.
- (ㄷ)은 인플레이션이 심할수록, 개발기간이 연장될수록 더 커진다.

① ㄱ : 법률적 위험, ㄴ : 시장위험, ㄷ : 비용위험
② ㄱ : 법률적 위험, ㄴ : 관리위험, ㄷ : 시장위험
③ ㄱ : 사업위험, ㄴ : 계획위험, ㄷ : 비용위험
④ ㄱ : 계획위험, ㄴ : 시장위험, ㄷ : 비용위험
⑤ ㄱ : 시장위험, ㄴ : 계획위험, ㄷ : 사업위험

37 택지개발방식 중 환지방식에 관한 설명으로 옳지 않은 것을 모두 고른 것은?

> ㄱ. 사업자로서는 상대적으로 사업시행이 간단하고 용이하다.
> ㄴ. 개발이익은 토지소유자, 사업자 등이 향유한다.
> ㄷ. 사업자의 초기 사업비 부담이 크고, 토지소유자의 저항이 심할 수 있다.
> ㄹ. 감보된 토지는 새로이 필요로 하는 공공시설 용지로 사용되고, 나머지 체비지는 환지한다.
> ㅁ. 환지의 형평성을 기하기 위해 사업시행기간이 장기화될 수 있다.
> ㅂ. 혼용방식은 수용 또는 사용방식과 환지방식을 혼용하여 시행하는 방식이다.

① ㄱ, ㄴ, ㄷ   ② ㄱ, ㄷ, ㄹ
③ ㄱ, ㄹ, ㅁ   ④ ㄴ, ㅁ, ㅂ
⑤ ㄹ, ㅁ, ㅂ

38 부동산 개발과정의 일반적인 절차 중에서 다음에 해당하는 단계는?

> • 개발 방향을 설정하기 위해 사업시행 이전에 개발여건 및 개발 잠재력을 분석
> • 개발 아이템과 개발 규모의 결정, 사업 타당성의 평가, 시설 종류의 배치 및 동선계획 등을 통해 보다 사업을 구체화시키는 단계

① 구상단계   ② 개발전략 수립단계
③ 관리 및 마케팅단계   ④ 예비적 타당성 분석단계
⑤ 건설단계

39 부동산 경기변동과 중개활동에 관한 설명으로 옳지 않은 것은?

① 하향시장의 경우 종전의 거래사례가격은 새로운 매매활동에 있어 가격 설정의 상한선이 되는 경향이 있다.
② 상향시장에서 매도자는 가격 상승을 기대하여 거래의 성립을 미루려는 반면, 매수자는 거래성립을 앞당기려 하는 경향이 있다.
③ 중개물건 의뢰의 접수와 관련하여 안정기의 경우 공인중개사는 매각의뢰와 매입의뢰의 수집이 다 같이 중요하다.
④ 실수요 증가에 의한 공급 부족이 발생하는 경우 공인중개사는 매수자를 확보해두려는 경향을 보인다.
⑤ 일반적으로 부동산 경기는 일반 경기에 비하여 경기의 변동폭이 큰 경향이 있다.

40 다음과 같은 조건하에서 아파트에 대한 수요함수가 QD = −2P + 6Y + 100이고, P = 5, Y = 5인 경우, 수요의 소득탄력성은? (단, QD : 수요량, P : 가격, Y : 소득이고, 소득탄력성은 점탄력성을 말하며, 다른 조건은 동일함)

① $\dfrac{1}{2}$ ② $\dfrac{1}{3}$

③ $\dfrac{1}{4}$ ④ $\dfrac{1}{5}$

⑤ $\dfrac{1}{6}$

2016년 제27회 기출문제

01 부동산의 개념에 관한 설명으로 옳지 않은 것은?

① 법률적 개념에서 협의의 부동산은 민법 제99조 제1항에서의 '토지 및 그 정착물'을 말한다.

② 부동산의 경우에는 등기로써 공시의 효과를 가지지만 동산은 점유로써 공시의 효과를 가진다.

③ 좁은 의미의 부동산과 준부동산을 합쳐 광의의 부동산이라 하며 자본, 자산 등과 함께 기술적 측면에서의 부동산으로 구분된다.

④ 준부동산은 물권변동을 등기나 등록수단으로 공시하는 동산을 포함한다.

⑤ 입목에 관한 법령에 의해 소유권보존등기된 입목, 공장 및 광업재단 저당법령에 의하여 저당권의 목적물이 되고 있는 공장재단은 부동산에 준하여 취급한다.

02 용도지역지구제에 관한 설명으로 옳지 않은 것은?

① 토지이용에 수반되는 부(−)의 외부효과를 제거하거나 감소시키는 것에 목적이 있다.

② 국토의 계획 및 이용에 관한 법령상 시·도지사는 도시의 자연환경 및 경관을 보호하고 도시민에게 건전한 여가·휴식공간을 제공하기 위하여 도시지역 안에서 식생이 양호한 산지의 개발을 제한할 필요가 있다고 인정하면 도시자연공원구역의 지정을 도시·군관리계획으로 결정할 수 있다.

③ 사적시장이 외부효과에 대한 효율적인 해결책을 제시하지 못할 경우, 정부가 부동산규제의 한 방법으로 채택할 수 있다.

④ 국토의 계획 및 이용에 관한 법령상 시·도지사는 시설보호지구를 문화재, 중요시설물 및 문화적·생태적으로 보존가치가 큰 지역의 보호와 보존에 필요하면 그 용도지구의 지정 또는 변경을 도시·군관리계획으로 결정한다.

⑤ 국토의 계획 및 이용에 관한 법령상 시·도지사는 도시·군관리계획결정으로 주거지역을 세분하여 지정할 수 있는데, 공동주택 중심의 양호한 주거환경을 보호하기 위하여 필요한 지역은 제2종전용주거지역으로 지정할 수 있다.

03 다음은 토지에 관하여 설명한 내용들이다. 옳은 것을 모두 고른 것은?

> ㄱ. 택지는 토지에 건물 등의 정착물이 없고 공법이나 사법의 제한을 받는 토지를 말한다.
> ㄴ. 획지는 법률상의 단위개념으로 소유권이 미치는 범위를 말한다.
> ㄷ. 이행지는 용도적 지역의 분류 중 세분된 지역 내에서 용도에 따라 전환되는 토지를 말한다.
> ㄹ. 후보지는 임지지역, 농지지역, 택지지역 상호 간에 다른 지역으로 전환되고 있는 지역의 토지를 말한다.
> ㅁ. 건부지는 관련법령이 정하는 바에 따라 재난 시 피난 등 안전이나 일조 등 양호한 생활환경 확보를 위해, 건축하면서 남겨놓은 일정면적 부분의 토지를 말한다.

① ㄷ
② ㄱ, ㄴ
③ ㄷ, ㄹ
④ ㄱ, ㄹ, ㅁ
⑤ ㄴ, ㄷ, ㄹ

04 부동산의 특성에 관한 설명으로 옳지 않은 것은?

① 부동성으로 인해 부동산 활동을 국지화시키고 임장활동을 배제한다.
② 토지는 물리적인 측면에서는 영속성을 가지나, 경제적 가치는 주변상황의 변화에 의하여 하락될 수 있다.
③ 영속성으로 인해 토지는 감가상각에서 배제되는 자산이다.
④ 개별성으로 인해 부동산 활동이 구체적이고 개별적으로 전개되며, 부동산시장에서 정보의 중요성이 증대된다.
⑤ 용도의 다양성으로 인해 토지이용결정과정에서 용도가 경합할 경우, 최유효이용을 할 수 있는 방안을 도출하여 실행하게 한다.

05 에스크로(Escrow) 제도에 관한 설명으로 옳지 않은 것은?

① 매수자는 권원상의 하자나 부담으로부터 발생하는 위험을 사전에 방지할 수 있다.
② 매수자뿐만 아니라 권원의 이전에 관계되는 매도자, 저당대출기관 등의 권익을 보호하는 역할을 한다.
③ 권리보험제도와 병행하여 활성화하면 거래안전의 시너지 효과를 거둘 수 있다.
④ 공인중개사법령상 개업공인중개사는 거래의 안전을 보장하기 위하여 필요하다고 인정하는 경우에는 거래계약의 이행이 완료될 때까지 계약금, 중도금 또는 잔금을 개업공인중개사 명의로 금융기관에 예치하도록 거래당사자에게 권고할 수 있다.
⑤ 에스크로 회사는 매도자와 매수자의 협상과정에 참여하여 거래과정에서 발생하는 여러 가지 문제에 대하여 조언을 한다.

06 부동산 중개계약에 관한 설명으로 옳은 것을 모두 고른 것은?

> ㄱ. 독점중개계약 : 매각의뢰를 받은 경우 그 계약기간 내에 거래가 성사되면 개업공인중개
>   사가 해당 부동산거래를 성사시키지 않았더라도 중개수수료 청구권이 발생한다.
> ㄴ. 전속중개계약 : 공인중개사법령상 중개의뢰인은 중개대상물의 중개를 의뢰하는 경우
>   특정한 개업공인중개사를 정하여 그 개업공인중개사에 한정하여 해당 중개대상물을 중
>   개하도록 하는 계약을 체결하여야 한다고 규정하고 있다.
> ㄷ. 일반중개계약 : 소유자는 다수의 개업공인중개사에게 매도를 의뢰할 수 있고, 매수인과
>   의 거래를 먼저 성사시킨 개업공인중개사에게 수수료를 지불한다.
> ㄹ. 공동중개계약 : 부동산정보센터나 부동산협회 등을 매체로 하여 다수의 개업공인중개
>   사가 상호 협동하여 공동으로 중개 역할을 하는 것을 말한다.
> ㅁ. 순가중개계약 : 거래가격을 정하고 이를 초과한 금액으로 거래가 이루어진 경우 초과액
>   은 개업공인중개사와 의뢰인이 나누어 갖는 것이다.

① ㄷ
② ㄱ, ㄴ
③ ㄷ, ㄹ
④ ㄱ, ㄷ, ㄹ
⑤ ㄷ, ㄹ, ㅁ

07 부동산 권리분석에 관한 설명으로 옳지 않은 것은?

① 권리관계를 취급하지만 재판이나 수사행위와 같이 권력행위가 아니므로 비권력적 성격
   을 가진다.
② 우리나라 등기는 관련 법률에 다른 규정이 있는 경우를 제외하고는 당사자의 신청 또는
   관공서의 촉탁에 따라 행하는 신청주의 원칙을 적용한다.
③ 부동산 권리분석을 행하는 주체가 분석대상권리의 주요한 사항을 직접 확인해야 한다는
   탐문주의의 원칙은 권리분석활동을 하는 데 지켜야 할 이념이다.
④ 자료판독을 할 때 환매특약의 등기와 신탁에 관한 등기는 소유권에 관한 사항을 기록하
   는 부동산등기부의 을구에서 그 기재사항을 살펴보아야 한다.
⑤ 대상 부동산의 권리관계를 조사·확인하기 위한 판독 내용에는 공법상 이용제한 및 거
   래규제의 확인·판단이 포함된다.

08 부동산 권리분석활동을 위한 자료의 조사·확인 및 분석에 관한 설명으로 옳은 것은?

① 공간정보의 구축 및 관리 등에 관한 법령상 지적도에 기재된 지목의 부호가 「공」으로 표기되어 있어, 분석 대상 부동산의 지목을 공장용지로 확인·판단하였다.

② 용수 또는 배수를 위하여 일정한 형태를 갖춘 인공적인 수로·둑 및 그 부속 시설물의 부지와 자연의 유수가 있거나 있을 것으로 예상되는 소규모 수로부지를 공간정보의 구축 및 관리 등에 관한 법령상의 지목인 하천으로 확인·판단하였다.

③ 부동산 경매에서 경락허가결정 확정 후 경매 대금을 완납한 때에 경락인은 등기를 하여야만 목적 부동산의 소유권을 취득하는 것으로 확인·판단하였다.

④ 국토의 계획 및 이용에 관한 법령상 토지이용계획확인서를 통해 건물의 소재지, 구조, 용도 등의 사실관계를 확인·판단하였다.

⑤ 공간정보의 구축 및 관리 등에 관한 법령상 토지대장의 등록사항을 통해 토지소유자가 변경된 날과 그 원인을 확인·판단하였다.

09 부동산 경기변동에 관한 설명으로 옳지 않은 것은?

① 계절적 변동은 예기치 못한 사태로 초래되는 비순환적 경기변동현상을 말한다.

② 부동산 경기변동이란 일반적으로 상승과 하강국면이 반복되는 현상을 말한다.

③ 건축 착공량과 부동산 거래량은 부동산 경기를 측정할 수 있는 지표로 활용될 수 있다.

④ 하향시장 국면이 장기화되면 부동산 공실률 증가에 의한 임대료 감소 등의 이유로 부동산 소유자에게 부담이 될 수 있다.

⑤ 회복시장은 일반적으로 경기가 하향을 멈추고 상승을 시작하는 국면이다.

10 디파스퀠리 & 위튼(DiPasquale & Wheaton)의 4사분면 모형에 관한 설명으로 옳지 않은 것은?

① 부동산 공간시장과 부동산 자산시장의 관계를 설명한 모형이다.

② 1사분면은 부동산 가격과 공간 재고량의 관계를 나타낸다.

③ 2사분면은 부동산 가격과 임대료의 관계를 나타낸다.

④ 3사분면은 부동산 가격과 신규 건설량의 관계를 나타낸다.

⑤ 4사분면은 신규 건설량과 공간 재고량의 관계를 나타낸다.

11 부동산 신탁에 관한 설명으로 옳지 않은 것은?

① 신탁이란 위탁자가 특정한 재산권을 수탁자에게 이전하거나 기타의 처분을 하고, 수탁자로 하여금 수익자의 이익 또는 특정한 목적을 위하여 그 재산권을 관리·처분하게 하는 법률관계를 말한다.
② 부동산신탁의 수익자란 신탁행위에 따라 신탁이익을 받는 자를 말한다.
③ 수익자는 위탁자가 지정한 제3자가 될 수도 있다.
④ 신탁계약은 수익자와 위탁자 간에 체결되며 투자자는 위탁자가 발행하는 수익증권을 매입함으로써 수익자가 되어 운용성과를 얻을 수 있게 된다.
⑤ 수탁자는 자산운용을 담당하는 신탁회사가 될 수 있다.

12 다음에서 설명하는 내용을 모두 충족하는 민간투자사업방식은?

> • 시설을 준공한 후, 소유권을 정부 또는 지방자치단체에 귀속시키고, 그 대가로 받은 시설의 관리운영권을 가지고 해당 시설을 직접 운영하여 수익을 획득하는 방식이다.
> • 대표적인 사업으로 도로, 터널, 철도, 항만 등이 있으며, 시설 이용자로부터 이용료를 징수할 수 있어 자체적으로 수익을 낼 수 있는 사회기반시설의 사업방식으로 활용되고 있다.

① BOO(build-own-operate) 방식   ② BTO(build-transfer-operate) 방식
③ BOT(build-operate-transfer) 방식   ④ BLT(build-lease-transfer) 방식
⑤ BTL(build-transfer-lease) 방식

13 주택저당 대출방식에 관한 설명으로 옳지 않은 것은?

① 원금균등분할상환방식은 대출기간 동안 매기 원금을 균등하게 분할 상환하고 이자는 점차적으로 감소하는 방식이다.
② 원리금균등분할상환방식의 원리금은 대출금에 감채기금계수를 곱하여 산출한다.
③ 만기일시상환방식은 만기 이전에는 이자만 상환하다가 만기에 일시로 원금을 상환하는 방식이다.
④ 체증분할상환방식은 원리금 상환액 부담을 초기에는 적게 하는 대신 시간이 경과할수록 원리금 상환액 부담을 늘려가는 상환방식이다.
⑤ 원리금균등분할상환방식은 원금이 상환됨에 따라 매기 이자액의 비중은 점차적으로 줄고 매기 원금상환액 비중은 점차적으로 증가한다.

14 외부효과에 관한 설명으로 옳지 않은 것은?

① 외부효과는 한 사람의 행위가 제3자의 경제적 후생에 영향을 미치고, 그에 대해 지급된 보상을 제3자가 인지하지 못하는 현상을 말한다.

② 정(+)의 외부효과는 핌피(PIMFY)현상을 초래할 수 있다.

③ 부(−)의 외부효과를 완화하기 위한 수단으로 배출권 거래제도 등이 있다.

④ 정(+)의 외부효과를 장려하기 위한 수단으로 보조금 지급 등이 있다.

⑤ 공장이 설립된 인근지역에는 해당 공장에서 배출되는 폐수 등으로 인해 부(−)의 외부효과가 발생할 수 있다.

15 부동산 조세 유형 중 보유과세를 모두 고른 것은?

ㄱ. 취득세	ㄴ. 상속세
ㄷ. 재산세	ㄹ. 종합부동산세
ㅁ. 양도소득세	

① ㄱ, ㄴ ② ㄴ, ㄷ

③ ㄷ, ㄹ ④ ㄴ, ㄷ, ㄹ

⑤ ㄷ, ㄹ, ㅁ

16 도시 및 부동산 개발에 관한 설명으로 옳지 않은 것은?

① 부동산개발업의 관리 및 육성에 관한 법령상 부동산 개발이란 토지를 건설공사의 수행 또는 형질변경의 방법으로 조성하면서 시공을 담당하는 행위를 말한다.

② 부동산개발업의 관리 및 육성에 관한 법령상 부동산 개발업이란 타인에게 공급할 목적으로 부동산 개발을 수행하는 업을 말한다.

③ 부동산개발업의 관리 및 육성에 관한 법령상 공급이란 부동산 개발을 수행하여 그 행위로 조성·건축·대수선·리모델링·용도변경 또는 설치되거나 될 예정인 부동산, 그 부동산의 이용권으로서 대통령령으로 정하는 권리의 전부 또는 일부를 타인에게 판매 또는 임대하는 행위를 말한다.

④ 도시개발법령상 도시개발사업이란 도시개발구역에서 주거, 상업, 산업, 유통, 정보통신, 생태, 문화, 보건 및 복지 등의 기능이 있는 단지 또는 시가지를 조성하기 위하여 시행하는 사업을 말한다.

⑤ 도시 및 주거환경정비법령상 건축물이 훼손되거나 일부가 멸실되어 붕괴 및 그 밖의 안전사고의 우려가 있는 건축물은 노후·불량 건축물에 해당한다.

17 다음 ( )에 알맞은 모기지(Mortgage) 증권은?

( )은/는 발행자가 주택저당채권 집합물을 가지고 일정한 가공을 통해 위험−수익 구조
가 다양한 트랜치(tranche)로 구성된 증권으로 발행된 채권형 증권을 말한다.

① MPTS(Mortgage Pass−Through Security)
② MBB(Mortgage Backed Bond)
③ MPTB(Mortgage Pay−Through Bond)
④ CMO(Collateralized Mortgage Obligation)
⑤ CMBS(Commercial Mortgage Backed Security)

18 다음 보기에는 지분 금융, 메자닌 금융(Mezzanine financing), 부채 금융이 있다. 이 중 지분 금융(equity financing)을 모두 고른 것은?

ㄱ. 저당 금융   ㄴ. 신탁증서 금융
ㄷ. 부동산 신디케이트(syndicate)   ㄹ. 자산유동화증권(ABS)
ㅁ. 신주인수권부사채

① ㄷ   ② ㄴ, ㅁ
③ ㄷ, ㄹ   ④ ㄷ, ㅁ
⑤ ㄱ, ㄷ, ㅁ

19 다음은 대상 부동산의 1년 동안 예상되는 현금흐름이다. (상각 전) 순영업소득(NOI)은?

• 임대면적 : 100㎡
• 임대면적당 매월 임대료 : 20,000원/㎡
• 공실손실상당액 : 연간 임대료의 5%
• 영업경비 : 유효총소득의 60%(감가상각비 2,000,000원 포함)

① 10,080,000원   ② 10,880,000원
③ 11,120,000원   ④ 12,320,000원
⑤ 12,420,000원

20 현재 대상 부동산의 가치는 3억원이다. 향후 1년 동안 예상되는 현금흐름이 다음 자료와 같을 경우, 대상 부동산의 자본환원율(종합환원율)은? (단, 가능총소득에는 기타소득이 포함되어 있지 않고, 주어진 조건에 한함)

- 가능총소득 : 20,000,000원
- 기타소득 : 1,000,000원
- 공실손실상당액 : 3,000,000원
- 영업경비 : 4,500,000원

① 4.0% ② 4.5%
③ 5.5% ④ 6.0%
⑤ 6.5%

21 다음 자료를 활용한 연간 실질임대료는? (단, 주어진 조건에 한함)

- 지불임대료 : 200,000원(매월 기준)
- 예금적 성격을 갖는 일시금의 운용수익 : 400,000원(연 기준)
- 선불적 성격을 갖는 일시금의 상각액 : 80,000원(연 기준)

① 2,400,000원 ② 2,480,000원
③ 2,720,000원 ④ 2,800,000원
⑤ 2,880,000원

22 재무비율에 관한 설명으로 옳지 않은 것은?

① 총투자수익률(ROI)은 순영업소득(NOI)을 총투자액으로 나눈 비율이다.
② 지분투자수익률(ROE)은 세후현금흐름(ATCF)을 지분투자액으로 나눈 비율이다.
③ 유동비율은 유동자산을 유동부채로 나눈 비율이다.
④ 순소득승수(NIM)는 총투자액을 순영업소득으로 나눈 값이다.
⑤ 부채감당률(DCR)이 1보다 작으면 순영업소득으로 원리금 지불능력이 충분하다.

23 감정평가에 관한 규칙상 감정평가법인 등이 감정평가를 의뢰받았을 때 의뢰인과 협의하여 확정하여야 할 기본적 사항이 아닌 것은?

① 공시지가
② 기준가치
③ 대상 물건
④ 기준시점
⑤ 감정평가 목적

24 다음과 같은 복합 부동산의 조건하에서 거래시점의 토지 단가는? (단, 건물은 원가법으로 평가함)

> • 거래사례 개요
>   – 토지·건물 일체의 거래가액 : 300,000,000원
>   – 거래시점 : 2016.2.21.
>   – 토지면적 : 250㎡
> • 건물관련 자료
>   – 건물 연면적 : 350㎡
>   – 건물 사용승인일 : 1992.12.25.
>   – 건물의 경제적 내용연수 : 50년
>   – 건물 재조달원가(거래시점기준) : 500,000원/㎡
> • 감가수정은 정액법 만년감가기준, 잔가율 "0"으로 가정

① 811,000원/㎡
② 822,000원/㎡
③ 833,000원/㎡
④ 844,000원/㎡
⑤ 855,000원/㎡

25 감정평가에 관한 규칙상 감정평가에 관한 설명으로 옳지 않은 것은?

① 토지를 감정평가할 때에 감정평가 및 감정평가사에 관한 법률에 따라 공시지가기준법을 적용해야 한다.
② 공시지가기준법에 따라 토지를 감정평가할 때에는 비교표준지 선정, 시점수정, 지역요인 비교, 개별요인 비교, 그 밖의 요인 보정의 순서에 따라야 한다.
③ 건물을 감정평가할 때에 원가법을 원칙적으로 적용해야 한다.
④ 과수원을 감정평가할 때에 수익환원법을 원칙적으로 적용해야 한다.
⑤ 자동차를 감정평가할 때에 거래사례비교법을 원칙적으로 적용해야 하나, 본래 용도의 효용가치가 없는 물건은 해체처분가액으로 감정평가할 수 있다.

26 다음 부동산 투자타당성 분석방법 중 할인기법을 모두 고른 것은?

> ㄱ. 순현재가치법 ㄴ. 내부수익률법
> ㄷ. 현가회수기간법 ㄹ. 회계적 수익률법

① ㄱ, ㄴ   ② ㄴ, ㄷ

③ ㄱ, ㄴ, ㄷ   ④ ㄱ, ㄷ, ㄹ

⑤ ㄴ, ㄷ, ㄹ

27 다음은 부동산투자의 예상 현금흐름표이다. 이 투자안의 수익성지수(PI)는? (단, 현금유출은 기초, 현금유입은 기말로 가정하고, 0년차 현금흐름은 현금유출이며, 1년차부터 3년차까지의 현금흐름은 연 단위의 현금유입만 발생함. 할인율은 연 10%이고, 주어진 조건에 한함)

(단위 : 만원)

사업기간	0년	1년	2년	3년
현금흐름	2,000	550	1,210	1,331

① 1.15   ② 1.25

③ 1.35   ④ 1.40

⑤ 1.45

28 A는 주택구입자금을 마련하기 위해 20×6년 1월 1일 현재, 4년 동안 매년 말 1,000만원씩 납입하는 4년 만기의 정기적금에 가입하였다. 이 정기적금의 이자율이 복리로 연 10%라면 4년 후의 미래가치는?

① 4,541만원   ② 4,564만원

③ 4,621만원   ④ 4,641만원

⑤ 4,821만원

29 부동산투자회사법령상 부동산투자회사에 관한 설명으로 옳은 것은?

① 영업인가를 받은 날부터 6개월이 지난 자기관리 부동산투자회사의 자본금은 70억원 이상이 되어야 한다.

② 위탁관리 부동산투자회사 및 기업구조조정 부동산투자회사의 설립자본금은 10억원 이상으로 한다.

③ 자기관리 부동산투자회사의 설립자본금은 3억원 이상으로 한다.

④ 영업인가를 받은 날부터 6개월이 지난 위탁관리 부동산투자회사 및 기업구조조정 부동산투자회사의 자본금은 100억원 이상이 되어야 한다.

⑤ 부동산투자회사는 부동산 등 자산의 운용에 관하여 회계처리를 할 때에는 국토교통부가 정하는 회계처리기준에 따라야 한다.

30 시장상황별 추정수익률의 예상치가 다음과 같은 투자자산의 분산은?

시장상황	수익률	확률
호황	20%	0.6
불황	10%	0.4

① 0.0012

② 0.0014

③ 0.0024

④ 0.0048

⑤ 0.0096

31 다음과 같은 조건 하에서 이 부동산기업의 가중평균자본비용(WACC)은? (단, 법인세율은 없음)

구분	가치(만원)	비용(%)
타인자본	4,000	5
자기자본	6,000	15

① 9.5%

② 10.0%

③ 11.0%

④ 11.5%

⑤ 12.0%

32 주택법령상 주택의 정의에 관한 설명으로 옳지 않은 것은?

① 주택은 세대의 구성원이 장기간 독립된 주거생활을 할 수 있는 구조로 된 건축물의 전부 또는 일부 및 그 부속토지를 말한다.

② 준주택은 주택 외의 건축물과 그 부속토지로서 주거시설로 이용가능한 시설 등을 말한다.

③ 공동주택은 건축물의 벽·복도·계단이나 그 밖의 설비 등의 전부 또는 일부를 공동으로 사용하는 각 세대가 하나의 건축물 안에서 각각 독립된 주거생활을 할 수 있는 구조로 된 주택을 말한다.

④ 민영주택은 국민주택 등을 제외한 주택을 말한다.

⑤ 세대구분형 공동주택은 300세대 미만의 국민주택 규모에 해당하는 주택으로서 단지형 연립주택, 단지형 다세대주택, 소형 주택으로 분류한다.

33 다음은 어떤 부동산의 특성에서 파생된 특징을 설명한 것이다. 이를 모두 충족하는 부동산의 특성으로 옳은 것은?

> • 토지이용을 집약화시킨다.
> • 토지의 가격문제를 발생시킨다.
> • 토지의 독점 소유욕을 발생시킨다.
> • 토지의 양적 공급을 제한한다.

① 부동성　　　　　　② 영속성
③ 부증성　　　　　　④ 개별성
⑤ 용도의 다양성

34 부동산 정책에 관한 설명으로 옳지 않은 것은?

① 부동산 정책이란 바람직한 부동산 활동을 유도하기 위한 목표설정과 이를 달성하기 위한 각종 부동산대책의 결정 및 운용에 관한 정부의 공적인 계획이나 실행행위를 말한다.

② 부동산 거래신고제도는 부동산 거래신고 등에 관한 법령에 따라 거래당사자가 부동산 등에 관한 매매계약을 체결한 경우 그 실제 매매가격 등을 거래계약 후 잔금일로부터 60일 이내에 그 부동산 등의 소재지를 관할하는 시장·군수 또는 구청장에게 공동 또는 예외적인 경우 단독으로 신고하게 하여 건전하고 투명한 부동산거래질서를 확립하여 국민경제에 이바지함을 목적으로 한다.

③ 개발제한구역의 지정 및 관리에 관한 특별조치법령상 국토교통부장관은 국방부장관의 요청으로 보안상 도시의 개발을 제한할 필요가 있다고 인정되면 개발제한구역의 지정 및 해제를 도시·군관리계획으로 결정할 수 있다.

④ 지적재조사사업은 공간정보의 구축 및 관리 등에 관한 법령에 따라 지적공부의 등록사항을 조사·측량하여 기존의 지적공부를 디지털에 의한 새로운 지적공부로 대체함과 동시에 지적공부의 등록사항이 토지의 실제 현황과 일치하지 아니하는 경우 이를 바로 잡기 위하여 실시하는 국가사업으로 국토를 효율적으로 관리함과 아울러 국민의 재산권 보호에 기여함을 목적으로 한다.

⑤ 산지관리법령상 국가나 지방자치단체는 산지전용·일시사용제한지역의 지정목적을 달성하기 위하여 필요하면 산지소유자와 협의하여 산지전용·일시사용제한지역의 산지를 매수할 수 있다.

35 분양가상한제에 관한 설명으로 옳지 않은 것은?

① 주택구매 수요자들의 주택구입 부담을 덜어주기 위해 신규분양주택의 분양가격을 주택법령에 따라 정한 가격을 초과하여 받지 못하도록 규제하는 제도이다.

② 주택법령상 사업주체가 일반인에게 공급하는 공동주택 중 공공택지 외의 택지에서 주택가격 상승 우려가 있어 심의를 거쳐 지정하는 지역에서 공급하는 주택의 경우에는 기준에 따라 산정되는 분양가격 이하로 공급하여야 한다.

③ 공급자의 이윤이 저하되어 주택의 공급이 감소하는 현상이 나타날 수 있다.

④ 주택법령상 사업주체는 분양가상한제 적용주택으로서 공공택지에서 공급하는 주택에 대하여 입주자모집 승인을 받았을 때에는 입주자 모집공고에 택지비, 공사비, 간접비 등에 대하여 분양가격을 공시하여야 한다.

⑤ 주택법령상 사업주체가 일반인에게 공급하는 공동주택 중 공공택지에서 공급하는 도시형 생활주택은 분양가상한제를 적용한다.

36 다음은 부동산 조세에 관한 설명이다. 옳지 않은 것은?

① 상속세는 과세표준을 화폐단위로 표시하는 종량세에 해당한다.

② 재산세는 지방세에 해당한다.

③ 선박은 재산세 과세대상에 해당한다.

④ 상속세는 국세에 해당한다.

⑤ 상속세는 직접세에 해당한다.

37 부동산 마케팅에 관한 설명으로 옳은 것은?

① 표적시장(Target market)은 목표시장에서 고객의 욕구를 파악하여 경쟁제품과 차별성을 가지도록 제품개념을 정하고 소비자의 지각 속에 적절히 위치시키는 것이다.

② 포지셔닝(Positioning)은 세분화된 시장 중 가장 좋은 시장기회를 제공해 줄 수 있는 특화된 시장이다.

③ 4P에 의한 마케팅 믹스 전략의 구성요소는 제품(Product), 유통경로(Place), 판매촉진(Promotion), 포지셔닝(Positioning)이다.

④ STP란 시장세분화(Segmentation), 표적화(Targeting), 가격(Price)을 표상하는 약자이다.

⑤ 고객점유 마케팅 전략은 AIDA(Attention, Interest, Desire, Action) 원리를 적용하여 소비자의 욕구를 충족시키기 위한 마케팅 전략이다.

38 부동산 관리에 관한 설명으로 옳지 않은 것은?

① 자산관리(Asset Management)는 부동산 자산을 포트폴리오(Portfolio) 관점에서 관리하는 자산·부채의 종합관리를 의미한다.

② 재산관리(Property Management)는 시설사용자나 사용과 관련한 타부문의 요구에 단순히 부응하는 정도의 소극적이고 기술적인 측면을 중시하는 부동산 관리를 의미한다.

③ 대상 건물의 기능을 유지하기 위해서 건물에 대해 수리 및 점검을 하는 등의 관리는 기술적 측면의 관리에 해당한다.

④ 위탁관리방식은 전문업자를 이용함으로써 합리적이고 편리하며, 전문화된 관리와 서비스를 받을 수 있다는 장점이 있다.

⑤ 기밀유지 측면에서는 자가관리방식이 위탁관리방식보다 유리하다.

39 도시성장구조이론에 관한 설명으로 옳지 않은 것은?

① 버제스(Burgess)의 동심원이론은 도시생태학적 관점에서 접근하였다.

② 해리스(Harris)와 울만(Ullman)의 다핵심이론은 도시가 그 도시 내에서도 수 개의 핵심이 형성되면서 성장한다는 이론이다.

③ 동심원이론은 도시가 그 중심에서 동심원상으로 확대되어 분화되면서 성장한다는 이론이다.

④ 다핵심이론과 호이트(Hoyt)의 선형이론의 한계를 극복하기 위해서 개발된 동심원이론에서 점이지대는 저소득지대와 통근자지대 사이에 위치하고 있다.

⑤ 선형이론은 도시가 교통망을 따라 확장되어 부채꼴 모양으로 성장한다는 이론이다.

40 C도시 인근에 A할인점과 B할인점이 있다. 허프(D. L. Huff)의 상권분석모형을 적용할 경우, A할인점의 이용객 수는 C도시 인구의 몇 %인가? (단, 거리에 대한 소비자의 거리마찰계수 값은 2이고, C도시 인구 중 50%가 A할인점이나 B할인점을 이용함)

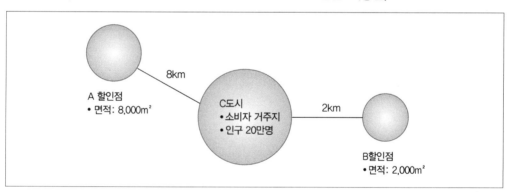

① 5.0% ② 10.0%

③ 15.0% ④ 20.0%

⑤ 25.0%

02

기출문제
정답 및 해설

2024년(35회) ~ **2016년**(27회)

Chpater

01

2024년 제35회 정답 및 해설

정답

01 ②	02 ④	03 ③	04 ⑤	05 ③	06 ③	07 ⑤	08 ③	09 ②	10 ①
11 ④	12 ②	13 ⑤	14 ⑤	15 ④	16 ④	17 ①	18 ②	19 ①	20 ②
21 ②	22 ⑤	23 ③	24 ④	25 ①	26 ④	27 ①	28 ③	29 ②	30 ④
31 ①	32 ②	33 ①	34 ④	35 ③	36 ②	37 ⑤	38 ③	39 ⑤	40 ①

35회 계산문제 해설

---

01 〔정답해설〕

② 정착물 중 종속 정착물은 ㄴ(다년생 식물), ㅁ(구거)이다.
   1. 동산 : 가식 중에 있는 수목, 경작수확물(경작된 수확물)
   2. 독립 정착물 : 건물, 소유권보존등기된 입목
   3. 종속 정착물 : 다년생 식물, 구거

02 〔정답해설〕

④ 허가 ⇨ 신고 : 개업공인중개사는 등록관청에 신고하고 그 관할 구역 외의 지역에 분사무소를 둘 수 있다.

03 〔정답해설〕

③ 옳은 지문이다.

〔오답해설〕

① 임대주택 ⇨ 국민주택 : 민영주택은 국민주택을 제외한 주택을 말한다. 주택법은 재원을 기준으로 주택을 국민주택과 민영주택으로 구분하고, 국민주택을 제외한 주택을 민영주택이라고 정의하고 있다.
② 공간의 일부를 구분소유 할 수 있는 ⇨ 없는 : 세대구분형 공동주택이란 공동주택의 주택 내부 공간의 일부를 세대별로 구분하여 생활이 가능한 구조로 하되, 그 구분된 공간의 일부를 구분소유 할 수 없는 주택으로서 대통령령으로 정하는 건설기준, 설치기준, 면적기준 등에 적합한 주택을 말한다.
④ 이산화탄소 배출량을 증대 ⇨ 저감 : 에너지절약형 친환경주택이란 저에너지 건물 조성기술 등 대통령령으로 정하는 기술을 이용하여 에너지 사용량을 절감하거나 이산화탄소 배출량을 저감할 수 있도록 건설된 주택을 말하며, 그 종류와 범위는 대통령령으로 정한다.
⑤ 구조를 쉽게 변경할 수 없는 ⇨ 있는 : 장수명 주택이란 구조적으로 오랫동안 유지·관리될 수 있는 내구성을 갖추고, 입주자의 필요에 따라 내부 구조를 쉽게 변경할 수 있는 가변성과 수리 용이성 등이 우수한 주택을 말한다.

04 〔정답해설〕

⑤ 실제 시험에서는 버리는 문제입니다. 해설은 참고만 하십시오.
   1. 종합합산과세대상 : 별도합산과세대상 또는 분리과세대상이 되는 토지를 제외한 토지

2. 별도합산과세대상

> 가. 공장용 건축물의 부속토지 등 대통령령으로 정하는 건축물의 부속토지
> 나. 차고용 토지, 보세창고용 토지, 시험·연구·검사용 토지, 물류단지시설용 토지 등 공지상태(空地狀態)나 해당 토지의 이용에 필요한 시설 등을 설치하여 업무 또는 경제활동에 활용되는 토지로서 대통령령으로 정하는 토지
> 다. 철거·멸실된 건축물 또는 주택의 부속토지로서 대통령령으로 정하는 부속토지

3. 분리과세대상

> 가. 공장용지·전·답·과수원 및 목장용지로서 대통령령으로 정하는 토지
> 나. 산림의 보호육성을 위하여 필요한 임야 및 종중 소유 임야로서 대통령령으로 정하는 임야
> 다. 골프장용 토지와 같은 항에 따른 고급오락장용 토지로서 대통령령으로 정하는 토지
> 라. 공장의 부속토지로서 개발제한구역의 지정이 있기 이전에 그 부지취득이 완료된 곳으로서 대통령령으로 정하는 토지
> 마. 국가 및 지방자치단체 지원을 위한 특정목적 사업용 토지로서 대통령령으로 정하는 토지
> 바. 에너지·자원의 공급 및 방송·통신·교통 등의 기반시설용 토지로서 대통령령으로 정하는 토지
> 사. 국토의 효율적 이용을 위한 개발사업용 토지로서 대통령령으로 정하는 토지
> 아. 그 밖에 지역경제의 발전, 공익성의 정도 등을 고려하여 분리과세하여야 할 타당한 이유가 있는 토지로서 대통령령으로 정하는 토지

05 정답해설
③ 감소 ⇨ 증가 : 건축원자재 가격의 하락은 주택의 공급(공간재고)를 증가시킨다.

06 정답해설
③ 옳은 지문은 ㄱ, ㄷ이다. ㄴ은 이행지에 대한 설명이다. ㄹ은 소지에 대한 설명이다.

07 정답해설
⑤ (ㄱ)은 전속중개계약, (ㄴ)은 일반중개계약이다.

08 정답해설
③ 행정학 시험에서 자주 출제되는 내용으로 해설을 참고만 하십시오.

구분	도		특별시, 광역시	
	도세	시/군세	특별(광역)시세	구세
보통세	· 취득세 · 등록면허세 · 지방소비세 · 레저세	· 재산세 · 지방소득세 · 주민세 · 자동차세 · 담배소비세	· 취득세 · 지방소비세 · 지방소득세 · 주민세 · 자동차세 · 담배소비세 · 레저세	· 재산세 · 등록면허세
목적세	· 지역자원시설세 · 지방교육세		· 지역자원시설세 · 지방교육세	

09 정답해설

② (ㄱ)은 부동성, (ㄴ)은 내부화이다.

10 정답해설

① 빈집정비사업은 소규모주택정비사업과 별도의 사업이다.

1. 빈집 및 소규모주택 정비에 관한 특례법은 1)빈집정비사업과 2)소규모주택정비사업을 규정하고 있다.
   1) 빈집정비사업 : 빈집을 개량 또는 철거하거나 효율적으로 관리 또는 활용하기 위한 사업을 말한다.
   2) 소규모주택정비사업 : 노후·불량건축물의 밀집 등 대통령령으로 정하는 요건에 해당하는 지역 또는 가로구역에서 시행하는 다음 각 목의 사업을 말한다.

> 가. 자율주택정비사업 : 단독주택, 다세대주택 및 연립주택을 스스로 개량 또는 건설하기 위한 사업
> 나. 가로주택정비사업 : 가로구역에서 종전의 가로를 유지하면서 소규모로 주거환경을 개선하기 위한 사업
> 다. 소규모재건축사업 : 정비기반시설이 양호한 지역에서 소규모로 공동주택을 재건축하기 위한 사업
> 라. 소규모재개발사업 : 역세권 또는 준공업지역에서 소규모로 주거환경 또는 도시환경을 개선하기 위한 사업

11 정답해설

④ 감정평가법인등은 토지를 감정평가할 때에는 공시지가기준법을 적용해야 한다.

12 정답해설

② 원가법에 의한 적산가액은 322,000,000원이다.

1. 재조달원가 : 1,000,000원/㎡ × 350㎡ × 1.15(시) = 402,500,000원
2. 감가수정액 : 402,500,000원 ÷ 50년(전체내용연수) × 10년(경과연수, 만년감가) = 80,500,000원
3. 적산가액 : 402,500,000원 - 80,500,000원 = 322,000,000원

13 정답해설

⑤ 모두 옳은 지문이다.

ㄴ. 재조달원가는 도급방식을 기준으로 한다. 즉 도급인의 정상이윤을 원가에 포함시킨다.
ㄷ. 경제적(외부적) 감가는 외부환경과의 부적합으로 만들어지는 감가이고, 지리적 위치의 고정성(부동성)은 외부효과의 근거이다. 따라서 부동성에 의해 경제적(외부적) 감가가 발생한다.

14 정답해설

⑤ 옳은 지문이다.

오답해설

① 복수기간 ⇨ 단일기간 : 직접환원법은 단일기간의 순수익을 적절한 환원율로 환원하여 대상 물건의 가액을 산정하는 방법을 말한다.
② 수익분석법 ⇨ 수익환원법 : 수익가액이란 수익환원법에 의해 산정된 가액을 말한다. 수익임료란 수익분석법에 의해 산정되는 임료를 말한다.
③ 가능총수익 ⇨ 유효총수익 : 순수익은 대상 물건에 귀속하는 적절한 수익으로서 유효총수익에서 운영경비를 공제하여 산정한다. 이 경우 자본적지출은 비용으로 고려하지 않는다.

④ 투자결합법 ⇨ 시장추출법 : 직접환원법에서 사용할 환원율은 시장추출법으로 구하는 것을 원칙으로 한다. 다만, 시장추출법의 적용이 적절하지 않은 때에는 요소구성법, 투자결합법, 유효총수익승수에 의한 결정방법, 시장에서 발표된 환원율 등을 검토하여 조정할 수 있다.

15 〔정답해설〕

④ 적합의 원칙 ⇨ 균형의 원칙 : 부동산의 가격이 내부적인 요인에 의하여 긍정적 또는 부정적 영향을 받아 형성되는 것은 균형의 원칙에 해당된다.

16 〔정답해설〕

④ 수익환원법이 주된 평가방법인 것은 5개(광업재단, 상표권, 영업권, 특허권, 전용측선이용권)이다. 과수원은 거래사례비교법이 주된 평가방법이다.

17 〔정답해설〕

① 옳은 지문이다.

〔오답해설〕

② 속한 지역 ⇨ 속하지 않은 지역 : 유사지역이란 대상부동산이 속하지 아니한 지역으로서 인근지역과 유사한 특성을 갖는 지역이다.
③ 미치는 않는 관계 ⇨ 미치는 관계 : 동일수급권이란 대상부동산과 수요·공급 관계가 성립하고 가치 형성에 서로 영향을 미치는 다른 부동산이 존재하는 권역이다.
④ 지역분석이 아니라 개별분석에 대한 설명이다.
⑤ 지역분석이 먼저 실시되고, 그 결과를 바탕으로 개별분석이 이루어진다.

18 〔정답해설〕

② 건물의 연간 감가율은 5%이다.
　1. 종합 환원율(상각전) : 1.8억(순영업소득)/20억(부동산가격) = 9%
　2. 건물의 연간 감가율(a) : 5%
　　1) 토지 환원율 : 8%
　　2) 건물 환원율(상각전) : 8% + a(연간 감가율)
　　3) 종합 환원율(물리적 투자결합법) : 8% × 0.8(토지구성비) + (8% + a) × 0.2(건물구성비) = 9%, a = 5%

19 〔정답해설〕

① 옳은 연결이다. (ㄱ) 가치 정의는 영속성에 근거한다. (ㄴ) 토지에 원가방식을 적용하는 것이 어려운 이유는 토지는 생산할 수 없는 재화이기 때문이다. 따라서 부증성과 관계된다. (ㄷ) 부동산은 모두 다르고(개별적이고), 거래 내용도 거래 당사자에 따라 다르다(개별적이다). 즉 개별분석과 사정보정은 개별성에 근거한다.

20 〔정답해설〕

② 구분소유가 아닌 부동산, 일반적인 복합부동산(토지와 건물로 구성된 부동산)은 토지와 건물을 개별로 감정평가하는 것이 원칙이다. 아파트와 같은 구분소유 부동산은 건물에 대지사용권을 반영한 가치를 평가해야 하기

때문에 건물과 대지사용권을 일체로 하는 거래사례비교법을 적용하는 것이 원칙이나, 일반적인 복합부동산은 토지와 건물을 개별평가하는 것이 원칙이다.

1. 구분소유 부동산의 감정평가방법(감정평가 실무기준)

> ① 구분소유 부동산을 감정평가할 때에는 건물(전유부분과 공유부분)과 대지사용권을 일체로 한 거래사례비교법을 적용하여야 한다.
> ② 구분소유 부동산을 감정평가할 때에는 층별·위치별 효용요인을 반영하여야 한다.
> ③ 감정평가액은 합리적인 배분기준에 따라 토지가액과 건물가액으로 구분하여 표시할 수 있다.

2. 복합부동산의 감정평가방법(감정평가 실무기준)

> ① 복합부동산은 토지와 건물을 개별로 감정평가하는 것을 원칙으로 한다. 다만, 토지와 건물이 일체로 거래되는 경우에는 일괄하여 감정평가할 수 있다.
> ② 토지와 건물을 일괄하여 감정평가할 때에는 거래사례비교법을 적용하여야 한다.
> ③ 토지와 건물을 일괄하여 감정평가한 경우의 감정평가액은 합리적인 배분기준에 따라 토지가액과 건물가액으로 구분하여 표시할 수 있다.

21 정답해설

② 정보비용의 현재가치는 1억원이다.
1. 1년 후 정보가치 : (55,000만원 − 27,500만원) × 0.4(들어오지 않을 가능성) = 11,000만원
2. 정보의 현재가치 : 11,000만원 ÷ 1.1 = 10,000만원(1억원)

22 정답해설

⑤ 수요가 변화할 때, 공급의 가격탄력성이 작을수록(비탄력적일수록), 가격의 변동폭은 크고, 거래량의 변동폭은 작다.

23 정답해설

③ 재산은 저량(stock) 변수이다.
1. 유량 : 소득, 수출, 소비, 투자, 수요, 공급
2. 저량 : 재산, 가격, 자산, 재고량

24 정답해설

④ 옳은 지문은 ㄴ, ㄹ, ㅁ이다.
ㅁ. 유동화 과정에서 은행이 대출채권(위험자산)을 매각하면 위험자산(BIS 계산식의 분모)의 비중이 감소한다. 따라서 자기자본비율은 증가한다.

$$\text{자기자본비율(BIS)} = \frac{\text{자본}}{\text{가중평균 위험자산}}$$

오답해설

ㄱ. 채권을 표시하는 증권(조금 애매모호한 표현이나, 이에 대한 이의신청은 받아들여지지 않았음) ⇨ 지분형 증권 : MPTS는 지분형 증권으로 원리금수취권과 주택저당에 대한 채권을 모두 투자자에게 이전하는 증권이다.
ㄷ. 만기가 일치하도록 ⇨ 서로 다른 만기를 가진 : CMO는 이자율과 만기가 다른 다양한 채권으로 발행한다.

25 〔정답해설〕

① 프로젝트 대출은 사업주의 부채로 표시되지 않는데, 이를 부(簿)외 금융효과라고 한다.

26 〔정답해설〕

1. 2(부채감당률) = 4,000만원(순) ÷ 부채서비스액, 부채서비스액(원리금상환액) = 2,000만원
2. 대출금액 : 2,000만원 ÷ 0.1(저당상수) = 2억원
3. 매매가격 : 4억원
4. 대부비율(LTV) : 50%

27 〔정답해설〕

① 수요의 증가폭이 크다면, 수요의 증가가 시장을 결정한다. 따라서 균형가격은 상승하고, 균형거래량은 증가한다.

28 〔정답해설〕

③ 금융감독원 ➡ 금융위원회 : 금융(회계)과 관련된 정책을 결정하는 것은 금융위원회(정부의결기관)이다. 금융감독원은 금융위원회의 지시를 받아 은행, 보험회사, 증권회사 등 금융기관에 대한 검사와 감독 업무를 담당한다.

29 〔정답해설〕

② 수요곡선을 우측으로 이동시키는 요인(수요 증가 요인)은 3개이다.
  1. 수요곡선 자체를 이동시키지 않는 요인(수요량의 변화 요인) : 아파트 가격의 하락
  2. 수요 증가 요인 : 대체주택 가격의 상승, DSR 규제 완화, 가구수 증가
  3. 수요 감소 요인 : 대출금리 상승, 수요자의 실질 소득 감소, 부채감당률 규제 강화

30 〔정답해설〕

④ 옳은 지문이다. 듀레이션은 빠르게 상환하는 방식일수록 짧고, 상대적으로 천천히 상환하는 방식일수록 길다. 따라서 원금 균등 상환 방식에 비해 상대적으로 천천히 상환하는 원리금 균등 상환 방식의 듀레이션이 보다 길다.

〔오답해설〕

① 대출자 ➡ 차입자 : 콜옵션(조기상환권)은 차입자의 권리이다.
② 작은 ➡ 큰 : 금융기관은 위험을 줄이기 위해 부채감당률이 1보다 큰 대출안에서 보다 큰 수치의 순서대로 대출을 실행한다.
③ 하락 ➡ 상승 : 대출수수료와 조기상환수수료는 이자와 별도로 차입자가 부담하는 비용이다. 따라서 이러한 수수료가 존재한다면 차입자의 실효이자율은 상승한다. 또한 조기상환수수료는 조기상환이 빠를수록 보다 많은 수수료를 부담하는 특징이 있다. 따라서 조기상환시점이 앞당겨 질수록 실효이자율은 보다 상승한다.
⑤ 원리금 균등 상환 방식은 상대적으로 천천히 상환하는 방식으로 상환기간 전체의 누적이자액이 원금 균등 상환 방식에 비해 보다 많은 방식이다. 따라서 총상환액(누적원금 + 누적이자)은 원리금 균등 상환 방식이 보다 많다.

31 〔정답해설〕

① 체계적 위험 ⇨ 비체계적 위험 : 포트폴리오는 비체계적 위험을 감소시킨다.

32 〔정답해설〕

② BTO 방식에 대한 설명이다. 특히 시설의 최종수요자로부터 이용료를 징수하여 투자비를 회수하는 방식은 BTO 방식이다.

33 〔정답해설〕

① 부채감당률법에 의한 환원율은 5.61%이다.
   1. 순영업소득
      1) 가능총소득 : 85,000,000원
      2) 유효총소득 : 85,000,000원 × 0.95 = 80,750,000원
      3) 영업경비 : 85,000,000원 × 0.07(관리수수료, 유틸리티, 관리직원인건비) = 5,950,000원
      4) 순영업소득 : 80,750,000원 − 5,950,000원 = 74,800,000원
   2. 부채감당률 : 74,800,000원(순) ÷ 20,000,000원(부채서비스액) = 3.74
   3. 환원율 : 3.74(부채감당률) × 25%(대부비율) × 0.06(저당상수) = 5.61%

34 〔정답해설〕

④ 총투자수익률은 순영업소득을 총투자액으로 나눈 비율이다.

35 〔정답해설〕

③ 동일하게 ⇨ 다양하게 : 세분시장은 마케팅 믹스 요소에 대해 다양하게 반응한다.

36 〔정답해설〕

② 수익률은 더해지지 않는다. 예로 5% 수익률을 갖는 투자안(A)와 5% 수익률을 갖는 투자안(B)를 결합하여 투자한다고 가정하자. 결합 투자안(A + B)의 수익률은 5%이지, 10%가 되는 것이 아님을 주의해야 한다.

구분	A	B	A + B
투자금액	100	100	200
수익	5	5	10
수익률	5%	5%	5%

37 〔정답해설〕

⑤ 기밀 및 보안의 측면에서 유리한 방식은 자기관리방식이다.

38 정답해설

③ 옳은 연결이다.

$$1년간\ 자기자본수익률 = \frac{순영업소득 - 이자비용 \pm 가격변화}{지분투자액}$$

1. (ㄱ)타인자본을 활용하지 않은 경우
   {500만원(순) − 0(이자) + 200만원(가치상승)} ÷ 10,000만원(지분투자금액) = 7%
2. (ㄴ)타인자본을 40% 활용하는 경우
   {500만원 − 160만원(= 4,000만원 × 4%, 이자) + 200만원} ÷ 6,000만원(지분투자금액) = 9%

39 정답해설

⑤ 지급해야 할 예상 임대료는 13,000만원이다.
   1. 예상 매출액 분석
      1) 1월~7월(7개월) : 8만원/㎡ × 200㎡ = 1,600만원. 기본임대료만 지불
      2) 8월~12월(5개월) : 20만원/㎡ × 200㎡ = 4,000만원. 기본임대료와 추가임대료 지불
   2. 임대료 계산
      1) 1월~7월 : 5만원/㎡ × 200㎡(월기본임대료) × 7개월 = 7,000만원
      2) 8월~12월 : {5만원/㎡ × 200㎡(월기본임대료) + 2,000만원(초과매출액) × 10%(추가임대료율)} × 5개월
         = 6,000만원
      3) 합계 : 13,000만원

40 정답해설

① 옳은 연결이다.
   ㄱ. 수익증권은 신탁방식에서 등장하는 용어이다.
   ㄴ. 토지를 원래의 토지소유자에게 재분배하는 방식은 환지방식이다.
   ㄷ. 공익성이 강한 방식은 공영개발방식이다.

정답

01 ①	02 ③	03 ①	04 ③	05 ⑤	06 ④	07 ①	08 ⑤	09 ⑤	10 ②
11 ⑤	12 ③	13 ②	14 ③	15 ④	16 ③	17 ④	18 ①	19 ⑤	20 ③
21 ④	22 ⑤	23 ②	24 ①	25 ③	26 ④	27 ②	28 ⑤	29 ②	30 ⑤
31 ①	32 ②	33 ④	34 ①	35 ②	36 ④	37 ②	38 ⑤	39 ④	40 ④

34회 계산문제 해설

01 정답해설

① 옳은 지문이다. 획지(劃地)는 다른 토지와 구별되는 '구획된 토지'를 의미한다. 넓은 면적을 가지고 있는 하나의 필지는 여러 개의 획지로 구분되어 이용될 수 있고, 반대로 여러 개의 필지는 하나의 획지로 이용될 수 있다.

오답해설

② 건부지(建敷地)는 건축물의 바닥 토지로 이용 중인 토지를 말한다. 그리고 건부지의 여부는 현재 이용상황을 기준으로 판단한다. 따라서 건축물의 부지로 이용가능한 토지를 건부지라고 할 수 없다.

③ 나지(裸地)는 건물 등 정착물이 없고, 사법상의 제한이 없는 토지를 말한다.

④ 지문은 제외지(堤外地)에 대한 설명이다. 제내지(堤內地)는 제방에 의하여 보호되고 있는 지역, 즉 제방으로부터 제방이 보호하고자 하는 지역(마을)까지를 의미한다. 반대로 제외지는 제방으로 둘러싸인 하천 측 지역을 말한다.

⑤ 일단지(一團地)는 용도상 불가분의 관계에 있는 두 필지 이상의 토지를 말한다. 따라서 지문에서 '합병한 토지'는 틀린 문구이다.

02 정답해설

③ 연립주택이다. 건축물 현황에 의하면 ㉠ 주택으로 사용하는 층수가 4개층이고, ㉡ 주택으로 쓰는 바닥면적의 합계가 660㎡를 초과하고 있다.

> **┃ 주택으로 사용하는 층수 산정**
> 1. 지하층은 제외한다.
> 2. 1층 전부를 필로티 구조로 하여 주차장으로 사용하는 경우, 해당 층은 주택의 층수에서 제외한다.
> 3. 1층 일부를 필로티 구조로 하여 주차장으로 사용하고 나머지 부분을 주택 외의 용도로 사용하는 경우, 해당 층은 주택의 층수에서 제외한다.

03 정답해설

① 총톤수 20톤 이상의 선박은 등기 대상물이다.

등기 대상물	입목, 선박(20톤 이상), 공장재단, 광업재단 등
등록 대상물	자동차, 항공기, 건설기계 등
등록 대상 권리	광업권, 어업권 등

※ 주의 : 5천만원을 주고 구입한 소나무는 값어치가 있어 보여도 일반 나무이다. 간혹 입목과의 구별에 대한 질문들이 있는데, 입목에 관한 법률에 의하면 "입목이란 토지에 부착된 수목의 집단으로서 그 소유자가 입목에 관한 법률에 따라 소유권보존의 등기를 받은 것을 말한다."라고 규정되어 있다. 즉 입목은 등기가 되어 있는 수목의 집단으로, 등기라는 명시 없이 기재된 나무는 일반 나무로 판단하여야 한다.

04 〔정답해설〕

③ 준주택이란 주택 외의 건축물과 그 부속토지로서 주거시설로 이용가능한 시설 등을 말한다. 준주택에는 다중생활시설, 기숙사, 오피스텔, 노인복지주택 등이 있다.

05 〔정답해설〕

⑤ 한계심도란 토지소유자의 통상적 이용행위가 예상되지 않으며 지하시설물 설치로 인하여 일반적인 토지이용에 지장이 없는 것으로 판단되는 깊이를 말하는 것으로, 하수도 및 상수도 설치, 지하철 건설을 위한 지하부분 토지사용에 대한 보상과 관련된 개념이다. 한계심도는 법률로 규정된 경우는 없고, 행정규칙이나 지방자치단체 조례 등으로 정하고 있다.

06 〔정답해설〕

④ 옳은 연결이다. 도로접면의 구분과 관련하여 자동차 통행이 불가능한 도로에 접하고 있으므로 ㄴ은 소로각지가 아니라 소로한면이다.

▌소로한면과 소로각지의 구분
1. 소로한면 : 폭 8m 이상 12m 미만의 도로에 한면이 접하고 있는 토지
2. 소로각지 : 소로에 한면이 접하면서 소로, 자동차통행이 가능한 세로(가)에 한면 이상 접하고 있는 토지

07 〔정답해설〕

① 옳은 연결이다.

(ㄱ) 아파트 공급의 가격탄력성 : −6% ÷ −5% = +1.2(탄력적)
(ㄴ) 아파트와 연립주택의 관계
    1) 아파트 가격이 하락하자 연립주택의 수요량이 증가하였다. : 보완관계
    2) 교차탄력성 : +2% ÷ −5% = −0.4, 음수값으로 측정되었으니 보완관계

08 〔정답해설〕

⑤ 수요가 증가하는 경우, 공급이 비탄력적일수록, 가격은 더 상승하고 거래량은 덜 증가한다. 따라서 수요가 증가하는 경우, 공급의 가격탄력성이 작을수록 균형가격의 상승폭은 커지고, 균형량의 증가폭은 작아진다.

09 정답해설

⑤ 저량(stock)은 일정 시점에서 측정되는 변수를 말한다. 주택수요량과 신규주택 공급량은 대표적인 유량(flow) 변수이다. 부동산학에서 자주 출제되는 저량변수로는 가격(가치), 자산, 인구규모, 주택재고량 등이 있다.

10 정답해설

② 옳은 지문이다. 할당 효율적 시장은 어느 시장에서도 초과이윤을 얻을 수 없는 시장이다. 완전경쟁시장은 완전 경쟁을 통해 초과이윤을 획득할 수 없는 시장이므로 항상 할당 효율성이 달성된다. 또한 강성 효율적 시장은 어떤 정보를 통해서도 초과이윤을 획득할 수 없는 시장이므로 할당 효율적인 시장이다.

오답해설

① 불완전경쟁시장이라도 초과이윤을 획득할 수 없다면 할당 효율적 시장이 될 수 있다.
③ 약성 효율적 시장은 과거 정보를 통해 정상 이상의 초과이윤을 획득할 수 없다. 약성 시장에서 초과이윤을 획득하기 위해서는 현재 정보와 미래 정보를 획득하여야 한다.
④ 완전경쟁시장에서는 초과이윤이 발생할 수 없다.
⑤ 지문은 강성 효율적 시장에 대한 설명이다.

11 정답해설

⑤ 제품의 가격이 비쌀수록, 소비자들은 가격 변화에 보다 민감하게 반응한다. 즉 보다 탄력적으로 반응한다. 따라서 제품의 가격이 가계소득에서 차지하는 비중이 클수록 수요의 탄력성이 더 탄력적이다.

12 정답해설

③ C도시로부터 B도시의 구매활동에 유인되는 인구수의 증가는 18,000 − 10,000 = 8,000명이다.
  1. 작년 인구수 기준
    1) A도시 유인력 : $50,000 \div 5^2 = 2,000$, B도시 유인력 : $200,000 \div 10^2 = 2,000$
    2) B도시 유인력 비율 : 2,000 ÷ (2,000 + 2,000) = 50%
    3) C도시에서 B도시로 유인되는 인구수 : 2만명 × 50% = 10,000명
  2. 금년 인구수 기준
    1) A도시 유인력 : $50,000 \div 5^2 = 2,000$, B도시 유인력 : $300,000 \div 10^2 = 3,000$
    2) B도시 유인력 비율 : 3,000 ÷ (2,000 + 3,000) = 60%
    3) C도시에서 B도시로 유인되는 인구수 : 3만명 × 60% = 18,000명

13 정답해설

② 시장을 실패시키는 원인은 정보의 비대칭성이다.
  ※ 시장실패의 원인
    ㉠ 외부효과
    ㉡ 정보의 비대칭성(불완전성)
    ㉢ 공공재의 공급
    ㉣ 불완전경쟁시장
    ㉤ 시장의 자율적 조절기능 상실
    ㉥ 규모의 경제

14 정답해설

③ 옳은 지문이다. 정(+)의 외부효과는 소비에 있어 사회적 편익이 사적 편익보다 큰 결과를 초래한다.

오답해설

① 외부효과는 시장메커니즘을 통하지 않고 발생하는 효과이다.
② 부(−)의 외부효과는 외부불경제라고도 한다.
④ 부(−)의 외부효과에는 벌금·부담금의 부과, 조세부과 등 규제 정책이 필요하다.
⑤ 부(−)의 외부효과가 발생하면 사회적 최적생산량보다 시장생산량이 많은 과대생산이 초래된다.

15 정답해설

④ 순영업소득은 178,000,000원이다.
　　1. 유효총소득 : 360,000,000원
　　2. 영업경비 : 182,000,000원
　　　　1) 직원 인건비 : 80,000,000원
　　　　2) 수도광열비 : 36,000,000원
　　　　3) 용역비 : 30,000,000원
　　　　4) 수선유지비 : 18,000,000원
　　　　5) 재산세 : 18,000,000원
　　　　6) 주의 : 감가상각비는 제외된다.
　　3. 순영업소득 : 178,000,000원

16 정답해설

③ 옳은 지문이다.

오답해설

① 상업용 부동산투자는 경기침체에 민감하기 때문에 투자 위험이 높다. 또한 상업용 부동산투자는 초기비용이 높고, 임대차 등을 통해 자본을 회수하기 때문에 회수기간도 긴 특징이 있다.
② 부동산이 위치한 입지여건의 변화 때문에 발생하는 위험은 위치적 위험이다. 부동산시장의 수요·공급과 관련된 상황의 변화와 관련된 위험은 시장위험이다.
④ 소유권위험, 정부정책위험, 정치적 위험 등은 법·제도적 위험에 해당되나, 불가항력적 위험이나 유동성 위험은 법·제도적 위험이라고 할 수 없다.
⑤ 위험과 수익은 비례 관계 또는 정(+)의 관계를 갖는다.

17 정답해설

④ 옳은 지문이다.

오답해설

① 부동산 투자는 환금성, 안전성 측면에서 주식 투자와 다르다. 부동산은 안전한 자산이나 상대적으로 환금성(유동성)이 좋지 않다. 반면 주식은 환금성(유동성)이 좋으나 상대적으로 안전성이 낮은 자산이다.
② 부동산은 실물자산으로 인플레이션이 발생하는 시기에 좋은 투자대상이 된다.
③ 일반적으로 부동산시장은 정보의 비대칭성의 특성을 갖는다.
⑤ 투자에서의 유동성 또는 환금성에 대한 설명이다.

18 정답해설

① ㄱ, ㄹ이 옳은 지문이다.

오답해설

ㄴ. 위험은 투자 기간, 현금수지의 형태 등을 고려하여 평가하여야 한다. 따라서 위험할증률의 추계는 투자기간의 결정 및 현금수지에 대한 예측 이후에 이루어진다.

ㄷ. 내부수익률(IRR)이란 순현재가치를 0으로 만드는 할인율 또는 수익성지수를 1로 만드는 할인율이다.

19 정답해설

⑤ 부동산 가치는 장래 기대수익을 현재가치로 환원한 값이다. 따라서 수익이 일정하다면 현재가치를 위한 할인율이 상승할수록 부동산 가치는 낮아진다. 따라서 경기침체시기에 부동산의 수익이 일정함에도 불구하고 부동산 가격이 떨어지는 것은 할인율이 높아지기 때문이다.

20 정답해설

③ 승계권의 가치는 2,500만원이다.

1. 승계권이 없는 경우, A씨의 원리금 부담
   : 15,000만원 × 저당상수(7%, 20년) = 15,000만원 ÷ 연금현가계수(7%, 20년)
   = 15,000만원 ÷ 125 = 120만원

2. 승계권이 있는 경우, A씨의 원리금 부담
   : 15,000만원 × 저당상수(5%, 20년) = 15,000만원 ÷ 연금현가계수(5%, 20년)
   = 15,000만원 ÷ 150 = 100만원

3. 승계권이 갖는 가치(승계를 통한 비용의 절감분)
   : 20만원 × 연금현가계수(7%, 20년) = 20만원 × 125 = 2,500만원

21 정답해설

④ 점증상환방식은 원금과 이자를 동시에 상환하면서 그 금액을 점점 증가시키는 방법이다.

22 정답해설

⑤ 옳은 지문이다. 프로젝트 금융은 원칙적으로 비소구 금융이다. 그러나 사업주의 도덕적 해이를 방지하기 위해 금융기관은 제한적 소구금융의 장치를 마련해두기도 한다.

오답해설

① 프로젝트 금융의 상환 재원은 프로젝트 완성 이후에 발생하는 미래현금흐름이다. 따라서 기업 전체의 자산 또는 신용을 바탕으로 자금을 조달하는 방식이라는 것은 틀린 지문이다.

② 프로젝트 사업주는 기업 또는 개인, 법인 등 모두 될 수 있다.

③ 프로젝트 금융은 사업주의 재무상태표에 부채로 기록되지 않는다. 이를 부외 금융효과라고 한다.

④ 프로젝트 회사가 파산 또는 청산할 경우, 채권자들은 프로젝트 회사에 대해 원리금상환을 청구할 수 있다.

23 〔정답해설〕

② 부동산은 분할거래가 쉽지 않다(분할거래의 비용이성).

24 〔정답해설〕

① 시장세분화는 부동산시장을 둘 이상의 하위시장으로 세분하는 과정이다.

25 〔정답해설〕

③ 대물교환방식 또는 등가교환방식에 대한 설명이다.

26 〔정답해설〕

④ ㄱ : 비용위험, ㄴ : 법률위험, ㄷ : 시장위험에 대한 설명으로 옳은 연결이다.

27 〔정답해설〕

② 주거환경개선사업에 대한 설명이다(도시 및 주거환경정비법 제2조 제2호 가목).

28 〔정답해설〕

⑤ 부동산담보신탁이 아니라 저당대출에 대한 설명이다. 일반적인 대출방식인 저당대출은 저당권을 설정하고 실행하는 비용이 높다. 또한 담보부동산을 처분하는 경우에도 법원의 경매절차로 진행되기 때문에 처분 절차도 복잡하고 시간이 많이 소요된다. 이러한 저당대출의 단점을 보완하기 위해 등장한 방식이 신탁제도를 활용하는 부동산 담보신탁 또는 신탁증서대출제도이다.

29 〔정답해설〕

② 건축물의 소유자는 명시해야 할 사항이 아니다.

▎공인중개사법 제18조의2(중개대상물의 표시·광고)
① 개업공인중개사가 의뢰받은 중개대상물에 대하여 표시·광고를 하려면 중개사무소, 개업공인중개사에 관한 사항으로서 대통령령으로 정하는 사항을 명시하여야 하며, 중개보조원에 관한 사항은 명시해서는 아니 된다.

> ※ "대통령령으로 정하는 사항"이란 다음 각 호의 사항을 말한다.
> 1. 중개사무소의 명칭, 소재지, 연락처 및 등록번호
> 2. 개업공인중개사의 성명(법인인 경우에는 대표자의 성명)

② 개업공인중개사가 인터넷을 이용하여 중개대상물에 대한 표시·광고를 하는 때에는 제1항에서 정하는 사항 외에 중개대상물의 종류별로 대통령령으로 정하는 소재지, 면적, 가격 등의 사항을 명시하여야 한다.

> ※ "대통령령으로 정하는 소재지, 면적, 가격 등의 사항"이란 다음 각 호의 사항을 말한다.
> 1. 소재지
> 2. 면적
> 3. 가격
> 4. 중개대상물 종류
> 5. 거래 형태
> 6. 건축물 및 그 밖의 토지의 정착물인 경우 다음 각 목의 사항
>   가. 총 층수
>   나. 사용승인·사용검사·준공검사 등을 받은 날
>   다. 해당 건축물의 방향, 방의 개수, 욕실의 개수, 입주가능일, 주차대수 및 관리비

30 정답해설

⑤ 6개 모두 기재하여야 하는 사항이다.

> ▌공인중개사법 제26조(거래계약서의 작성 등)
> ① 개업공인중개사는 중개대상물에 관하여 중개가 완성된 때에는 대통령령으로 정하는 바에 따라 거래계약서를 작성하여 거래당사자에게 교부하고 대통령령으로 정하는 기간 동안 그 원본, 사본 또는 전자문서를 보존하여야 한다. 다만, 거래계약서가 공인전자문서센터에 보관된 경우에는 그러하지 아니하다.
>
> ▌공인중개사법 시행령 제22조(거래계약서 등)
> ① 법 제26조 제1항의 규정에 따른 거래계약서에는 다음 각 호의 사항을 기재하여야 한다.
> 1. 거래당사자의 인적 사항
> 2. 물건의 표시
> 3. 계약일
> 4. 거래금액·계약금액 및 그 지급일자 등 지급에 관한 사항
> 5. 물건의 인도일시
> 6. 권리이전의 내용
> 7. 계약의 조건이나 기한이 있는 경우에는 그 조건 또는 기한
> 8. 중개대상물확인·설명서 교부일자
> 9. 그 밖의 약정내용

31 정답해설

① ㄹ이 옳은 지문이다.

오답해설

ㄱ. 부가가치세는 국세이고, 등록면허세는 지방세이다.

ㄴ. 재산세는 부과징수방식이다.

ㄷ. 증여세는 취득단계에 부과하는 세금이고, 재산세는 보유단계에 부과하는 세금이다.

32 〔정답해설〕

② 환매(특약)등기제도는 현재 존재하는 제도이다. 다만, 예고등기제는 「부동산등기법」상 폐지되었다. 예고등기
제도는 2011년 4월 12일 부동산등기법이 개정되면서 삭제·폐지되었다.

33 〔정답해설〕

④ 근저당권은 을구(乙區)에 기재된다.

〔오답해설〕

등기사항전부증명서의 갑구에는 소유권보존 및 이전에 관한 사항과 소유권을 제한하는 권리(경매개시결정, 가압
류, 압류, 가등기, 가처분 등) 등이 기재된다.

34 〔정답해설〕

① ㄱ. 마당에 설치된 연못, ㄴ. 토지소유자의 동의 없이 심은 조경수는 종속정착물로 토지의 낙찰자가 취득한다.

〔오답해설〕

ㄷ. 지상권에 의해 토지의 부합물이 될 수 없다.
ㄹ. 법정지상권에 의해 토지의 부합물이 될 수 없다. 또한 판례는 사용승인을 받지 못한 신축 중인 건물도 독립된
   정착물로 인정하고 있다.

35 〔정답해설〕

② 시점수정은 사례물건의 임대료 변동률로 함을 원칙으로 한다.

> ▌임대사례비교법 시점수정(감정평가 실무기준)
> ① 임대사례의 임대시점과 대상물건의 기준시점이 불일치하여 임대료 수준의 변동이 있을 경우에는
>   임대사례의 임대료를 기준시점의 임대료 수준으로 시점수정하여야 한다.
> ② 시점수정은 사례물건의 임대료 변동률로 한다. 다만, 사례물건의 임대료 변동률을 구할 수 없거나
>   사례물건의 임대료 변동률로 시점수정하는 것이 적절하지 않은 경우에는 사례물건의 가격 변동률
>   ·임대료지수·생산자물가지수 등을 고려하여 임대료 변동률을 구할 수 있다.

〔오답해설〕

① 임대사례비교법으로 감정평가할 때 임대사례에 특수한 사정이나 개별적 동기가 반영되어 수집된 임대사례의
   임대료가 적절하지 못한 경우에는 사정보정을 통해 그러한 사정이 없었을 경우의 적절한 임대료 수준으로
   정상화하여야 한다(감정평가 실무기준 3.3.2.3 사정보정).
③ 감정평가에 관한 규칙 제22조
④ 감정평가에 관한 규칙 제2조 제6호 및 제11조
⑤ 감정평가에 관한 규칙 제2조 제11호

36 〔정답해설〕

④ 거래사례가 인근지역에 소재하는 경우라면 거래사례와 대상물건이 동일지역에 소재하기 때문에 지역요인비
   교를 하지 않는다.

37 〔정답해설〕

② 옳은 지문이다.

〔오답해설〕

① 예측의 원칙은 수익방식과 관련된 원칙이다.

③ 재조달원가(복제원가, 대치원가)는 기준시점에서 측정한 원가이다.

④ 총가격적산법(총량조사법), 부분별단가적용법은 직접법으로 분류되고 변동률적용법(비용지수법), 단위비교법은 간접법으로 분류된다.

⑤ 감정평가의 감가수정은 실질을 중시하기 때문에 부동산의 가치를 하락시키는 모든 요인을 고려하고자 한다. 그 결과 부동산의 외부환경이 원인이 되는 경제적 감가까지 고려한다. 그러나 기업회계의 감가상각은 객관성을 위해 경제적 감가를 인정하지 않는다. 기업회계는 외부환경 변화로 발생하는 가치하락을 평가손실 등의 개념으로 처리한다.

38 〔정답해설〕

⑤ 세전현금흐름(BTCF)은 54,500,000원이다.

   1. 현금흐름 분석

     1) 가능총소득 : 150,000,000원

     2) 유효총소득 : 150,000,000원 × 0.9 = 135,000,000원

     3) 운영경비 : 135,000,000원 × 0.3 = 40,500,000원

     4) 순영업소득 : 94,500,000원

     5) 부채서비스액 : 40,000,000원

     6) 세전현금흐름 : 54,500,000원

   2. 환원율(물리적 투자결합법) : (3% × 0.4) + (5% × 0.6) = 4.2%

39 〔정답해설〕

④ 토지의 시산가액은 11,261,000원/㎡이다.

   10,000,000원/㎡ × (0.95 × 0.98) × 0.96(획지) × 1.05(환경) × 1.2(그 밖의)

   = 11,261,376원(≒ 11,261,000원)

40 〔정답해설〕

④ 과수원의 주된 평가방식은 거래사례비교법이다(감정평가에 관한 규칙 제18조).

〔오답해설〕

① 감정평가에 관한 규칙 제2조 제1호

② 감정평가에 관한 규칙 제7조 제4항

③ 감정평가에 관한 규칙 제7조 제1항 및 제3항

⑤ 감정평가에 관한 규칙 제6조 제1항

정답

01 ②	02 ②	03 ⑤	04 ⑤	05 ①	06 ⑤	07 ③	08 ③	09 ①	10 ①
11 ③	12 ②	13 ①	14 ⑤	15 ④	16 ⑤	17 ③	18 ④	19 ④	20 ③
21 ⑤	22 ④	23 ④	24 ①	25 ④	26 ⑤	27 ④	28 ④	29 ①	30 ④
31 ③	32 ⑤	33 ③	34 ②	35 ②	36 ②	37 ①	38 ④	39 ②	40 ②

33회 계산문제 해설

01 〔정답해설〕

② 부동산학의 지식을 묻기보다는 보편적인 일반 상식을 출제한 것으로 판단된다. 자연으로서 토지는 인간의 노력에 의해 변화되고 극복될 수 있다.

02 〔정답해설〕

② 옳은 지문은 ㄱ, ㄷ, ㄹ이다.

ㄱ. 1필지의 토지를 2인 이상이 공동으로 소유하고 있는 토지(공유지)의 지분을 감정평가할 때에는 대상토지 전체의 가액에 지분비율을 적용하여 감정평가한다. 다만, 대상지분의 위치가 확인되는 경우에는 그 위치에 따라 감정평가할 수 있다.

ㄷ. 고압선 등이 통과하는 토지(선하지)는 통과전압의 종별, 고압선 등의 높이, 고압선 통과 부분의 면적 및 획지 안에서의 위치, 철탑 및 전선로의 이전가능성, 지상권설정 여부 등에 따른 제한의 정도를 고려하여 감정평가할 수 있다.

ㄹ. 맹지는 공로에 출입하기 위한 통로를 개설하기 위해 비용이 발생하는 경우에는 그 비용을 고려하여 감정평가한다. 다만, 다음 어느 하나에 해당하는 경우에는 해당 도로에 접한 것으로 보고 감정평가할 수 있다.

> 1. 토지소유자가 그 의사에 의하여 타인의 통행을 제한할 수 없는 경우 등 관습상 도로가 있는 경우
> 2. 지역권(도로로 사용하기 위한 경우) 등이 설정되어 있는 경우

〔오답해설〕

ㄴ. 일단지와 같이 용도상 불가분의 관계에 있는 2필지 이상의 토지는 2필지가 함께 가치를 형성한다고 할 수 있다. 따라서 2필지를 일괄하여 감정평가한다.

ㅁ. 환지방식에 따른 사업시행지구 안에 있는 토지(환지)는 다음과 같이 감정평가한다.

> 1. 환지처분 이전에 환지예정지로 지정된 경우에는 환지예정지의 위치, 확정예정지번, 면적, 형상, 도로접면상태와 그 성숙도 등을 고려하여 감정평가한다. 다만, 환지면적이 권리면적보다 큰 경우로서 청산금이 납부되지 않은 경우에는 권리면적을 기준으로 한다.
> 2. 환지예정지로 지정 전인 경우에는 종전 토지의 위치, 지목, 면적, 형상, 이용상황 등을 기준으로 감정평가한다.

03 정답해설

⑤ ㄱ : 부증성, ㄴ : 부동성, ㄷ : 개별성에 대한 설명으로 옳은 연결이다.

04 정답해설

⑤ 모두 옳은 지문이다.

- 부동성에 의해 부동산 시장은 지역적 시장으로 존재한다. 따라서 인근지역, 유사지역 등 지역을 강조하고 있기 때문에 '부동성은 인근지역과 유사지역의 분류를 가능하게 한다'는 옳은 지문이다.

05 정답해설

① 4사분면 모형에 의하면 장기균형에서 임대료(1사분면), 자산가격(2사분면), 건물의 신규 공급량(3사분면), 공간 재고(4사분면)가 결정된다.

> ▌4사분면 모형의 균형
> 1사분면 : 공간 재고량(단기 공급량)과 공간 수요에 의해 균형 임대료가 결정
> 2사분면 : 균형 임대료를 자본 환원하여 자산 가격이 결정
> 3사분면 : 자산 가격과 개별비용의 관계를 통해 신규 건설 공급량(건설량)이 결정
> 4사분면 : 신규 건설 공급량과 부동산 재고의 변동(멸실) 등에 의해 공간 재고량이 결정

오답해설

③ 투자자는 투자를 분석하거나 가치를 판단하는 경우에 자신의 요구수익률을 할인율 또는 환원율로 적용한다.

06 정답해설

⑤ 수요의 가격탄력성($\frac{36}{29}$)과 공급의 가격탄력성($\frac{24}{29}$)의 합은 $\frac{60}{29}$이다.

1. 균형을 측정하면 균형 가격(P)은 720, 균형 거래량(Q)은 1,160이다.

2. 수요의 가격탄력성 $= -\frac{dQ}{dP} \cdot \frac{P}{Q}$

   1) 수요함수를 가격에 대해 미분하면 $\frac{dQ}{dP} = -2$

   2) $-\frac{dQ}{dP} \cdot \frac{P}{Q} = -(-2) \cdot \frac{720}{1,160} = \frac{720}{580} = \frac{36}{29}$

3. 공급의 가격탄력성 $= \frac{dQ}{dP} \cdot \frac{P}{Q}$

   1) 공급함수를 가격에 대해 미분하면 $\frac{dQ}{dP} = \frac{4}{3}$

   2) $\frac{dQ}{dP} \cdot \frac{P}{Q} = \frac{4}{3} \cdot \frac{720}{1,160} = \frac{240}{290} = \frac{24}{29}$

4. 수요의 가격탄력성과 공급의 가격탄력성의 합 : $\frac{36}{29} + \frac{24}{29} = \frac{60}{29}$

07 　정답해설
　③ 옳은 묶음이다.
　　1. 직접개입방식 : 임대료상한제
　　2. 간접개입방식 : 개발부담금제, 부동산보유세, 부동산거래세, 담보대출규제, 부동산가격공시제도
　　3. 토지이용규제 : 지역지구제, 토지거래허가제
　　※ 주의 : 제시된 문제는 3분법(직접, 간접 및 토지이용규제)으로 정부의 개입방식을 구분하라는 것이다.
　　　　따라서 지역지구제와 토지거래허가제는 토지이용규제로 분류된다. 그러나 2분법(직접, 간접)으로 분류
　　　　하는 문제라면 토지이용규제는 간접개입방식에 포함시켜서 정답을 찾아야 함에 주의한다.

08 　정답해설
　③ 뢰쉬이론의 세부적인 전제조건까지 모두 이해할 필요는 없다. 다만 어떤 요인을 분석할 때에는 분석하고자
　　하는 요인을 제외한 다른 요인들은 변화가 없다고 가정함에 주의하여야 한다. 수요 측 요인을 분석하는 뢰쉬
　　이론은 비용과 관련된 요인은 모두 동일하다고 가정한다. 따라서 뢰쉬의 최대수요이론은 지역의 원자재는
　　균등하다고 가정하고 입지이론을 분석하였다.
　　㉠ 베버의 최소비용이론은 수요 측 요인은 동일하고, 비용 측 요인만이 지역에 따라 차이가 있다고 가정한다.
　　　그 결과 비용이 최소인 지점이 최적의 공업입지가 된다.
　　㉡ 뢰쉬의 최대수요이론은 공급 측 요인은 동일하고, 수요 측 또는 수입 측 요인만이 지역에 따라 차이가
　　　있다고 가정한다. 그 결과 수요가 최대인 지점이 최적의 공업입지가 된다.

　오답해설
　④ 아이사드는 입지이론에 대체원리를 결합시켜 이론을 설명하였다. 즉 자본이 노동을 대체할 수 있는 것처럼
　　최적 입지에 영향을 주는 요인과 대체될 수 있는 다양한 다른 생산요소들의 비용을 분석함으로써 입지이론을
　　설명하였다.
　⑤ 스미스는 최소비용이론과 최대수요이론을 종합하여 비용과 수입을 모두 고려하여 가장 이윤이 많이 발생되는
　　입지가 최적의 입지라고 설명하였다. 또한 종래의 입지이론이 최적 입지의 한 지점만을 찾으려고 한 것에
　　비해 이윤을 창출할 수 있는 공간적 한계구역(준최적입지)이라는 개념을 제시하고 그 구역에서는 어디에서나
　　공장이 입지할 수 있다고 설명하였다.

09 　정답해설
　① 옳은 지문이다. 초과이윤을 획득할 수 없는 경우에 할당 효율적 시장은 달성된다. 투자자가 얻는 초과이윤이
　　이를 발생시키는 데 소요되는 정보비용보다 크면, 즉 초과이윤이 있다면 할당(배분) 효율적 시장이 아니다.

　오답해설
　② 완전경쟁시장의 조건과 유사한 시장은 강성 효율적 시장이다.
　③ 부동산 시장은 불완전하더라도 할당(배분) 효율성을 달성할 수 있다.
　④ 강성 효율적 시장에서는 어떠한 정보를 이용하더라도 초과이윤을 획득할 수 없다.
　⑤ 준강성 효율적 시장이 약성 효율적 시장의 성격을 포함한다.

10 　정답해설
　① 옳은 지문이다. 주택이 노후화될 때 철거된다면 신규주택에 대한 정부의 지원은 비효율적이 된다. 여과과정이
　　일어나 주택이 노후화될 때 주택이 철거되지 않고 상대적으로 소득이 낮은 계층의 사용으로 전환된다면,
　　신규주택에 대한 정부지원은 보다 효율적이며 모든 소득계층에게 이득이 될 수 있다.

[오답해설]

② 고소득층 주거지역에서 주택개량을 통한 가치상승분이 주택개량비용보다 큰 경우라면, 고소득층 주거지역의 주택개량이 지속적으로 이루어진다. 그 결과 고소득층 주거지역의 주택가격은 하락하지 않기 때문에 하향여과는 발생하지 않는다.

③ 고가주택에 가까이 위치한 저가주택에는 정(+)의 외부효과가 발생한다.

④ 민간주택시장에서 가격수준이 낮은 주택, 즉 불량주택이 발생하는 것은 시장이 정상적으로 기능을 발휘하기 때문이다. 저소득층은 가격수준이 낮은 주택(불량주택)을 구입할 수 밖에 없기 때문에 시장은 가격수준이 낮은 불량주택을 제공하는 것이다.

⑤ 주거분리현상은 근린지역뿐만 아니라 도시지역 전체에서도 발생하는 보편적인 현상이다.

11 [정답해설]

③ 분양가상한제가 실시되면 분양을 받는 사람은 주변 시가보다 낮은 가격으로 주택을 분양받게 된다. 따라서 주변 시가와의 차이로 발생하는 가격상승의 이익, 즉 분양프리미엄을 갖기 위해 분양 투기가 발생한다. 이 경우 정부는 분양주택의 전매제한을 강화하여 분양 투기를 억제하려고 한다.

12 [정답해설]

② 소득의 재분배 정책이란 소득의 격차를 줄이기 위해 행하는 정부의 정책이다. 저소득층에게 공급하는 공공임대주택의 임대료는 민간임대주택의 임대료에 비해 낮기 때문에 저소득층이 상대적으로 혜택을 보고, 그 결과 소득의 격차가 줄어드는 간접효과가 발생한다. 따라서 임대주택의 공급은 소득의 재분배 효과가 있다.

13 [정답해설]

① (ㄱ)은 −260,000원이고, (ㄴ)은 +16,360,000원이다.
1. 추가 투자가 없었을 때의 NPV(ㄱ)
   1) 현금유입의 현가 : 4,000만원 × 0.952 + 3,000만원 × 0.906 + 4,000만원 × 0.862 = 9,974만원
   2) 현금유출의 현가 : 10,000만원
   3) 순현가(NPV) : −26만원
2. 추가 투자로 인한 NPV 증감(ㄴ)
   1) 현금유입의 증감 : 3,000만원 × 0.906 + 4,000만원 × 0.862 = 6,166만원
   2) 현금유출의 증감 : 5,000만원 × 0.906 = 4,530만원
   3) 순현가(NPV) 증감 : 6,166만원 − 4,530만원 = 1,636만원

14 [정답해설]

⑤ 옳은 지문이다. 위탁관리 부동산투자회사가 이익을 배당할 때에는 이익을 초과하여 배당할 수 있다(부동산투자회사법 제28조 제3항).

[오답해설]

① 70억원이 아니라 50억원 이상이다.
② 3억원이 아니라 5억원 이상이다.
③ 감정평가사 또는 공인중개사로서 해당 분야에 5년 이상 종사한 사람은 자기관리 부동산투자회사에 자산운용 전문인력이 될 수 있다.

④ 부동산투자회사는 최저자본금준비기간이 끝난 후에는 매 분기 말 현재 총자산의 100분의 80 이상을 부동산, 부동산 관련 증권 및 현금으로 구성하여야 한다. 이 경우 총자산의 100분의 70 이상은 부동산(건축 중인 건축물을 포함한다)이어야 한다(부동산투자회사법 제25조 제1항).

15 〉정답해설〉

④ 두 자산 간 상관계수가 음수(−)인 경우에 포트폴리오 위험절감효과가 높다.

〉오답해설〉

① 변동계수는 수익률을 올리기 위해 감수하는 위험의 비율로 표준편차를 기대수익률로 나눈 값이다.

> ▌변동계수(변이계수)
>
> 1. 변동계수(변이계수) $= \dfrac{위험(표준편차)}{수익(기대수익률)}$
> 2. 변동계수는 수익 1단위를 얻기 위해 감당해야 할 위험의 크기를 의미한다. 따라서 변동계수는 작은 수치일수록 선호되는 대안이 된다.
> 3. 변동계수는 평균·분산 지배원리로 투자대안을 선택할 수 없는 경우에 보조지표로 활용된다.

⑤ 투자안의 기대수익률이 요구수익률보다 높으면 해당 투자안의 수요증가로 부동산 가격이 상승한다. 따라서 투자자는 더 많은 금액을 투입해야 하기 때문에 기대수익률은 낮아져 요구수익률에 수렴한다.

16 〉정답해설〉

⑤ 옳은 지문이다.

〉오답해설〉

① 투자 규모가 상이한 여러 투자대안을 분석할 때, 어떤 대안이 수익성지수가 가장 크다고 해서 순현재가치도 가장 크다고 할 수 없다.

② 수익률(내부수익률)은 합산되는 것이 아니다. 즉 A의 수익률이 10%이고, B의 수익률이 6%일 때, A와 B를 결합한 투자의 수익률이 17%가 되는 것이 아니라 8%가 된다. 따라서 A, B를 결합한 새로운 투자안의 내부수익률(IRR)은 A의 내부수익률과 B의 내부수익률을 합한 값이 될 수 없다.

구분	A	B	A+B
투자금액	100	100	200
수익	10	6	16
수익률	10%	6%	8%

③ 순현재가치법과 수익성지수법은 모두 할인법으로 화폐의 시간가치를 고려하는 방식이다.

④ 내부수익률은 존재하지 않거나, 복수가 산정될 수 있다. 따라서 단일의 내부수익률만 대응되는 것은 아니다.

17 〉정답해설〉

③ 어떤 방식이든 차입자가 지급한 총누적원금(총원금)은 대출금액과 동일하다. 따라서 차입자의 총원리금상환액은 차입자가 부담하는 총누적이자(총이자지급액)에 의해 결정된다. 차입자의 이자부담의 정도는 원금을 보다 빠르게 상환하는 원금균등분할상환방식이 원리금균등분할상환방식보다 적다.

오답해설

④ 총부채상환비율(DTI)은 소득대비 원리금 상환액의 크기를 의미한다. 따라서 소득변경이 없는 경우 원금균등상환방식의 DTI(원리금)는 만기에 가까워질수록 낮아진다.

⑤ 총부채상환비율(DTI)은 소득대비 원리금 상환액의 크기를 의미한다. 따라서 소득변경이 없는 경우 원리금균등상환방식의 DTI(원리금)는 일정하게 유지된다.

18 **정답해설**

④ 대출잔액은 36,028만원이다.

1. 매기 원리금상환액
   1) 대출금액 × 저당상수(0.5%, 180월) = 대출금액 ÷ 연금현가계수(0.5%, 180월) = 매기(월) 상환액
   2) 47,400만원 ÷ 118.50 = 400만원
2. 5년 후 대출잔금
   1) 매기(월) 상환액 × 연금현가계수(0.5%, 120월) = 대출잔금
   2) 400만원 × 90.07 = 36,028만원

19 **정답해설**

④ A, B, C의 크기 순서는 'B > C > A'이다.

1. A : (250만원 × 4.212) ÷ 1.06 = 993.396만원
   1) A안의 현금흐름

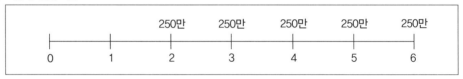

   2) "2년 말부터 5년 동안 지급하는 연금(250만원)에 연금의 현재가치계수(4.212)를 곱하여 산정한 금액(250만원 × 4.212)"은 1년 말 시점의 금액이다. 따라서 문제에서 제시된 현재가치를 구하기 위해서는 1년의 기간을 다시 할인[(250만원 × 4.212) ÷ 1.06]하여야 한다.
2. B : 200만원 × 5.637 = 1,127.4만원
   1) B안의 현금흐름

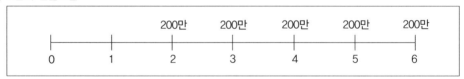

   2) "2년 말부터 5년 동안 지급하는 연금(200만원)에 연금의 미래가치계수(5.637)를 곱하여 산정한 금액(200만원 × 5.637)"은 6년 말 시점의 금액이다. 그리고 이 금액은 6년 말 시점을 기준으로 측정된 연금의 미래가치와 동일하다.
3. C : 40만원 ÷ (0.06 − 0.02) = 1,000만원

$$PV(\text{성장형 연금}) = \frac{C}{r-g} \ (\text{단, } r > g)$$

20 〔정답해설〕

③ MBB의 경우, 발행자가 채무불이행위험(소유권)을 부담한다.

	MPTS	MBB	MPTB / CMO
성격	지분형	채권형	혼합형
소유권(채무불이행위험)	투자자	발행자	발행자
원리금 수취권	투자자	발행자	투자자
조기상환위험	투자자	발행자	투자자

21 〔정답해설〕

⑤ 총부채상환비율(DTI)과 총부채원리금상환비율(DSR)은 소득을 기준으로 대출(위험)을 평가하는 지표이다. 반면 담보인정비율(LTV)은 담보물의 가치를 기준으로 대출(위험)을 측정하는 지표이다.

〔오답해설〕

① 듀레이션(가중평균 회수기간)은 보다 빠르게 상환하는 방식일수록 보다 짧게 측정된다. 따라서 원금을 가장 천천히 상환하는 만기일시상환대출의 듀레이션은 길고, 상대적으로 원금을 빠르게 상환하는 원리금균등분할 상환방식의 듀레이션은 짧다.

② 실효이자율이란 대출계약에서 명시된 이자율이 아니라 차입자가 실질적으로 부담하는 이자율을 말한다. 대출 수수료와 조기상환수수료를 부담하는 경우라면 차입자가 부담하는 실효이자율은 상승한다.

22 〔정답해설〕

④ 옳은 수식이다.

1. 연금의 현재가치 공식 : $\dfrac{(1+r)^n - 1}{r(1+r)^n}$ 또는 $\dfrac{1 - (1+r)^{-n}}{r}$

2. 월 금리(r) : '0.06 ÷ 12', 기간(n) : '30년 × 12월'

23 〔정답해설〕

④ 투자의 위험관리와 프로젝트 파이낸싱 등의 업무는 자산관리(A.M)의 내용이다. 재산관리(P.M)는 부동산관리 또는 임대차관리라고도 하는데, 부동산 전체의 임대차 수익을 극대화하고자 하는 관리이다.

▌시설관리, 재산관리(P.M), 자산관리(A.M)
1. 시설관리 : 시설의 유지 및 보수를 목적으로 하는 관리이다.
2. 임대차관리 : 부동산 임대차 수익의 극대화를 목적으로 하는 관리이다.
3. 자산관리
　　㉠ 다양한 방법으로 자산의 가치를 증가시키고자 하는 관리이다.
　　㉡ 포트폴리오, 매입 및 매각, 프로젝트 대출, 재개발, 리모델링 등을 내용으로 한다.

〔오답해설〕

③ 생애주기상 노후단계는 물리적·기능적 상태가 급격히 악화되기 시작하는 단계로 리모델링을 통하여 가치를 올릴 수 있다.

▌ 건물의 생애주기
1. 개발 전 단계 : 개발되기 전의 토지 상태를 의미한다.
2. 신축단계 : 건물의 물리적 유용성이 가장 높은 단계이다.
3. 안정단계 : 신축이 끝난 이후의 단계로, 안정단계에서 건물을 얼마나 유지·수선하는지에 따라 건물의 전체 내용연수가 결정된다.
4. 노후단계 : 건물이 급격히 노후화되는 시기로 재건축, 리모델링 등이 고려된다.
5. 폐기단계

⑤ 건물의 이용에 의한 마멸, 파손, 노후화, 우발적 사고 등으로 사용이 불가능할 때까지의 기간을 물리적 내용연수라고 한다.

▌ 건물의 내용연수에 미치는 영향
1. 물리적 내용연수 : 시간의 흐름, 작동이나 사용으로 인한 소모, 재해로 인한 파손
2. 기능적 내용연수 : 설계의 불량, 설비의 과대 또는 과소 등 내부 구성요소의 균형 여부
3. 경제적 내용연수 : 인근지역의 변화, 외부환경의 변화 등 외부환경과의 적합 여부

24 정답해설
① 옳은 지문이다.

오답해설
② 혼합관리방식은 문제가 발생하는 경우, 관리의 책임소재가 불분명한 단점이 있다. 따라서 관리자들 간의 협조가 긴밀하다고 할 수 없다.
③ 관리업무의 타성(게으름)을 방지할 수 있는 방식은 위탁관리방식이다.
④ 기밀 및 보안 유지에 유리한 방식은 자기관리방식이다.
⑤ 혼합관리방식은 관리문제 발생 시 책임소재가 불명확하다는 단점이 있다.

25 정답해설
④ 옳은 지문은 'ㄱ, ㄷ, ㄹ'이다.

오답해설
ㄴ. 혼합방식이 아니라 환지방식에 대한 설명이다.

26 정답해설
⑤ AIDA 원리는 주의(Attention), 관심(Interest), 욕망(Desire), 행동(Action)의 단계를 순차적으로 거친다.

27 〔정답해설〕

④ 옳은 연결이다.

> ▌시장성 분석과 민감도 분석
> 1. 시장성 분석
>   ① 현재나 미래의 시장상황에서 매매 또는 임대될 수 있는 가능성을 분석하는 방법이다.
>   ② 현재나 미래 시장에서 개발된 부동산이 얼마나 빠르고 많이 시장에 매매 또는 임대될 수 있는 지, 즉 흡수율을 분석한다.
> 2. 민감도 분석(감응도 분석, 낙비쌍관법)
>   ① 투입 요소(원인)와 결과의 관계를 분석하는 방법이다.
>   ② 원인의 변화를 낙관적 상황과 비관적 상황으로 구분하여 분석한다.

28 〔정답해설〕

④ 에스크로 제도는 일반적으로 전문 에스크로 회사에 의해 이루어진다. 그러나 은행이나 신탁회사 등도 회사 안에 별도의 에스크로 부서를 설치하고 업무를 하기도 한다.

29 〔정답해설〕

① 순가중개계약에서는 매도자가 제시한 가격을 초과하여 거래가 이루어진 경우 그 초과액을 개업공인중개사의 중개보수로 지급하는 계약이다. 초과액을 매도자와 개업공인중개사가 나누어 갖는 것이 아니다.

30 〔정답해설〕

④ (오류로 판정된 문제를 수정하여 수록하였음) 개업공인중개사가 확인 · 설명해야 할 사항은 '권리를 취득함에 따라 부담하여야 할 조세의 종류 및 세율'이다.

> ▌중개대상물의 확인 · 설명 등(공인중개사법 제25조)
> ① 개업공인중개사는 중개를 의뢰받은 경우에는 중개가 완성되기 전에 다음 각 호의 사항을 확인하여 이를 해당 중개대상물에 관한 권리를 취득하고자 하는 중개의뢰인에게 성실 · 정확하게 설명하고, 토지대장 등본 또는 부동산종합증명서, 등기사항증명서 등 설명의 근거자료를 제시하여야 한다.
>   ㉠ 해당 중개대상물의 상태 · 입지 및 권리관계
>   ㉡ 법령의 규정에 의한 거래 또는 이용제한사항
>   ㉢ 그 밖에 대통령령으로 정하는 사항
>   1. 중개대상물의 종류 · 소재지 · 지번 · 지목 · 면적 · 용도 · 구조 및 건축연도 등 중개대상물에 관한 기본적인 사항
>   2. 소유권 · 전세권 · 저당권 · 지상권 및 임차권 등 중개대상물의 권리관계에 관한 사항
>   3. 거래예정금액 · 중개보수 및 실비의 금액과 그 산출내역
>   4. 토지이용계획, 공법상의 거래규제 및 이용제한에 관한 사항
>   5. 수도 · 전기 · 가스 · 소방 · 열공급 · 승강기 및 배수 등 시설물의 상태
>   6. 벽면 · 바닥면 및 도배의 상태
>   7. 일조 · 소음 · 진동 등 환경조건
>   8. 도로 및 대중교통수단과의 연계성, 시장 · 학교와의 근접성 등 입지조건
>   9. 중개대상물에 대한 권리를 취득함에 따라 부담하여야 할 조세의 종류 및 세율

31 정답해설〉

③ 조세부과로 인한 경제적 순손실은 240억원이다.

  1. 조세를 부과하기 전의 균형 거래량

    1) 수요자 가격$(1,200 - \frac{1}{2}Q)$ = 공급자 가격$(400 + \frac{1}{3}Q)$, Q = 960

    2) 균형 거래량(QE) : 960만호

  2. 조세의 부과로 인한 거래량 감소

    1) $(1,200 - \frac{1}{2}Q) - (400 + \frac{1}{3}Q)$ = 20(조세), Q = 936

    2) 감소되는 거래량 : 960만호 − 936만호 = 24만호

  3. 사회적 손실(▶부분 면적) : (20만 × 24만호) ÷ 2 = 240억원

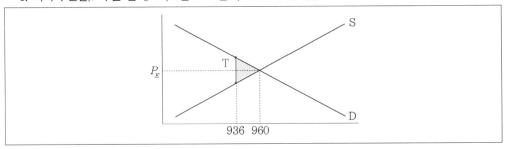

32 정답해설〉

⑤ 제시된 내용은 모두 재산세와 관련된다. 특히 부동산 조세 중에 정부가 부과하고 징수(보통징수)하는 세금은 재산세와 종합부동산세이다. 이 점에 착안하여 선택하는 것이 요령이다.

33 정답해설〉

③ 권리보증이 아니라 판독에 대한 설명이다.

34 정답해설〉

② 옳은 묶음이다. 유치권과 점유권은 등기할 수 없는 권리로 등기능력이 없는 것으로 분석한다.

35 정답해설〉

② 적산법은 대상 물건의 기초가액에 기대이율을 곱하여 산정된 기대수익에 대상 물건을 계속하여 임대하는 데에 필요한 경비를 더한다.

36 정답해설〉

② 할인법에 의한 수익가액은 1,877,310,000원이다.

  1. 보유기간 현금흐름의 현재가치

    1) 보유기간 현금흐름은 보유기간(5년) 동안 발생하는 순영업소득의 현가이다.

2) 순영업소득의 현가 : 순영업소득 × 연금현가계수(5%, 5년)
  = 9,000만원 × 4.329 = 38,961만원

2. 기간 말 현금흐름의 현가
  1) 5년 말 매도를 통한 발생하는 현금흐름의 현가이다.
  2) 추정 매도가액 : 6기 순영업소득 ÷ 기출환원율 = 10,000만원 ÷ 0.05 = 200,000만원
  3) 추정 매도비용 : 200,000만원 × 0.05 = 10,000만원
  4) 기간 말 현금흐름의 현가 : 190,000만원 × 일시불현가계수(5%, 5년)
    = 190,000만원 × 0.783 = 148,770만원

3. 할인법에 의한 수익가액 : 38,961만원 + 148,770만원 = 187,731만원

37 정답해설

① 운영경비에 감가상각비가 포함되었다면 운영경비와 함께 감가상각비가 소득에서 차감된다. 즉 산정된 순수익은 상각 후 순수익이 된다. 따라서 상각 후 환원율을 적용한다.
  1. 운영경비에 감가상가비가 포함된다면 감가상각비가 제외된(상각된) 순수익, 즉 상각 후 순수익이 된다.
  2. 상각 후 순수익은 상각 후 환원율을 적용한다.

오답해설

② 직접환원법에서 사용할 환원율은 시장추출법으로 구하는 것을 원칙으로 한다. 다만, 시장추출법의 적용이 적절하지 않은 때에는 요소구성법, 투자결합법, 유효총소득승수에 의한 결정방법, 시장에서 발표된 환원율 등을 검토하여 조정할 수 있다.

③ 재매도가치는 보유기간 경과 후 초년도의 순수익을 추정하여 최종환원율로 환원한 후 매도비용을 공제하여 산정한다.

38 정답해설

④ C토지 거래금액은 21% 고가로 거래되었다.
  1. 거래사례(C토지) 거래금액 : 100만/㎡
  2. 100만/㎡(C토지 거래금액) × 사정보정치 × 1.1 × 1.1 = 100만/㎡(B토지 비준가액)
  3. 사정보정치 : 0.8264
  4. 사정보정률(a) : $\dfrac{1}{(1 + a)} = 0.8264$, a = 21%

39 정답해설

② 적정한 실거래가란 부동산 거래신고에 관한 법률에 따라 신고된 실제 거래가격으로서 거래시점이 도시지역은 3년 이내, 그 밖의 지역은 5년 이내인 거래가격 중에서 감정평가법인 등이 인근지역의 지가수준 등을 고려하여 감정평가의 기준으로 적용하기에 적정하다고 판단하는 거래가격을 말한다.

40 정답해설

② 건물의 연간 감가율은 2%이다.
  1. 순수익(상각 전)
    1) 유효총소득 : (600만원 × 12월) − 1,200만원 = 6,000만원

2) 순영업소득 : 6,000만원 × (1 − 0.2) = 4,800만원
2. 환원율(상각 전) : 4,800만원 ÷ 80,000만원 = 0.06(6%)
3. 건물의 연간 감가율
   1) 토지환원율 : 5%
   2) 건물환원율(상각 전) : 5%(상각 후 환원율) + a(연간 감가율)
   3) 종합환원율 : (5% × 0.5) + {(5% + a) × 0.5} = 6%, a = 2%

2021년 제32회 정답 및 해설

정답

01 ⑤	02 ②	03 ②	04 ⑤	05 ④	06 ③	07 ④	08 ⑤	09 ③	10 ②
11 ②	12 ①	13 ②	14 ②	15 ⑤	16 ④	17 ④	18 ③	19 ①	20 ①
21 ③	22 ①	23 ⑤	24 ②	25 ③	26 ④	27 ①	28 ⑤	29 ①	30 ④
31 ⑤	32 ⑤	33 ②	34 ③	35 ③	36 ④	37 ①	38 ④	39 ④	40 ③

32회 계산문제 해설

01 정답해설

⑤ 지문은 '복합 개념'에 대한 설명이다. '복합 부동산'은 토지와 건물이 하나로 결합되어 활동의 대상이 되는 것을 의미한다.

02 정답해설

② 옳은 지문이다.

오답해설

① 필지는 법률적 개념으로 토지의 등기·등록의 단위이다. 가격수준이 비슷한 일단의 토지는 획지이다.
③ 나지가 아니라 공지에 대한 설명이다.
④ 지가를 공시하기 위해 국토교통부장관이 선정한 토지는 표준지이다.
⑤ 택지 이용의 최원방권의 토지는 택지한계지이다.

03 정답해설

② 옳은 지문은 ㄴ, ㄷ이다.

오답해설

ㄱ. 부증성이 있더라도 용도 전환 등을 통한 토지의 용도적 공급은 가능하다.
ㄹ. 부동성으로 인해 외부효과가 발생한다.

04 정답해설

⑤ 수요의 가격탄력성이 비탄력적이면 가격의 변화율보다 수요량의 변화율이 더 작다.

오답해설

① 수요곡선 기울기는 가격변화량과 수요변화량의 비율이므로, 수요곡선 기울기의 절댓값이 크다는 것은 가격이 변화할 때 수요변화량이 작다는 의미이다. 즉 기울기의 절댓값이 클수록 수요의 가격탄력성은 작아진다.

05 정답해설 >

④ A부동산 시장은 수렴형이고, B부동산 시장은 발산형이다.
   1. A부동산 시장
      수요곡선 기울기의 절댓값(1) < 공급곡선 기울기의 절댓값(2) : 수렴형
   2. B부동산 시장
      수요곡선 기울기의 절댓값(2) > 공급곡선 기울기의 절댓값(0.5) : 발산형

06 정답해설 >

③ 동심원 이론의 노동자 주거지대에 대한 설명이다. 노동자 주거지대는 중심업무지구에 직장 및 생활 터전이 있어 중심업무지구에 근접하여 거주하는 주거지대를 말한다. 점이지대는 서로 다른 특성을 가진 두 지역의 사이에 있는 지역으로 두 지역의 특성이 모두 나타나는 지대이다.

07 정답해설 >

④ 정보의 현재 가치는 6,600만원이다.
   1. 1년 후 정보 가치
      1) 정보가 있는 경우 달성 가능한 토지 가치 : 275,000,000원
      2) 정보가 없는 경우 달성 가능한 토지 가치 : 202,400,000원
         (275,000,000원 × 0.6) + (93,500,000원 × 0.4) = 202,400,000원
      3) 정보 가치[1) - 2)] : 72,600,000원
   2. 정보의 현재 가치
      72,600,000원 ÷ 1.1 = 66,000,000원

08 정답해설 >

⑤ 옳은 지문이다.

오답해설 >

① 부동산 시장은 일반상품의 시장과 달리 조직성을 갖지 않는다(시장의 비조직성).
② 지리적 위치의 고정성(부동성)은 자연적 특성이다.
③ 부동산 시장은 매매의 장기성으로 인하여 유동성과 환금성이 좋지 않다.
④ 거래 정보가 비대칭적이기 때문에 정보수집이 어렵고 보다 은밀한 거래가 이루어진다.

09 정답해설 >

③ 균형 가격(P)은 100 감소하고, 균형 거래량(Q)은 50 증가한다.

   1. 단기 시장의 균형 : 수요량$(400 - \frac{1}{2}P)$ = 공급량(300)

      ∴ P = 200, Q = 300

   2. 장기 시장의 균형 : 수요량$(400 - \frac{1}{2}P)$ = 공급량(P + 250)

      ∴ P = 100, Q = 350

10 정답해설

② 옳은 지문은 1개이다.
- 개별주택 가격의 공시기준일이 6월 1일인 경우도 있다. 시장·군수 또는 구청장은 공시기준일 이후에 토지의 분할·합병이나 건축물의 신축 등이 발생한 경우에는 대통령령으로 정하는 날(사유에 따라 그 해 6월 1일 또는 다음 해 1월 1일)을 기준으로 하여 개별주택 가격을 결정·공시하여야 한다(부동산 가격공시에 관한 법률 제17조 제4항).

오답해설

- 표준주택 가격의 조사, 평가는 한국부동산원이 담당한다. 국토교통부장관은 표준주택 가격을 조사·산정하고자 할 때에는 「한국부동산원법」에 따른 한국부동산원에 의뢰한다(부동산 가격공시에 관한 법률 제16조 제4항).
- 공동주택 가격의 공시권자는 국토교통부장관이다. 국토교통부장관은 공동주택 가격을 조사·산정하여 중앙부동산가격공시위원회의 심의를 거쳐 공시하고, 이를 관계 행정기관 등에 제공하여야 한다(부동산 가격공시에 관한 법률 제18조 제1항).
- 표준지공시지가는 표준지의 사용·수익을 제한하는 사법상의 권리가 설정되어 있는 경우 이를 없는 것으로 보고 평가한다. 표준지의 평가에 있어서 그 토지에 건물이나 그 밖의 정착물이 있거나 지상권 등 사용·수익을 제한하는 사법상의 권리가 설정되어 있는 경우에는 그 정착물 등이 없는 토지의 나지상태를 상정하여 평가한다(표준지공시지가 조사·평가기준).
- 표준지공시지가는 감정평가법인 등이 개별적으로 토지를 감정평가하는 경우에 기준이 된다. 표준지공시지가는 토지시장에 지가정보를 제공하고 일반적인 토지거래의 지표가 되며, 국가·지방자치단체 등이 그 업무와 관련하여 지가를 산정하거나 감정평가법인등이 개별적으로 토지를 감정평가하는 경우에 기준이 된다(부동산 가격공시에 관한 법률 제9조).

11 정답해설

② 지형지세는 급경사이고, 도로접면은 중로한면이다.

ㄱ. 지형지세

저지	간선도로 또는 주위의 지형지세보다 현저히 낮은 지대의 토지
평지	간선도로 또는 주위의 지형지세와 높이가 비슷하거나 경사도가 미미한 토지
완경사지	간선도로 또는 주위의 지형지세보다 높고 경사도가 15° 이하인 지대의 토지
급경사지	간선도로 또는 주위의 지형지세보다 높고 경사도가 15°를 초과하는 지대의 토지
고지	간선도로 또는 주위의 지형지세보다 현저히 높은 지대의 토지

ㄴ. 도로접면(한면 기준)

광대로한면	폭 25m 이상의 도로에 한면이 접하고 있는 토지
중로한면	폭 12m 이상 25m 미만 도로에 한면이 접하고 있는 토지
소로한면	폭 8m 이상 12m 미만의 도로에 한면이 접하고 있는 토지
세로한면(가)	자동차 통행이 가능한 폭 8m 미만의 도로에 한면이 접하고 있는 토지

12 정답해설

① 옳은 연결이다.
토지거래허가제 – 「부동산 거래신고 등에 관한 법률」 제10조(국토교통부장관 또는 시·도지사는 국토의 이용 및 관리에 관한 계획의 원활한 수립과 집행, 합리적인 토지 이용 등을 위하여 토지의 투기적인 거래가 성행하거나 지가가 급격히 상승하는 지역과 그러한 우려가 있는 지역으로서 대통령령으로 정하는 지역에 대해서는 5년 이내의 기간을 정하여 토지거래계약에 관한 허가구역으로 지정할 수 있다.)

② 검인계약서제 –「부동산등기 특별조치법」제3조(계약을 원인으로 소유권이전등기를 신청할 때에는 계약서에 검인신청인을 표시하여 부동산의 소재지를 관할하는 시장·군수 또는 그 권한의 위임을 받은 자의 검인을 받아 관할등기소에 이를 제출하여야 한다.)

③ 토지은행제 –「공공토지의 비축에 관한 법률」제2조 제3호(토지은행이란 공공토지의 비축 및 공급을 위하여 한국토지주택공사에 설치하는 토지은행계정을 말한다.)

④ 개발부담금제 –「개발이익 환수에 관한 법률」제2조 제4호(개발부담금이란 개발이익 중 이 법에 따라 시장·군수·구청장이 부과·징수하는 금액을 말한다.)

⑤ 분양가상한제 –「주택법」제57조(사업주체가 일반인에게 공급하는 공동주택 중 다음 어느 하나에 해당하는 지역에서 공급하는 주택의 경우에는 이 조에서 정하는 기준에 따라 산정되는 분양가격 이하로 공급하여야 한다.)

> 1. 공공택지
> 2. 공공택지 외의 택지에서 주택가격 상승 우려가 있어 국토교통부장관이 주거정책심의위원회의 심의를 거쳐 지정하는 지역

13 정답해설

② 준주거지역(ㄴ), 준공업지역(ㄷ)은 지정가능한 용도지역이다.
  1. 주거지역 : 전용주거지역, 일반주거지역, 준주거지역
  2. 상업지역 : 중심상업지역, 일반상업지역, 근린상업지역, 유통상업지역
  3. 공업지역 : 전용공업지역, 일반공업지역, 준공업지역
  4. 녹지지역 : 보전녹지지역, 생산녹지지역, 자연녹지지역

14 정답해설

② 옳은 지문은 1개(ㅁ)이다.
  ㅁ. 가구소득 대비 주택가격비율(PIR; Price to Income Ratio)은 중위 주택가격을 가구의 중위소득으로 나눈 비율이다. PIR은 주택가격의 적정성을 측정하는 지표 또는 가구의 주택지불능력을 측정하는 지표이다.

$$PIR = \frac{중위\ 주택가격}{중위\ 가구\ 소득}$$

ㄱ. 부동산 정책이 오히려 시장상황을 악화시키는 것은 정부 실패라 한다.

ㄴ. 법령상 도입순서는 부동산실명제(1995년)가 부동산거래신고제(2006년)보다 빠르다.

ㄷ. 택지소유상한제는 현재 폐지된 제도이다.

ㄹ. 분양가상한제는 정부가 가격을 직접 통제하는 직접 개입수단이고, 개발부담금 등 조세 및 부담금 제도는 간접 개입수단이다.

15 정답해설

⑤ 영업경비비율[영업경비(2,000만원) ÷ 유효총소득(3,000만원)]은 약 0.66(66%)이다.

> 1. 현금흐름 분석
>   1) 가능총소득 : 4,000만원
>   2) 유효총소득 : 4,000만원 − 1,000만원(공실 및 대손) = 3,000만원
>   3) 순영업소득 : 3,000만원 − 2,000만원(영업경비) = 1,000만원
> 2. 기타 분석
>   1) 영업경비 : 2,000만원
>   2) 부채서비스액(원리금상환액) : 1,000만원

오답해설

① 부채감당률(DCR) : 순영업소득(1,000만원) ÷ 부채서비스액(1,000만원) = 1.0
② 채무불이행률(DR) : {영업경비(2,000만원) + 부채서비스액(1,000만원)} ÷ 유효총소득(3,000만원) = 1.0
③ 총부채상환비율(DTI) : 원리금상환액(1,000만원) ÷ 차입자의 연소득(5,000만원) = 0.2
④ 부채비율(debt ratio) : 부채(2억원) ÷ 자기자본(2억원) = 1.0

16 정답해설

④ 내부수익률은 5.45%이다.
1. 순현가가 0이 되기 위해서는 현금 유입의 현재 가치는 300,000천원이 되어야 한다.

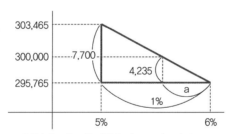

2. 현금 유입의 현가가 300,000천원이 되는 할인율은 (6 − a)%이다.
3. 보간법에 의한 a의 크기

$$\frac{1\%}{7,700} = \frac{a}{4,235}, \quad a = \frac{4,235}{7,700} = 0.55\%$$

4. 순현가를 0으로 만드는 할인율 : 6% − 0.55% = 5.45%

17 〈정답해설〉

④ 투자자가 위험선호형이라면 보다 높은 위험을 선택한다. 따라서 고위험-고수익 포트폴리오가 최적 포트폴리오가 된다.

〈오답해설〉

⑤ 기울기와 위험프리미엄의 관계

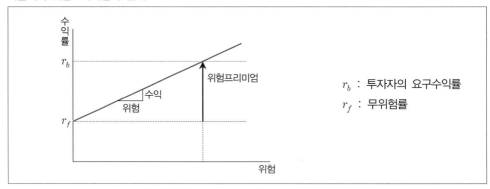

r_b : 투자자의 요구수익률

r_f : 무위험률

18 〈정답해설〉

③ 옳은 지문은 ㄹ, ㅁ이다.

〈오답해설〉

ㄱ. 수익성지수(= 현금유입 현가 ÷ 현금유출 현가)는 1.25(= 5,000만 ÷ 4,000만)이다.

ㄴ. 내부수익률은 순현재가치를 0으로 만드는 할인율이다. 또는 내부수익률은 수익성지수를 1로 만드는 할인율이다.

ㄷ. 재투자율로 내부수익률법에서는 내부수익률을 사용하지만, 순현재가치법에서는 요구수익률을 사용한다.

19 〈정답해설〉

① 옳은 지문이다. 연금의 현재가치 계수$[\frac{(1+r)^n-1}{r \cdot (1+r)^n}]$에 일시불의 미래가치 계수$[(1+r)^n]$를 곱하면 연금의 미래가치 계수$[\frac{(1+r)^n-1}{r}]$가 된다.

〈오답해설〉

② 원리금 균등 분할 상환 방식에서 매 기간의 원리금 상환액을 계산할 경우 저당상수를 사용한다.

③ 기말에 일정 누적액(기금)을 만들기 위해 매 기간마다 적립해야 할 금액을 계산할 경우에는 감채기금 계수를 사용한다.

④ 연금의 미래가치 계수$[\frac{(1+r)^n-1}{r}]$에 일시불의 현재가치 계수$[\frac{1}{(1+r)^n}]$를 곱하면 연금의 현재가치 계수$[\frac{(1+r)^n-1}{r \cdot (1+r)^n}]$가 된다.

⑤ 저당상수$[\frac{r \cdot (1+r)^n}{(1+r)^n-1}]$와 연금의 현재가치 계수$[\frac{(1+r)^n-1}{r \cdot (1+r)^n}]$는 역수의 관계에 있다. 따라서 저당상수에 연금의 현재가치 계수를 곱하면 1이 된다.

20 정답해설

① 옳은 지문이다.

    1. 역모기지의 대표적인 사례로 주택연금이 있다. 일반적인 대출은 초기에 큰 금액을 대출받고 원리금을 상환
할수록 대출잔금이 감소하는 형태이다. 그러나 주택연금은 주택연금을 받을수록 대출잔금이 증가하는 역
모기지의 구조이다.

    2. 주택연금은 담보로 제공된 주택을 처분하여 연금으로 지급한 대출금을 상환받는데, 처분된 주택가격이
대출금을 갚기에 부족하더라도 상속인에게 이를 청구하지 않는다. 따라서 비소구 금융의 특징을 갖는다.

오답해설

② 가치상승공유형 대출(SAM : Shared Appreciation Mortgage)은 대출금리를 상대적으로 낮게 하는 대신에
담보물의 가치상승 일부분을 은행이 취득하는 조건의 대출이다.

③ 현물출자와 최저 자본금은 기업구조조정 부동산투자회사에도 적용된다.

> ▌기업구조조정 부동산투자회사에 관한 특례(부동산투자회사법 제49조의2)
> 1. 기업구조조정 부동산투자회사에 대하여는 다음 사항을 적용하지 아니한다.
>   1) 주식의 공모
>   2) 주식의 분산
>   3) 부동산 처분 제한
>   4) 자산의 구성
> 2. 국토교통부장관은 기업구조조정 부동산투자회사의 등록을 하려는 경우에는 미리 금융위원회의 의
> 견을 들어야 한다.

④ 저당담보부증권(MBS)은 부채 금융으로 분류되나 조인트벤처(joint venture)는 지분 금융으로 분류된다.

⑤ 주택연금과 농지연금은 시행되고 있지만, 역모기지 성격의 산지연금은 현재 시행되고 있지 않다.

    ※ 산림청에서 현재 산지연금이라는 제도를 시행하고 있는데, 이는 산림청이 시세보다 높은 금액으로 산지를
매수하고 그 매수대금을 장기로 분할해서 지급하는 제도이다. 따라서 주택이나 농지를 담보로 제공하고
생활비를 대출받는 역모기지 성격은 아님에 주의하여야 한다.

21 정답해설

③ 부동산개발PF ABCP는 일반적으로 3개월 만기로 발행되는 단기 상품이다.

오답해설

① MPTS의 경우, 주택저당채권의 모든 권리와 의무를 투자자가 부담한다. 따라서 MPTS는 유동화기관(한국주택
금융공사 또는 발행자)의 부채로 표기되지 않는다.

④ MPTS의 현금흐름은 유동화 기초가 되는 주택저당채권의 현금흐름에 의존한다. 즉 주택저당채권으로부터
발생하는 현금흐름(원리금)이 MPTS의 현금흐름으로 이전된다. 따라서 유동화기관의 자금관리 필요성이 원칙
적으로 제거된다.

⑤ MBB의 경우, 주택저당채권의 모든 권리와 의무를 유동화기관이 부담한다. 따라서 주택저당대출 차입자의
채무불이행이 발생하더라도 유동화기관(발행자)은 MBB에 대한 원리금을 투자자에게 지급하여야 한다.

22 정답해설

① 부동산 관련 분야의 전문가가 자산운용 전문인력이 된다. 공인회계사는 부동산 관련 분야의 전문가라고 할
수 없다.

23 정답해설〉

⑤ 두 조건에 의해 처음으로 상환하는 원금의 차이(A−B)는 62,400원이다.
  1. (A) 5년 거치기간이 있는 경우(5년 거치기간 동안에는 이자만 지급하고, 5년 이후부터 원리금을 균등하게 상환하는 경우이므로, 거치기간이 끝난 5년 후부터 원금이 상환된다.)
      1) 원리금 : 120,000,000원 × 0.00474(월 저당상수 300개월) = 568,800원
      2) 이자 : 120,000,000원 × 0.03 ÷ 12월 = 300,000원
      3) 원금 : 268,800원
  2. (B) 거치기간이 없는 경우
      1) 원리금 : 120,000,000원 × 0.00422(월 저당상수 360개월) = 506,400원
      2) 이자 : 120,000,000원 × 0.03 ÷ 12월 = 300,000원
      3) 원금 : 206,400원
  3. 두 원금의 차이 : 62,400원

24 정답해설〉

② (평가사 시험의 수준을 벗어나는 지문이므로 한번 확인하고 넘기십시오.)
  채권에서 풋옵션(put option)은 조기상환청구권을 의미하고, 조기상환권은 콜옵션을 의미한다.

25 정답해설〉

③ 신탁증서대출 또는 담보신탁에 대한 설명이다.

26 정답해설〉

④ 건폐율은 60%이고, 용적률은 120%이다.
  1. 건폐율
      1) 건폐율은 대지면적에 대한 건축면적의 비율이다. 건축면적은 원칙적으로 수평투영면적 중 가장 넓은 층의 면적을 의미한다.
      2) 건폐율 : $\frac{120\text{m}^2}{200\text{m}^2}$ = 60%

        ⊙ 대지면적은 도시·군계획시설(공원)에 저촉된 면적을 제외한 200㎡로 사정한다.
        ⊙ 건축물대장상의 건축면적을 건축물의 수평투영면적으로 간주한다.
  2. 용적률
      1) 용적률은 대지면적에 대한 연면적의 비율이다. 연면적은 원칙적으로 지하층을 제외한 지상층 면적의 합계를 의미한다.
      2) 용적률 : $\frac{240\text{m}^2}{200\text{m}^2}$ = 120%

27 정답해설

① 종전 토지소유자에게 개발이익이 귀속되는 방식은 환지방식이다.

28 정답해설

⑤ 모두 옳은 지문이다.

29 정답해설

① 개업공인중개사의 교육에 관한 사항은 심의사항이 아니다.

> ▍공인중개사 정책심의위원회(공인중개사법 제2조의2)
> ① 공인중개사의 업무에 관한 다음 각 호의 사항을 심의하기 위하여 국토교통부에 공인중개사 정책심
>   의위원회를 둘 수 있다.
>   1. 공인중개사의 시험 등 공인중개사의 자격취득에 관한 사항
>   2. 부동산 중개업의 육성에 관한 사항
>   3. 중개보수 변경에 관한 사항
>   4. 손해배상책임의 보장 등에 관한 사항

30 정답해설

④ 사권(개인의 소유권)이 소멸된 포락지는 중개의 대상이 되지 못한다.

> ▍중개대상물(공인중개사법 제3조)
> ① 공인중개사법령에 의한 중개대상물은 다음 각 호와 같다.
>   1. 토지
>   2. 건축물 그 밖의 토지의 정착물
>   3. 그 밖에 대통령령으로 정하는 재산권 및 물건
>   ㉠ 「입목에 관한 법률」에 따른 입목
>   ㉡ 「공장 및 광업재단 저당법」에 따른 공장재단 및 광업재단

31 정답해설

⑤ 종합부동산세와 재산세의 과세기준일은 매년 6월 1일이다.

32 정답해설

⑤ 부동산 권리분석을 행하는 주체가 분석대상 권리의 주요한 사항을 직접 확인해야 한다는 원칙은 탐문주의의
  원칙이다.

33 정답해설

② 등기부를 열람해서 확인할 수 있는 권리가 아닌 것을 묻는 문제이다. 유치권, 점유권, 법정지상권, 분묘기지권
  등이 있고 총 4개가 해당된다.

34 정답해설

③ 인근지역이란 대상 부동산이 속한 지역으로서 부동산의 이용이 동질적이고 가치 형성 요인 중 지역 요인을 공유하는 지역이다.

35 정답해설

③ 균형의 원칙이란 부동산의 유용성이 최고도로 발휘되기 위해서는 부동산 내부 구성요소에 균형이 있어야 한다는 원칙이다.

36 정답해설

④ 감정평가법인등은 감정평가조건을 붙여 감정평가하는 경우에는 감정평가조건의 합리성, 적법성 및 실현 가능성을 검토해야 한다(감정평가에 관한 규칙 제6조 제3항). 그러므로 생략할 수 없다.

> ┃ 현황기준
> 1. 감정평가는 기준시점에서 대상 물건의 (실제)이용상황 및 공법상 제한을 받는 상태를 기준으로 한다. 다만, 불법적이거나 일시적인 이용은 제외한다.
> 2. 공부상 지목과 실제 이용상황이 다르다면 실제 이용상황을 기준으로 한다(토지보상평가지침).
> 3. 감정평가법인등은 다음 각 호의 어느 하나에 해당하는 경우에는 기준시점의 가치형성요인 등을 실제와 다르게 가정하거나 특수한 경우로 한정하는 조건을 붙여 감정평가할 수 있다.
>   ㉠ 법령에 다른 규정이 있는 경우
>   ㉡ 의뢰인이 요청하는 경우
>   ㉢ 감정평가의 목적이나 대상물건의 특성에 비추어 사회통념상 필요하다고 인정되는 경우
> 4. 감정평가법인등은 감정평가조건을 붙일 때에는 감정평가조건의 합리성, 적법성 및 실현가능성을 검토해야 한다. 다만, 법령의 규정이 있어서 조건을 붙여서 감정평가하는 경우에는 그렇지 않다.
> 5. 감정평가법인등은 감정평가조건의 합리성, 적법성이 결여되거나 사실상 실현 불가능하다고 판단할 때에는 의뢰를 거부하거나 수임을 철회할 수 있다.

37 정답해설

① 선박의 주된 감정평가방법은 원가법이다.

38 정답해설

④ 토지의 단위면적당 가액은 8,675,100원/㎡이다.
6,000,000원/㎡ ×1.02(시) × (1.05 × 0.9)(개) × 1.5(기타) = 8,675,100원/㎡

39 정답해설

④ 대상 건물의 가액은 198,000,000원이다.
1. 재조달원가 : (1,000,000원/㎡ × 200㎡) × 1.1 = 220,000,000원
2. 감가수정액
   1) 매년 감가액 : $\dfrac{220,000,000(재) - 0(잔가율)}{40년} = 5,500,000원$

2) 감가수정액 : 5,500,000원 × 4년(만년감가) = 22,000,000원

※ 경과연수 : '2016.06.30. ~ 2021.04.24.(기준시점)'의 기간은 5년이 채워지지 않은 기간이다. 따라서 만년으로 4년을 경과연수로 한다.

3. 적산가액 : 198,000,000원

40 [정답해설]

③ 직접환원법에서 사용할 환원율은 시장추출법으로 구하는 것을 원칙으로 한다. 다만, 시장추출법의 적용이 적절하지 않은 때에는 요소구성법, 투자결합법, 유효총수익승수에 의한 결정방법, 시장에서 발표된 환원율 등을 검토하여 조정할 수 있다.

2020년 제31회 정답 및 해설

정답

01 ④	02 ④	03 ②	04 ③	05 ⑤	06 ②	07 ③	08 ③	09 ⑤	10 ②
11 ①	12 ④	13 ③	14 ②	15 ①	16 ①	17 ②	18 ⑤	19 ⑤	20 ⑤
21 ①	22 ③	23 ③	24 ②	25 ②	26 ④	27 ③	28 ③	29 ①	30 ⑤
31 ①	32 ③	33 ④	34 ①	35 ⑤	36 ①	37 ④	38 ⑤	39 ②	40 ⑤

31회 계산문제 해설

01 정답해설
④ 토지의 이행과 전환은 용도의 변경을 의미한다. 따라서 토지의 이행과 전환은 용도의 다양성과 관계된다.

02 정답해설
④ 제시된 원칙들은 모두 안전성 원칙의 하위 원칙들이다.

> ▌권리분석의 원칙
> 1. 능률성의 원칙
> 2. 안전성의 원칙 : 하자전제의 원칙, 범위 확대의 원칙, 차단의 원칙, 완전심증의 원칙, 유동성 대비의 원칙
> 3. 증거주의의 원칙
> 4. 탐문주의의 원칙

03 정답해설
② 모두 부증성의 특성으로부터 파생된 현상이다.

> ▌부증성의 파생현상
> 1. 생산비 법칙 부정
> 2. 수직의 물리적 공급곡선, 완전비탄력적인 물리적 공급곡선
> 3. 지가고, 집약적 토지이용, 최유효이용의 근거
> 4. 물리적 공급(지표량)은 불가능하지만, 용도적 공급은 가능하다.

04 정답해설
③ 권리분석단계 중 판독에 해당하는 내용이다.

▎권리분석의 단계
1. 자료의 수집 : 권리와 관련된 각종 자료를 수집하는 단계이다.
2. 판독 : 수집된 자료를 바탕으로 자료의 하자 유무를 판독하는 단계이다.
3. 임장활동 : 권리의 하자 여부를 확인하기 위해 현장을 방문하는 단계이다.

05 정답해설

⑤ 수익환원법에 대한 설명이다.

▎자주 출제되는 용어의 정의(감정평가에 관한 규칙)
1. 가치형성요인이란 대상 물건의 경제적 가치에 영향을 미치는 일반요인, 지역요인 및 개별요인 등을 말한다.
2. 지역분석의 대상 지역
   ① 인근지역은 감정평가의 대상이 된 부동산이 속한 지역으로서 부동산의 이용이 동질적이고 가치형성요인 중 지역요인을 공유하는 지역이다.
   ② 유사지역은 대상 부동산이 속하지 아니하는 지역으로서 인근지역과 유사한 특성을 갖는 지역이다.
   ③ 동일수급권은 대상 부동산과 대체・경쟁 관계가 성립하고 가치형성에 서로 영향을 미치는 다른 부동산이 존재하는 권역으로, 인근지역과 유사지역을 포함하는 광역적인 권역이다.
3. 기준시점이란 대상 물건의 감정평가액을 결정하는 기준이 되는 날짜를 말한다.
4. 기준가치란 감정평가의 기준이 되는 가치를 말한다.
5. 적정한 실거래가란 「부동산 거래신고에 관한 법률」에 따라 신고된 실제 거래가격으로서 거래 시점이 도시지역은 3년 이내, 그 밖의 지역은 5년 이내인 거래가격 중에서 감정평가법인등이 인근지역의 지가수준 등을 고려하여 감정평가의 기준으로 적용하기에 적정하다고 판단하는 거래가격을 말한다.

06 정답해설

② 권리금을 감정평가할 때에는 유형・무형의 재산마다 개별로 감정평가하는 것을 원칙으로 한다. 다만, 권리금을 개별로 감정평가하는 것이 곤란하거나 적절하지 아니한 경우에는 일괄하여 감정평가할 수 있다. 이 경우 감정평가액은 합리적인 배분기준에 따라 유형재산가액과 무형재산가액으로 구분하여 표시할 수 있다(감정평가 실무기준 4.3.1).

07 정답해설

③ 수익가액은 1,125,000,000원이다.
   1. 순수익 : 1억원 × {1 − 0.05(공실률)} − 5,000,000원 = 90,000,000원
   2. 환원이율(물리적 투자결합법 적용) : (5% × 0.4) + (10% × 0.6) = 8%
   3. 수익가액 : $\dfrac{90,000,000}{0.08}$ = 1,125,000,000원

08 정답해설

③ 토지의 비준가액은 533,952,000원이다.
1. 사례의 단위면적당 거래가격 : 2,400,000원/㎡
2. 비준가액 : 2,400,000원/㎡ × 1.03(시) × 1.08(개) × 200㎡ = 533,952,000원

09 정답해설

⑤ 토지와 건물의 일괄 평가(ㄷ), 과수원(ㅂ)과 자동차(ㅅ)의 주된 평가방법은 거래사례비교법이다.

▌물건별 주된 평가방법
1. 토지 : 표준지공시지가를 기준으로 하는 공시지가기준법
2. 건물 : 원가법
3. 토지와 건물 일괄 : 거래사례비교법
4. 임대료 : 임대사례비교법
5. 산림 : 산지와 입목을 구분하여 평가(입목: 거래사례비교법, 소경목림: 원가법)
6. 과수원 : 거래사례비교법
7. 자동차 : 거래사례비교법 / 건설기계·선박·항공기 : 원가법
8. 영업권 등 권리 : 수익환원법
9. 기업가치 : 수익환원법

10 정답해설

② 대부비율과 저당상수가 제시되었으므로 부채감당률법에 의해 환원율을 산정할 수 있다. 부채감당률법에 의한 환원이율은 4.93%(4.9275%)이다.

▌부채감당률법
환원이율 = 부채감당률 × 대부비율 × 저당상수

1. 부채감당률 : 73,000,000원(순영업소득) ÷ 40,000,000원(부채서비스액) = 1.825
   1) 유효총소득 : 80,000,000원
   2) 영업경비 : 7,000,000원(재산세, 화재보험료, 재산관리 수수료, 유틸리티 비용, 관리직원 인건비)
   3) 순영업소득 : 80,000,000원 − 7,000,000원 = 73,000,000원
   4) 부채서비스액 : 40,000,000원
2. 대부비율 : 30%
3. 저당상수 : 0.09
4. 환원이율 : 30%(대부비율) × 1.825(부채감당률) × 0.09(저당상수) = 4.9275% ≒ 4.93%

11 정답해설

① A도시의 유인력 비율은 36%이고 B도시의 유인력 비율은 64%이다.
1. 유인력 산정

   ㉠ A도시 : $\dfrac{45,000}{36^2}$ = 34.72   ㉡ B도시 : $\dfrac{20,000}{18^2}$ = 61.72

2. 유인력 비율

　　㉠ A도시 : $\dfrac{34.72}{(34.72 + 61.72)}$ = 0.36(36%)　　㉡ B도시 : 1 − 36% = 64%

12　정답해설

④ 4사분면은 신규 부동산의 건설량과 재고의 변동을 통해 부동산 재고량이 결정되는 시장이다.

> ▎4사분면 모형의 균형
> 1사분면 : 공간 재고량(단기 공급량)과 공간 수요에 의해 균형 임대료가 결정
> 2사분면 : 균형 임대료를 자본 환원하여 자산 가격이 결정
> 3사분면 : 자산 가격과 개별비용의 관계를 통해 신규 건설 공급량(건설량)이 결정
> 4사분면 : 신규 건설 공급량과 부동산 재고의 변동(멸실) 등에 의해 공간 재고량이 결정

13　정답해설

③ 지대 이론에 수록되어 있지 않은 내용이다. 그러나 '토지가치에 대한 조세 이외의 모든 조세를 철폐하자'라는 주장은 헨리 조지(H. George)의 토지단일세에 대한 내용이다.

14　정답해설

② 옳은 연결이다.

> ▎정부의 개입 방식(3분법에 의한 구분)
> 1. 직접 개입방식
> 　㉠ 최고가격제(임대료 통제, 분양가 통제)
> 　㉡ 토지은행제도(토지비축제도), 토지 수용, 토지 선매
> 　㉢ 공공주택건설, 공공택지개발 등 각종 공영개발
> 2. 간접 개입방식
> 　㉠ 조세 및 부담금, 보조 및 지원
> 　㉡ LTV, DTI 등 대출 규제
> 　㉢ 부동산가격공시제도, 거래정보체계
> 3. 토지이용규제(직접과 간접 등 2가지로 분류하는 경우에는 간접 개입방식에 포함된다.)
> 　㉠ 토지이용계획 및 도시계획 등에 의한 규제
> 　㉡ 용도지역제, 개발행위 허가제도, 토지거래허가 등 각종 인허가 규제

15　정답해설

① 현재 시행되지 않는 정책은 종합토지세(ㄱ), 공한지세(ㄴ), 택지소유상한제(ㄹ) 등이다.

> ▎현재 우리나라에 없는 제도
> 1. 개발권양도제도, 택지소유상한제
> 2. 토지초과이득세, 공한지세, 종합토지세

16 정답해설

① 환지방식에 대한 설명이다. 환지방식은 개발이 완료된 후에 보류지(체비지·공공시설 용지)를 제외한 개발토지를 토지소유자에게 재배분하는 방식이다.

17 정답해설

② 회계적수익률법(ARR)은 연평균순이익을 연평균투자액으로 나누어 구하며, 비할인법, 즉 화폐의 시간가치를 고려하지 않는 방법이다.

> ▌투자분석기법의 구분
> 1. 할인법 : 순현가법, 수익성지수법, 내부수익률법, 현가회수기간법
> 2. 비할인법 : 수익률법, 승수법, 비율분석법, 단순회수기간법, 회계적이익률법

18 정답해설

⑤ 용도지역지구제에 의해 용도가 지정되면 법률에 의해 사인의 토지이용은 제한된다.

19 정답해설

⑤ 혼합관리방식은 문제가 발생한 경우, 관리의 책임소재가 불분명하다는 단점이 있다.

> ▌자가관리, 위탁관리, 혼합관리
> 1. 자가관리의 장점
>   ㉠ 관리업무에 대한 강한 애호정신 및 통제
>   ㉡ 신속하고 종합적인 업무처리 가능
>   ㉢ 기밀 유지 및 보안 측면에서 유리
> 2. 위탁관리의 장점
>   ㉠ 전문적, 효율적이고 저렴한 관리
>   ㉡ 관리자의 매너리즘 방지
> 3. 혼합관리의 장점과 단점
>   ㉠ 장점 : 자가관리에서 위탁관리로 이행하는 과도기에 유용한 방식
>   ㉡ 단점 : 관리의 책임소재가 불분명

20 정답해설

⑤ 개발업자의 입장에서 선분양이 후분양에 비해 보다 유리한 제도이다. 따라서 후분양은 개발업자의 시장위험을 증가시킨다.

> ▌선분양 제도
> 주택이 완공되기 전에 주택을 분양하는 제도이며, 선분양 제도는 주택이 완공되기 전에 분양대금을 유입되게 함으로써 개발업자의 초기자금부담을 완화하기 위해서 도입되었다.

21 〔정답해설〕

① 옳은 지문이다.

구분	MPTS	MBB	MPTB / CMO
성격	지분형	채권형	혼합형
소유권(채무불이행위험)	투자자	발행자	발행자
원리금 수취권	투자자	발행자	투자자
조기상환위험	투자자	발행자	투자자

〔오답해설〕

② MPTB의 경우, 모기지 소유권은 발행자에게 이전되고, 원리금 수취권은 투자자에게 이전된다.

③ MBB의 경우, 조기상환위험과 채무불이행 위험은 모두 발행자가 부담한다.

④ CMO는 혼합형 증권이다.

⑤ 상업용 저당증권(CMBS)은 한국주택금융공사와 같은 공적 유동화중개기관을 통하여 반드시 발행되어야 한다는 의무 규정은 없다.

22 〔정답해설〕

③ 부동산 개발의 정의에 시공을 담당하는 행위는 제외된다.

> ▌개발의 정의(부동산개발업의 관리 및 육성에 관한 법률 제2조)
> 이 법에서 사용하는 용어의 정의는 다음과 같다.
> 1. "부동산개발"이란 다음 각 목의 어느 하나에 해당하는 행위를 말한다. 다만, 시공을 담당하는 행위는 제외한다.
>   가. 토지를 건설공사의 수행 또는 형질변경의 방법으로 조성하는 행위
>   나. 건축물을 건축·대수선·리모델링 또는 용도변경하거나 공작물을 설치하는 행위. 이 경우 "건축", "대수선", "리모델링"은 「건축법」 제2조 제1항 제8호부터 제10호까지의 규정에 따른 "건축", "대수선" 및 "리모델링"을 말하고, "용도변경"은 같은 법 제19조에 따른 "용도변경"을 말한다.
> 2. "부동산개발업"이란 타인에게 공급할 목적으로 부동산개발을 수행하는 업을 말한다.
> 3. "부동산개발업자"란 부동산개발업을 수행하는 자를 말한다.

23 〔정답해설〕

③ 부외금융 효과는 사업자에게 나타나는 효과이다. 따라서 사업자의 채무수용능력이 커지는 장점이 있다.

> ▌프로젝트 대출의 특징
> 1. 사업자에 대한 비소구 금융 또는 제한적 소구 금융
> 2. 사업주에 대한 부외금융효과(사업주의 재무상태표에 부채로 기록되지 않는다.)
> 3. 에스크로 계좌 활용
> 4. 법인세 감면 효과

24 정답해설

② 옳은 연결이다.

ㄱ. 사업주가 시설준공(B) 후 소유권을 취득하여, 일정기간 동안 운영(O)을 통해 운영수익을 획득하고, 그 기간이 만료되면 공공에게 소유권을 이전(T)하는 방식은 BOT 방식이다.

ㄴ. 사업주가 시설준공(B) 후 소유권을 공공에게 귀속(T)시키고, 그 대가로 받은 시설운영권으로 그 시설을 공공에게 임대(L)하여 임대료를 획득하는 방식은 BTL 방식이다.

ㄷ. 사업주가 시설준공(B) 후 소유권을 공공에게 귀속(T)시키고, 그 대가로 일정기간 동안 시설운영권(O)을 받아 운영수익을 획득하는 방식은 BTO 방식이다.

ㄹ. 사업주가 시설준공(B) 후 소유권을 취득(O; own)하여, 그 시설을 운영(O; operate)하는 방식으로, 소유권이 사업주에게 계속 귀속되는 방식은 BOO 방식이다.

25 정답해설

② 옳은 지문이다.

오답해설

① 원금균등분할상환 방식의 경우, 매기 상환하는 원금이 동일하다.

③ 대출채권의 듀레이션(가중평균 회수기간)은 보다 빠르게 상환하는 방식일수록 보다 짧게 측정된다. 따라서 기초부터 원금을 빠르게 상환하는 원금균등분할상환 방식의 듀레이션이 상대적으로 짧다.

④ 체증식상환 방식은 장래 소득이 증가할 것으로 예상되는 젊은 계층에게 적합한 대출방식이다.

⑤ 거치식은 거치기간 동안 원금을 상환하지 않고 이자만 지불하는 방식이다. 거치식은 원리금을 동시에 상환하는 방식에 비해 원금을 천천히 갚는 방식이라고 할 수 있다. 따라서 거치식 방식은 대출자 입장에서 금리수입이 늘어나는 방식이다.

26 정답해설

④ 대부비율은 40%이다.

1. 부채서비스액 추정 : 부채감당률$(1.5) = \dfrac{순영업소득(3,000만원)}{부채서비스액}$, 부채서비스액 = 2,000만원

2. 대출금액의 추정 : 2,000만원(부채서비스액) ÷ 0.1(저당상수) = 2억원

3. 대부비율 : $\dfrac{대출금액(2억원)}{부동산가격(5억원)} = 0.4(40\%)$

27 정답해설

③ 미상환 원금 잔액은 3억 7,037만원이다.

1. 매기 원리금 상환액 : 37,037,037원

　1) 대출금액 × 저당상수(4%, 20년) = 매기 원리금 상환액

　2) 5억원 $\times \dfrac{0.04 \times 1.04^{20}}{1.04^{20} - 1} =$ 5억원 $\times \dfrac{0.04}{1 - 1.04^{-20}} =$ 5억원 $\times \dfrac{0.04}{1 - 0.46} = 37,037,037원$

2. 미상환 원금 잔액 : 370,370,370원

　1) 매기 원리금 상환액 × 연금의 현가계수(4%, 13년) = 대출 잔금

　2) 37,037,037원 $\times \dfrac{1.04^{13} - 1}{1.04 \times 1.04^{13}} =$ 37,037,037원 $\times \dfrac{1 - 1.04^{-13}}{0.04} =$ 37,037,037원 $\times \dfrac{1 - 0.6}{0.04}$

　　= 370,370,370원

28 〔정답해설〕

③ 연간 세후현금흐름은 7,296,000원이다.
1. 가능총소득 : 20,000원/㎡ × 100㎡ × 12월 = 24,000,000원
2. 유효총소득 : 24,000,000원 × {1 - 0.1(공실)} = 21,600,000원
3. 순영업소득 : 21,600,000원 × {1 - 0.3(영업경비)} = 15,120,000원
4. 세전현금수지 : 15,120,000원 - 6,000,000원(부채서비스액) = 9,120,000원
5. 세후현금수지 : 9,120,000원 × {1 - 0.2(영업소득세)} = 7,296,000원

29 〔정답해설〕

① 승수(= 투자금액/수익)는 투자금액의 크기를 측정하는 지표이다. 즉 승수가 크다는 것은 수익에 비해 투자금액이 상대적으로 큰 경우를 의미한다. 따라서 다른 조건이 일정하다면, 승수가 클수록 좋지 않은 투자안이다.

30 〔정답해설〕

⑤ 3년 후에 주택자금 5억원(기금)을 만들기 위해 은행에 매 기간 납입해야 할 금액을 계산하는 경우, 감채기금계수를 사용한다.

> ▌ 6계수의 역수 관계
> 1. 연금의 현가계수 (역수) 저당상수
> 2. 연금의 내가계수 (역수) 감채기금계수

31 〔정답해설〕

① 빈지는 해변가의 토지로 개인의 소유권이 인정되지 않는 토지이다.

> ▌ 법지와 빈지
> 1. 법지 : 경사진 토지로 소유권은 인정되나, 활용 실익이 적거나 없는 토지이다.
> 2. 빈지 : 해변가 토지로 소유권은 인정되지 않지만, 활용 실익은 많은 토지이다.

32 〔정답해설〕

③ 투자자의 개별적인 위험회피도에 의해 달라지는 것은 위험할증률이다.

> ▌ 요구수익률
> 1. 요구수익률이란 투자자가 투자를 하기 위해 투자대안에 요구하는 최소한의 수익률이다.
> 2. 요구수익률은 투자자금의 기회비용을 의미한다.
> 3. 요구수익률의 구조
>   요구수익률 = 무위험률(시간에 대한 대가) + 위험할증률(위험에 대한 보상)

〔오답해설〕

② 위험 회피형 투자자는 자신이 싫어하는 위험이 예상되면 예상된 위험에 대해 대가를 요구한다. 따라서 투자자가 위험기피자일 경우, 위험이 증가할수록 투자자의 요구수익률은 증가한다.

⑤ 위험조정할인율법은 위험이 예상되면 보다 높은 할인율(요구수익률)을 적용함으로써 장래 기대소득의 현재가
치를 낮게 평가하고자 하는 방법이다.

33 〔정답해설〕

④ 물을 이용할 수 있는 권리는 지표면을 이용하는 권리, 즉 지표권의 내용에 포함된다.

> ▌토지의 입체공간
> 1. 지표권 : 물을 이용할 수 있는 권리는 지표권의 대상이다.
> 2. 지하권(지중권) : 광업권의 대상이 되는 광물의 권리는 제외된다.
> 3. 지상권(공중권)
>   ① 사적 공중권 : 사인의 권리가 인정되는 공중권
>   ② 공적 공중권 : 사인의 권리가 인정되지 않는 공중권

34 〔정답해설〕

① 건설업은 부동산업과 대등하게 분류되는 산업이다. 부동산업의 세분류가 될 수 없다.

35 〔정답해설〕

⑤ 이전성은 권리의 이전 가능성을 의미한다. 따라서 법률적인 측면으로 분류된다.

36 〔정답해설〕

① 수요의 가격탄력성(ϵP)은 $\dfrac{12}{13}$이고, 공급의 가격탄력성(η)은 $\dfrac{18}{13}$이다.

1. 균형을 측정하면 균형가격(P)은 48, 균형거래량(Q)은 52이다.

2. 수요의 가격탄력성 $= -\dfrac{\triangle Q_D}{\triangle P} \cdot \dfrac{P}{Q}$

   1) 수요함수에서 수요량을 가격에 대해 미분하면 $\dfrac{\triangle Q_D}{\triangle P} = -1$

   2) $-\dfrac{\triangle Q_D}{\triangle P} \cdot \dfrac{P}{Q} = -(-1) \cdot \dfrac{48}{52} = \dfrac{12}{13}$

3. 공급의 가격탄력성 $= \dfrac{\triangle Q_S}{\triangle P} \cdot \dfrac{P}{Q}$

   1) 공급함수에서 공급량을 가격에 대해 미분하면 $\dfrac{\triangle Q_S}{\triangle P} = \dfrac{3}{2}$

   2) $\dfrac{\triangle Q_S}{\triangle P} \cdot \dfrac{P}{Q} = \dfrac{3}{2} \cdot \dfrac{48}{52} = \dfrac{18}{13}$

37 〔정답해설〕

④ 옳은 지문이다.

오답해설

① 공인중개사에 대한 설명이다.

　　㉠ 공인중개사 : 공인중개사법에 의한 공인중개사자격을 취득한 자

　　㉡ 개업공인중개사 : 공인중개사법에 의하여 중개사무소의 개설등록을 한 자

② 공인중개사법이 규정하고 있는 중개대상물은 ㉠ 토지, ㉡ 건축물 그 밖의 토지 정착물, ㉢ 입목, ㉣ 공장재단 및 광업재단 등이다. 선박은 중개대상물로 규정되어 있지 않다.

③ 소속공인중개사에 해당한다. 소속공인중개사라 함은 개업공인중개사에 소속된 공인중개사로서 중개업무를 수행하거나 개업공인중개사의 중개업무를 보조하는 자를 말한다.

⑤ 중개보조원은 중개업무와 관련된 단순한 업무를 보조하는 자일 뿐 중개업을 할 수는 없다. 중개보조원이라 함은 공인중개사가 아니지만 개업공인중개사에 소속된 자로서 중개대상물에 대한 현장안내 및 일반서무 등 개업공인중개사의 중개업무와 관련된 단순한 업무를 보조하는 자를 말한다.

38　정답해설

⑤ 취득세(등록면허세), 재산세는 모두 지방세이다.

> ▮ 부동산 조세의 분류
> 1. 국세 : 종합부동산세, 양도소득세, 상속세, 증여세, 소득세, 부가가치세
> 2. 지방세 : 취득세(등록면허세), 재산세

39　정답해설

② 종량세 부과로 인한 초과부담(사회적 손실)은 10억원이다.

　1. 조세를 부과하기 전의 균형 거래량

　　1) 수요자 가격(200 − 2Q) = 공급자 가격(−60 + 3Q), Q = 52

　　2) 균형거래량(QE) : 52만호

　2. 조세를 부과로 인한 거래량 감소

　　1) (200 − 2Q) − (−60 + 3Q) = 10(조세), Q = 50

　　2) 감소되는 거래량 : 52 − 50 = 2만호

　3. 사회적 손실(▶부분 면적) : (10만 × 2만호) ÷ 2 = 10억원

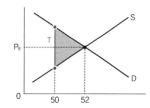

40　정답해설

⑤ 거래당사자는 취소가 확정된 날부터 30일 이내에 해당 신고관청에 공동으로 신고하여야 한다.

> ▮ 부동산 실거래가격 신고제도(부동산 거래신고 등에 관한 법률 제3조 및 제3조의2)
> 1. 거래당사자는 다음 어느 하나에 해당하는 계약을 체결한 경우 그 실제거래가격 등을 거래계약 체결 일부터 30일 이내에 그 권리의 대상인 부동산 등의 소재지를 관할하는 시장·군수 또는 구청장에게 공동으로 신고하여야 한다. 다만, 거래당사자 중 일방이 국가, 지방자치단체, 대통령령으로 정하는 자의 경우에는 국가 등이 신고를 하여야 한다.
> 2. 거래당사자는 부동산 거래를 신고한 후 해당 거래계약이 해제, 무효 또는 취소(이하 "해제 등"이라한다)된 경우 해제 등이 확정된 날부터 30일 이내에 해당 신고관청에 공동으로 신고하여야 한다.

2019년 제30회 정답 및 해설

정답

01 ③	02 ①	03 ①	04 ⑤	05 ⑤	06 ②	07 ①	08 ④	09 ⑤	10 ②
11 ③	12 ⑤	13 ②	14 ②	15 ④	16 ⑤	17 ④	18 ①	19 ③	20 ④
21 ⑤	22 ①	23 ②	24 ③	25 ③	26 ⑤	27 ②	28 ①	29 ②	30 ①
31 ④	32 ⑤	33 ②	34 ④	35 ①	36 ③	37 ④	38 ③	39 ④	40 ③

30회 계산문제 해설

01 〔정답해설〕

③ 영속성은 수익방식의 이론적 근거가 된다. 영속성에 근거한 가치 정의(장래 기대이익을 현재가치로 환원한 값)는 수익방식을 의미한다.

02 〔정답해설〕

① 포락지에 대한 설명이다. 포락지는 지적공부에 등록한 토지가 물에 의한 침식으로 수면 아래로 잠기거나 하천으로 변한 토지이다.

〔오답해설〕

② 유휴지 : 바람직하지 못하게 놀리고 있는 토지를 '유휴지'라고 한다. 주변 토지이용에 비하여 그 이용이 현저히 떨어지는 토지이다.

③ 공한지 : 도시지역에서 지가상승을 기대하고 장기간 방치하고 있는 토지를 과거 '공한지'라고 하였다.

④ 건부지 : 건축물의 바닥 토지로 이용 중인 토지를 말한다.

⑤ 휴한지 : 지력 회복 등을 위해 정상적으로 경작하지 않는 토지를 '휴한지'라고 한다.

03 〔정답해설〕

① 모두 이행지에 대한 설명이다.
  • 주거지에서 상업지로 전환 중인 토지, 공업지에서 주거지로 전환 중인 토지는 모두 택지지역 내부의 세분된 용도지역 상호 간의 용도 변화이다.
  • 과수원에서 전으로 전환 중인 토지는 농지지역 내부의 세분된 용도지역 상호 간의 용도 변화이다.

> ▮ 후보지와 이행지
> 1. 후보지
>   ㉠ '택지지역, 농지지역, 임지지역 상호 간'에 용도가 전환되고 있는 지역 내의 토지
>   ㉡ '용도지역 상호 간'에 용도가 전환되고 있는 지역 내의 토지
> 2. 이행지
>   ㉠ '택지지역 내, 농지지역 내, 임지지역 내 상호 간'에 용도가 전환되고 있는 지역 내의 토지
>   ㉡ '세분된 용도지역 상호 간'에서 용도가 전환되고 있는 지역 내의 토지

04 〔정답해설〕

⑤ 소유권보존등기를 한 입목은 독립 정착물로, 토지와 분리하여 양도할 수 있다.

05 〔정답해설〕

⑤ 옳은 지문이다.

〔오답해설〕

① 토지비축제도와 토지수용은 직접개입방식이고, 금융지원과 보조금 지급은 간접개입방식이다.
② 개발권양도제도에 대한 설명이다.
③ 토지를 선매하는 방식은 협의 매수이다. 강제적 취득인 수용 방식은 선매자에게 허용되지 않는다.
④ 개발부담금에 대한 설명이다.

06 〔정답해설〕

② 제시된 내용은 모두 용도의 다양성에서 파생된 현상이다.

07 〔정답해설〕

① 제시된 지문에 의하면 [(총투자수익률 − 지분투자수익률) = 양수(+)]이므로 지분수익률이 총투자수익률보다 작다. 즉 지분수익률이 낮으므로 부(−)의 레버리지를 의미한다.

> ▌정(+)의 레버리지 효과
> 1. 은행이 적게 가져가거나 내가 많이 가져간다면 정(+)의 레버리지 효과이다.
> 2. 투자수익률보다 저당수익률이 낮은 경우, 즉 은행이 적게 가져가면 정(+) 레버리지이다.
> 3. 투자수익률보다 지분수익률이 높은 경우, 즉 내가 많이 가져가면 정(+) 레버리지이다.

〔오답해설〕

② 차입이자율(은행이 가져가는 몫)이 높은 경우, 부(−)의 레버리지가 발생한다.
⑤ 일반적인 경우의 상황은 아니다.

08 〔정답해설〕

④ 틀린 지문은 ㄱ, ㄷ이다.
　ㄱ. 요구수익률이란 투자자가 투자를 하기 위해 요구하는 최소한의 수익률이며, 요구수익률은 무위험률(시간에 대한 대가)과 위험할증률(위험에 대한 대가)로 구성된다.
　ㄷ. 대상 부동산의 기대수익률이 요구수익률보다 높다면 선호되는 대안이다. 따라서 대상 부동산에 대한 투자수요가 증가하여 부동산 가격이 상승한다. 부동산 가격이 상승하면 더 많은 투자금액이 필요하게 되므로 장기적으로 부동산 투자의 기대수익률은 하락한다.

09 〔정답해설〕

⑤ 옳은 지문이다. (가)는 두 자산으로 포트폴리오를 구성했을 때, 비체계적 위험이 0까지 감소하고 있다. 따라서 (가)의 상관계수는 '−1'이다.

오답해설 >

① 상관계수가 +1이라면 포트폴리오의 위험분산효과는 없다.

②, ④ 상관계수와 상관없이 시장의 위험인 체계적 위험을 제거할 수는 없다.

③ 상관계수의 구분

   (가) 포트폴리오를 통해 비체계적 위험이 0까지 감소하고 있다. 상관계수 '-1'이다.

   (나) (가)와 (다)의 중간에 해당하는 경우이다. 상관계수 '0'이다.

   (다) 포트폴리오를 구성하더라도 위험이 감소하지 않고 수익에 비례적으로 증가한다. 상관계수 '+1'이다.

10 정답해설 >

② 운영경비비율은 0.5(50%)이고 부채감당률은 2.5이다.

1. 현금흐름 분석

   ⊙ 유효총소득 : 유효총소득승수(5) = 투자금액(10억원) ÷ 유효총소득, 유효총소득 = 2억원

   ⓒ 순영업소득 : 세전현금수지(6,000만원) + 부채서비스액(4,000만원) = 1억원

2. 기타 분석

   ⊙ 영업경비 : 유효총소득(2억원) – 영업경비 = 순영업소득(1억원), 영업경비 = 1억원

   ⓒ 부채서비스액(원리금상환액) : 4,000만원

   1. 영업경비비율 : 영업경비(1억원) ÷ 유효총소득(2억원) = 50%

   2. 부채감당률 : 순영업소득(1억원) ÷ 부채서비스액(4,000만원) = 2.5

11 정답해설 >

③ 옳은 지문이다. 조기상환은 대출금리보다 시장이자율이 낮아질 때 나타나는 현상이다.

오답해설 >

① 인플레이션에 대비하기 위해서 은행은 금리를 인상시킬 수 있는 변동금리대출을 선택해야 한다.

② 은행의 입장에서 시장 상황에 대응할 수 없는 고정금리대출이 보다 위험한 상품이다. 따라서 고정금리대출의 금리가 변동금리대출의 금리보다 높다.

④ 변동금리대출의 대출금리에는 차입자의 신용도 등에 의해 결정되는 가산금리가 고려되어 있다.

⑤ 변동금리대출의 경우, 이자율 조정주기가 짧을수록 은행은 보다 빠르게 금리를 인상시킬 수 있다. 따라서 조정주기가 짧을수록 대출기관에게 유리하다.

12 정답해설 >

⑤ 제시된 상황 모두 투자가 이루어진다.

▌할인법의 의사결정(상호 독립적 투자안)

1. 순현가법

   ⊙ 순현가 : 수익현가 – 비용현가

   ⓒ 의사결정 : 순현가가 '0'보다 큰 대안을 선택

2. 수익성지수법

   ⊙ 수익성지수 : 수익현가 ÷ 비용현가

   ⓒ 의사결정 : 수익성지수가 '1'보다 큰 대안을 선택

3. 내부수익률법
    ㉠ 내부수익률 : '순현가 = 0' 또는 '수익성지수 = 1'이 되는 할인율
    ㉡ 의사결정 : 내부수익률이 요구수익률보다 큰 대안을 선택

오답해설

② 내부수익률은 순현가가 0이 되는 할인율이다. 따라서 내부수익률은 현금유입액 현가와 현금유출액의 현가를 같게 하는 할인율이다.

③ 회수기간법은 투자자금을 회수하는 기간을 통해 의사를 결정하는 방법이다. 회수기간법은 투자자금의 회수기간이 가장 단기인 투자안을 선택한다.

13 **정답해설**

② 원금 균등분할상환방식의 1회차 원금은 1,000,000원이고, 원리금 균등상환방식의 1회차 원금은 732,000원이다.
  1. 원금 균등상환방식의 1회차 원금 : 120,000,000원 ÷ 120개월 = 1,000,000원
  2. 원리금 균등상환방식
    1) 1회차 원금 + 이자 : 120,000,000원 × 0.0111 = 1,332,000원
    2) 1회차 이자 지급액 : 120,000,000원 × 6% ÷ 12개월 = 600,000원
    3) 1회차 원금 상환분 : 732,000원

14 **정답해설**

② MBB 증권은 현금흐름과 관련된 모든 위험을 발행자가 부담한다. 따라서 현금흐름과 관련된 위험이 투자자에게 이전되지 않는다.

15 **정답해설**

④ 해당 프로젝트가 부실화되면, 대출기관은 채권을 회수하지 못한다.

16 **정답해설**

⑤ 원금 균등분할상환방식은 다른 방식에 비해 기초부터 원금을 보다 많이 상환하는 방식이다. 따라서 첫째 연도에 차입자가 지불하는 원리금지급 부담은 원금 균등분할상환조건(대안 3)이 가장 크다.

오답해설

① 부(−)의 상환이 없다면, 방식의 차이에도 불구하고 첫째 연도 이자금액은 모두 동일하다. 그러나 부(−)의 상환이 발생했으므로 체증식상환방식(대안 4)의 이자금액은 다른 방식보다 적다고 할 수 있다. 부(−)의 상환이란 차입자의 저당지불액이 이자금액에도 미치지 못하는 경우, 대출의 잔금이 증가하는 현상이다. 따라서 부(−)의 상환이 발생했다면, 차입자가 상환한 저당지불액이 정상적인 이자지급액보다 작음을 의미한다.

② 대출기간 동안 상환한 원금의 총합계는 방식과 상관없이 대출금액과 일치한다. 그러나 대출기간 동안에 지급하는 이자지급액의 합계는 방식에 따라 차이가 있다. 따라서 대출기간 동안에 상환한 원금과 이자의 총합계액은 방식에 따라 차이가 있다.

③ 체증식 상환방식은 기간이 지나가면서 저당지불액(원금 + 이자)이 모두 점점 증가하는 방식이다. 따라서 기간이 지날수록 원금상환의 부담과 이자지급의 부담이 모두 증가하는 방식이다.

④ 원금 균등분할상환방식은 다른 방식에 비해 기초부터 원금을 보다 많이 상환하는 방식이다. 따라서 첫째 연도 원금상환액은 원금 균등분할상환조건(대안 3)이 보다 크다.

17 〔정답해설〕

④ 옳은 묶음이다.

> **▌부동산 관련 조세의 구분**
> 1. 국세 : 종합부동산세, 양도소득세, 상속세, 증여세
> 2. 지방세 : 취득세(등록면허세), 재산세

18 〔정답해설〕

① 종합부동산세와 재산세의 과세대상은 일치하지 않는다.

> **▌재산세와 종합부동산세의 과세 대상**
> 1. 재산세 과세대상 : 토지, 건축물, 주택, 항공기, 선박
> 2. 종합부동산세 과세대상 : 토지, 주택

〔오답해설〕

② 조세의 귀착 문제는 수요와 공급의 상대적 탄력성에 달려 있다. 즉, 보다 비탄력적인 쪽이 보다 많은 조세를 부담한다.

19 〔정답해설〕

③ 옳은 지문이다.

〔오답해설〕

① 지역분석은 지역 내의 표준적 이용을 판정하는 과정이다.

② 인근지역은 대상 부동산이 속한 지역으로 부동산의 이용이 동질적이고 가치형성요인 중 지역요인을 공유하는 지역이다.

④ 개별분석은 대상 부동산의 가격을 개별화, 구체화시키는 작업을 말한다.

⑤ 지역분석 시에는 적합의 원칙에, 개별분석 시에는 균형의 원칙에 더 유의하여야 한다.

20 〔정답해설〕

④ 시장가치는 가장 높은 가격을 의미하는 것이 아니라, 성립될 가능성이 가장 높은 금액이다.

> **▌시장가치기준 원칙(감정평가에 관한 규칙)**
> 1. 대상 물건에 대한 감정평가액은 시장가치를 기준으로 결정한다.

PART 02

2. 시장가치란 대상 물건이 통상적인 시장에서 충분한 기간 동안 거래를 위하여 공개된 후 그 대상 물건의 내용에 정통한 당사자 사이에 신중하고 자발적인 거래가 있을 경우 성립될 가능성이 가장 높다고 인정되는 대상 물건의 가액을 말한다.

3. 감정평가법인등은 다음의 어느 하나에 해당하는 경우에는 대상물건의 감정평가액을 시장가치 외의 가치를 기준으로 결정할 수 있다.
   ㉠ 법령에 다른 규정이 있는 경우
   ㉡ 의뢰인이 요청하는 경우
   ㉢ 감정평가의 목적이나 대상물건의 특성에 비추어 사회통념상 필요하다고 인정되는 경우

4. 감정평가법인등은 시장가치 외의 가치를 기준으로 감정평가할 때에는 다음의 사항을 검토해야 한다. 다만, 법령에 다른 규정이 있는 경우에는 그렇지 않다.
   ㉠ 해당 시장가치 외의 가치의 성격과 특징
   ㉡ 시장가치 외의 가치를 기준으로 하는 감정평가의 합리성 및 적법성

5. 감정평가법인등은 시장가치 외의 가치를 기준으로 하는 감정평가의 합리성 및 적법성이 결여(缺如)되었다고 판단할 때에는 의뢰를 거부하거나 수임(受任)을 철회할 수 있다.

21 정답해설

⑤ 비준임대료는 13,860,000원/㎡이다.
  1. 유사임대사례의 연간 임대료 : 1,000,000원/㎡ × 12개월 = 12,000,000원/㎡
  2. 비준임대료 : 12,000,000원/㎡ × 1.1(시점수정치) × 1.05(개별요인비교치) = 13,860,000원/㎡

22 정답해설

① 흡수율 분석도 경제적 타당성 분석의 도구로 활용된다. 흡수율 분석은 개발이 완료된 부동산이 시장에서 얼마나 빠르고 많이 매매 또는 임대되는지, 그 가능성을 분석하는 것이다.

23 정답해설

② 감가상각 전의 순영업소득으로 가치를 추계하는 경우에는 상각 전 환원율을 적용한다. 상각 전 환원율은 감가상각률을 포함한 환원율이다.

▌상각 전 환원율
1. 상각 전 순수익은 상각 전 환원율을 적용한다.
2. 상각 전 환원율 - 감가상각률 = 상각 후 환원율
3. 상각 전 환원율 = 상각 후 환원율 + 감가상각률
4. 상각 전 환원율은 감가상각률이 포함된 환원율이다.

오답해설

③ 할인현금흐름분석법에서는 기말 부동산의 처분을 통해 투자자본을 회수한다고 가정한다. 따라서 할인현금흐름분석법은 별도로 자본회수율을 계산하지 않는다.

④ [부채감당법] 환원율 = 부채감당률 × 저당비율 × 저당상수

24 〔정답해설〉

③ 시산가액을 조정하는 경우 공시지가기준법은 거래사례비교법과 다른 방식으로 간주한다.

> ▌감정평가방법의 적용 및 시산가액 조정(감정평가에 관한 규칙 제12조)
> ① 감정평가법인등은 주된 방법을 적용하여 감정평가해야 한다. 다만, 주된 방법을 적용하는 것이 곤란하거나 부적절한 경우에는 다른 감정평가방법을 적용할 수 있다
> ② 감정평가법인등은 대상물건의 감정평가액을 결정하기 위하여 어느 하나의 감정평가방법을 적용하여 산정한 가액(이하 "시산가액"이라 한다)을 다른 감정평가방식에 속하는 하나 이상의 감정평가방법으로 산출한 시산가액과 비교하여 합리성을 검토해야 한다(이 경우 공시지가기준법과 그 밖의 비교방식에 속한 감정평가방법은 서로 다른 감정평가방식에 속한 것으로 본다).
> ③ 감정평가법인등은 제2항에 따른 검토 결과 산출한 시산가액의 합리성이 없다고 판단되는 경우에는 주된 방법 및 다른 감정평가방법으로 산출한 시산가액을 조정하여 감정평가액을 결정할 수 있다.

25 〔정답해설〉

③ 물리적 투자결합법으로 산정한 자본환원율(환원이율)은 4.2%(= 3% × 0.4 + 5% × 0.6)이다.

〔오답해설〉

① 유효총소득 : 1억원(가능총소득) × (1 − 0.1) = 90,000,000원
② 순영업소득 : 90,000,000원(유효총소득) ×·(1 − 0.3) = 63,000,000원
④ 수익가격 : 63,000,000원(순영업소득) ÷ 0.042(환원율) = 1,500,000,000원
⑤ 운영경비 : 90,000,000원(유효총소득) × 0.3 = 27,000,000원

26 〔정답해설〉

⑤ 고소득층 주거지역에서 주택의 개량을 통한 가치상승분이 큰 경우라면, 고소득층 주거지역의 주택가격은 개량을 통해 하락하지 않는다. 따라서 저소득층이 물려받는 하향여과는 발생하지 않는다.

27 〔정답해설〉

② 부동산의 공급이 탄력적일수록 수요 증가에 따른 가격변동의 폭은 작아진다.

28 〔정답해설〉

① 임대료 규제로 인한 초과수요량은 30천호이다.

1. 균형 임대료의 산정 : $100 - \frac{1}{2}P = 20 + \frac{1}{3}P$, P = 96만원

2. 정부의 규제 임대료 : 96만원 − 36만원 = 60만원

3. 규제 임대료 수준에서의 수요량 : $100 - \frac{1}{2} × 60 = 70$

4. 규제 임대료 수준에서의 공급량 : $20 + \frac{1}{3} × 60 = 40$

5. 초과수요량(수요량 − 공급량) : 70 − 40 = 30

29 정답해설

② 옳은 지문이다.

▌부동산 정책 관련 자료 등 종합관리(부동산 거래신고 등에 관한 법률 제24조)
① 국토교통부장관 또는 시장·군수·구청장은 적절한 부동산정책의 수립 및 시행을 위하여 부동산 거래상황, 주택 임대차 계약상황, 외국인 부동산 취득현황, 부동산 가격 동향 등 이 법에 규정된 사항에 관한 정보를 종합적으로 관리하고, 이를 관련 기관·단체 등에 제공할 수 있다.
② 국토교통부장관 또는 시장·군수·구청장은 정보의 관리를 위하여 관계 행정기관이나 그 밖에 필요한 기관에 필요한 자료를 요청할 수 있다. 이 경우 관계 행정기관 등은 특별한 사유가 없으면 요청에 따라야 한다.

▌부동산정보체계의 구축·운영(부동산 거래신고 등에 관한 법률 제25조)
국토교통부장관은 효율적인 정보의 관리 및 국민편의 증진을 위하여 대통령령으로 정하는 바에 따라 부동산거래 및 주택 임대차의 계약·신고·허가·관리 등의 업무와 관련된 정보체계를 구축·운영할 수 있다.

오답해설

① 부동산 거래신고 등에 관한 법률에 근거한다.
③ 광역시장·도지사 ⇨ 국토교통부장관 또는 시장·군수·구청장
④ 광역시장·도지사 ⇨ 국토교통부장관
⑤ 국토교통부장관은 정보의 종류와 내용을 제한할 수 있다.

30 정답해설

① 경매 및 공매대상 부동산의 권리분석 및 취득을 알선하는 행위는 금지된 행위가 아니다(공인중개사법).

31 정답해설

④ 교사, 기숙사, 도서관, 아파트 등 건물에 주로 적용되는 방식은 BTL 방식이다.

▌BTO 방식과 BTL 방식
1. BTO 방식
   ㉠ 민간이 사회간접시설을 건설(B)하고, 소유권을 주무관청에 양도(T)한 후, 일정기간 시설에 대한 운영권(O)을 통해 개발비용을 회수하는 방식
   ㉡ 도로, 철도 등 대다수 기반시설에 활용하는 방식
2. BTL 방식
   ㉠ 민간이 사회간접시설을 건설(B)하고, 소유권을 주무관청에 양도(T)한 후, 정부 등에 그 시설을 임차(L)하는 방식
   ㉡ 학교, 건물, 기숙사, 도서관, 군인아파트 등 건물에 주로 활용하는 방식

오답해설

⑤ 수험 목적상 BTO 방식을 이해하는 것이 유리하다. 도로, 터널 등 일반적인 기반시설은 사업시행자가 최종 수요자에게 사용료를 직접 부과하기 쉬운 사업이다. 따라서 사업시행자가 최종 수요자에게 사용료를 직접 부과하기 쉬운 방식은 BTO 방식이고, 반대로 최종 수요자에게 사용료를 직접 부과하기 어려운 방식은 BTL 방식이다.

32 **정답해설**

⑤ 기밀유지의 장점이 있는 방식은 자기관리방식이다.

33 **정답해설**

② 행정인허가 불확실성으로 발생하는 위험은 법률적 위험으로 분류된다.

> ▌**워포드의 개발의 위험**
> 1. 법률적 위험 : 정부 정책, 토지이용규제, 행정청의 인허가 등으로 발생하는 불확실성
> 2. 시장위험 : 시장의 경기침체, 시장이자율 변화 등으로 발생하는 불확실성
> 3. 비용위험 : 인플레이션, 개발기간의 연장 등으로 발생하는 불확실성

34 **정답해설**

④ 옳은 순서이다.

> ▌**워포드의 개발의 단계**
> 1. 구상 단계(아이디어 단계)
> 2. 예비적 타당성 분석 : 개발사업으로부터 예상되는 수입과 비용을 개략적으로 분석
> 3. 부지 모색 및 확보
> 4. 타당성 분석 : 사업의 실행 가능성을 구체적이고 세부적으로 분석
> 5. 금융
> 6. 건설
> 7. 마케팅

35 **정답해설**

① 부동산 개발의 정의에 시공을 담당하는 행위는 제외된다.

> ▌**부동산 개발의 정의(부동산개발업의 관리 및 육성에 관한 법률)**
> 1. "부동산개발"이란 다음의 어느 하나에 해당하는 행위를 말한다. 다만, 시공을 담당하는 행위는 제외한다.
>   가. 토지를 건설공사의 수행 또는 형질변경의 방법으로 조성하는 행위
>   나. 건축물을 건축 · 대수선 · 리모델링 또는 용도변경 하거나 공작물을 설치하는 행위

36 〔정답해설〕

③ 옳은 지문이다.

〔오답해설〕

① 고객점유 마케팅 전략에 대한 설명이다.
② 시장점유 마케팅 전략에 대한 설명이다.
④ STP 전략의 'P'는 판매촉진(Promotion)이 아니라 포지셔닝(Positioning)이다.
⑤ 4P–Mix 전략의 'P'는 포지셔닝(Positioning)이 아니라 판매촉진(Promotion)이다.

37 〔정답해설〕

④ 옳은 지문이다.

〔오답해설〕

① 공동중개계약에 대한 설명이다.
② 독점중개계약은 누가 거래를 성립시켰는지에 상관없이 독점중개계약을 체결한 개업공인중개사가 중개보수를 받는다.
③ 독점중개계약에 대한 설명이다.
⑤ 순가중개계약에 대한 설명이다.

> ▎중개계약의 종류
> 1. 일반중개계약 : 불특정 다수의 개업공인중개사에게 경쟁적인 중개를 의뢰하는 중개계약으로 가장 먼저 거래계약체결을 중개한 개업공인중개사만이 보수를 받는 방식
> 2. 전속중개계약 : 중개의뢰인이 특정한 개업공인중개사를 정하여 그 개업공인중개사에 한하여 중개대상물을 중개하도록 하는 중개계약
> 3. 독점중개계약 : 독점 중개권을 보장하는 계약으로 누가 거래계약을 성사시켰는지를 묻지 않고 독점중개계약을 체결한 개업공인중개사가 보수를 받는 방식
> 4. 공동중개계약 : 2명 이상의 개업공인중개사의 공동활동에 의해 거래계약체결을 중개하는 중개계약
> 5. 순가중개계약 : 중개의뢰인이 중개대상물의 가격을 사전에 개업공인중개사에게 제시하고 그 금액을 초과하여 거래계약을 성립시키면 그 초과하는 부분은 모두 중개보수로 지불하기로 하는 중개계약

38 〔정답해설〕

③ A도시로부터 상권의 경계지점까지의 거리(D_a)는 10km이다.

$$D_a = \frac{D_{ab}(15\text{km})}{1 + \sqrt{\dfrac{P_b(4\text{만})}{P_a(16\text{만})}}} = 10\text{km}$$

39 〔정답해설〕

④ 교통이 편리한 지역에 입지하는 계층은 고소득층 주거지역이다. 호이트는 주거지역을 소득계층별로 구분하고, 저소득층은 고용기회가 많은 지역에 입지하고 고소득층은 교통이 편리한 지역에 입지한다고 보았다.

40

③ 자산 C는 자산 B에 비해 수익은 높지만, 위험도 역시 높다. 따라서 자산 C가 자산 B를 지배한다고 할 수 없다.

구분	기대수익률	분산(표준편차)	변동계수
자산 A	6%	$4\%^2$(2%)	0.33
자산 B	10%	$4\%^2$(2%)	0.2
자산 C	13%	$9\%^2$(3%)	0.23

2018년 제29회 정답 및 해설

정답

01 ③	02 ①	03 ②	04 ②	05 ④	06 ④	07 ①	08 ②	09 ④	10 ⑤
11 ①	12 ①	13 ①	14 ②	15 ①	16 ②	17 ④	18 ①	19 ⑤	20 ③
21 ⑤	22 ②	23 ③	24 ③	25 ③	26 ②	27 ④	28 ⑤	29 ⑤	30 ④
31 ③	32 ⑤	33 ④	34 ⑤	35 ③	36 ③	37 ⑤	38 ①	39 ②	40 ④

29회 계산문제 해설

01 정답해설

③ 제시된 내용은 모두 부동성과 관련된다.

▌부동성의 파생현상
1. 시장의 지역화, 국지적 시장
2. 외부효과
3. 임장활동(현장활동), 지역분석의 근거
4. 주의 : 지리적 위치(장소)는 고정되어 있지만, 인문적 위치는 변화한다.

02 정답해설

① 옳은 연결이다.
    ㄱ. 택지 등 대분류 상호 간의 용도전환이 예상되는 토지이므로 후보지에 대한 설명이다.
    ㄴ. 소지에 대한 설명이다.

03 정답해설

② 입목을 위한 법정지상권은 성립한다.

▌입목의 독립성(입목에 관한 법률 제3조)
① 입목은 부동산으로 본다.
② 입목의 소유자는 토지와 분리하여 입목을 양도하거나 저당권의 목적으로 할 수 있다.
③ 토지소유권 또는 지상권 처분의 효력은 입목에 미치지 아니한다.

▌저당권의 효력(입목에 관한 법률 제4조)
① 입목을 목적으로 하는 저당권의 효력은 입목을 베어 낸 경우에 그 토지로부터 분리된 수목에도 미친다.

② 저당권자는 채권의 기한이 되기 전이라도 제1항의 분리된 수목을 경매할 수 있다. 다만, 그 매각대금을 공탁하여야 한다.
③ 수목의 소유자는 상당한 담보를 공탁하고 제2항에 따른 경매의 면제를 신청할 수 있다.

▍법정지상권(입목에 관한 법률 제6조)
① 입목의 경매나 그 밖의 사유로 토지와 그 입목이 각각 다른 소유자에게 속하게 되는 경우에는 토지소유자는 입목소유자에 대하여 지상권을 설정한 것으로 본다.
② 제1항의 경우에 지료에 관하여는 당사자의 약정에 따른다.

04 〔정답해설〕
② 사정면적은 약 10,215㎡이다.
   1. 정단무보 : 1정 = 3,000평, 1단 = 300평, 1무 = 30평, 1보 = 1평
   2. 1정 = 3,000평, 3무 = 90평
   3. 3,090평 × 3.30579(㎡/평) = 약 10,214.89㎡

05 〔정답해설〕
④ 옳은 지문이다.

〔오답해설〕
① 신축 중인 건물이더라도 토지와 별개의 부동산으로 취급된다(판례).
② 수목은 명인방법을 갖추면 토지와 별개의 부동산으로 취급된다.
③ 토지에 정착된 담장은 종속정착물로, 토지와 별개의 부동산으로 취급되지 않는다.
⑤ 20톤 이상의 선박에 등기가 가능하다.

06 〔정답해설〕
④ 불완전경쟁시장이라도 초과이윤이 없다면 할당 효율적 시장이 될 수 있다. 따라서 부동산 시장은 불완전하고 비효율적이지만 할당 효율적일 수 있다.

▍할당 효율적 시장
   1. 완전경쟁시장 : 초과이윤이 없는 시장이므로, 항상 할당 시장이 된다.
   2. 불완전경쟁시장 : 초과이윤의 유무에 따라, 할당 시장이 될 수 있다.

07 〔정답해설〕
① 허드(Hurd)의 최소마찰비용이론은 마찰비용이 가장 적은 방향으로 도시는 성장한다는 이론이다. 즉, 도시의 성장은 저항이 적은 방향으로 이루어진다는 이론이다.

08 정답해설

② 옳은 지문이다(실제 시험에서는 시간의 제약상 버려야 되는 문제 유형이다).
1. A지역의 숙박업 입지계수(0.986) ≒ {(180 ÷ 530) ÷ (570 ÷ 1,655)}
2. C지역의 금융업 입지계수(0.943) ≒ {(190 ÷ 585) ÷ (570 ÷ 1,655)}

오답해설

① B지역 제조업의 입지계수가 높다.
1. B지역의 제조업 입지계수(1.012) ≒ {(170 ÷ 540) ÷ (515 ÷ 1,655)}
2. A지역의 숙박업 입지계수(0.986) ≒ {(180 ÷ 530) ÷ (570 ÷ 1,655)}
③ A지역 숙박업의 입지계수는 낮다.
1. A지역의 숙박업 입지계수(0.986) ≒ {(180 ÷ 530) ÷ (570 ÷ 1,655)}
2. B지역의 제조업 입지계수(1.012) ≒ {(170 ÷ 540) ÷ (515 ÷ 1,655)}
④ A지역 제조업의 입지계수가 낮다.
1. A지역의 제조업 입지계수(0.910) ≒ {(150 ÷ 530) ÷ (515 ÷ 1,655)}
2. C지역의 숙박업 입지계수(0.993) ≒ {(200 ÷ 585) ÷ (570 ÷ 1,655)}
⑤ B지역 제조업의 입지계수가 높다.
1. B지역의 제조업 입지계수(1.012) ≒ {(170 ÷ 540) ÷ (515 ÷ 1,655)}
2. C지역의 금융업 입지계수(0.943) ≒ {(190 ÷ 585) ÷ (570 ÷ 1,655)}

09 정답해설

④ 면적은 900 증가하고, 균형 거래량은 20 증가한다.
1. 수요함수 변화 전
  1) 균형 거래량 : 20
    ① $(50-P)=(-40+2P)$, $3P = 90$
    ② P = 30, Q = 20
  2) 면적(a)의 측정 : $(30 \times 20) \div 2 = 300$
2. 수요함수 변화 후
  1) 균형 거래량 : 40
    ① $(80-P)=(-40+2P)$, $3P = 120$
    ② P = 40, Q = 40
  2) 면적(a + b)의 측정 : $(60 \times 40) \div 2 = 1,200$

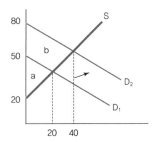

10 정답해설

⑤ 부동산 가치는 장래 기대되는 편익을 현재가치로 환원한 값으로 정의될 수 있다.

11 정답해설

① 이용객 수는 A쇼핑센터 15,000명, B쇼핑센터 150,000명, C쇼핑센터 75,000명이다.
1. 유인력 산정

A쇼핑센터 : $\dfrac{4,000}{10^2} = 40$, B쇼핑센터 : $\dfrac{10,000}{5^2} = 400$, C쇼핑센터 : $\dfrac{20,000}{10^2} = 200$

2. 유인력 비율

A쇼핑센터 : $\dfrac{40}{640}$, B쇼핑센터 : $\dfrac{400}{640}$, C쇼핑센터 : $\dfrac{200}{640}$

3. 각 쇼핑센터의 이용객 수 [고객의 수 : 24만명(= 60만명 × 40%)]

1) A쇼핑센터 : 240,000명 × $\dfrac{40}{640}$ = 15,000명

2) B쇼핑센터 : 240,000명 × $\dfrac{400}{640}$ = 150,000명

3) C쇼핑센터 : 240,000명 × $\dfrac{200}{640}$ = 75,000명

12 정답해설

① 총투자수익률은 약 8.3%, 부채감당률은 2.0이다.
  1. 총투자수익률 : (순영업소득 ÷ 총투자액) = (1억원 ÷ 12억원) ≒ 8.3%
  2. 부채감당률 : (순영업소득 ÷ 부채서비스액) = (1억원 ÷ 5천만원) = 2

13 정답해설

① 수익성지수(PI)는 현금유입의 현재가치를 현금유출의 현재가치로 나눈 비율이다.

오답해설

② 순현가법, 수익성지수법, 내부수익률법은 화폐의 시간가치를 고려하는 할인법이다.
③ 동일한 투자안에 대해서 내부수익률은 복수가 산정될 수도 있고 존재하지 않을 수도 있다.
④ 내부수익률은 순현가를 '0'으로 만드는 할인율 또는 수익성지수를 '1'로 만드는 할인율이다.
⑤ 순현가법과 수익성지수법에서 현금흐름을 할인하기 위해 적용되는 할인율은 요구수익률이다.

14 정답해설

② 효율적 투자선(효율적 전선)은 우상향하는 곡선의 형태로 나타난다. 이는 수익과 위험이 상충관계(비례관계)에 있기 때문이다.

> ▋ 효율적 전선 논점 2가지
> 1. 효율적 전선의 도출 : 평균·분산 지배원리를 통해 도출한다.
> 2. 효율적 전선의 형태 : 수익과 위험의 비례관계에 의해 우상향하는 형태로 표현된다.

오답해설

⑤ 포트폴리오 구성자산의 수익률 간 상관계수(ρ)는 ' − 1'과 '+1' 사이의 값을 갖는데, ' − 1'에 가까워질수록 위험 회피효과가 더 크다.

15 정답해설

① 변동계수는 0.25이다.

  1. 변동계수(변이계수) 공식 : $\dfrac{표준편차}{기대수익률}$

2. 변동계수 산정
　① 기대수익률 : (10% × 0.5) + (6% × 0.5) = 8%
　② 분산 : {(10% − 8%)^2 × 0.5} + {(6% − 8%)^2 × 0.5} = 4%^{2}
　③ 표준편차(= $\sqrt{분산}$) : $\sqrt{4\%^2}$ = 2%(0.02)
　④ 변동계수 : $\dfrac{표준편차}{기대수익률}$ = $\dfrac{0.02}{0.08}$ = 0.25

16 〔정답해설〕

② 부동산투자회사의 설립은 발기설립의 방법으로 하여야 하며, 현물출자에 의한 설립을 할 수 없다(부동산투자
회사법 제5조).

▌부동산투자회사법 관련 수치
1. 설립자본금 ① 자기관리 − 5억 이상
　　　　　　 ② 위탁관리·기업구조조정 − 3억 이상
2. 최저자본금 ① 자기관리 − 70억 이상
　　　　　　 ② 위탁관리·기업구조조정 − 50억 이상
3. 자산의 운영 ① 총자산 80% 이상 : 부동산, 부동산증권, 현금으로 구성
　　　　　　 ② 총자산 70% 이상 : 부동산으로 구성
4. 배당과 차입 ① 배당 : 원칙적으로 이익배당 한도의 90% 이상을 주주에게 배당
　　　　　　 ② 차입 : 필요한 경우 자금을 차입하거나 사채를 발행할 수 있다.

17 〔정답해설〕

④ 원리금균등분할상환 조건의 매기 원리금 상환액은 저당상수를 활용하여 계산한다(대출원금 × 저당상수 =
매기 원리금 상환액).

1. 저당상수 공식 : $\dfrac{r(1+r)^n}{(1+r)^n-1}$
2. 월금리 : '0.05 ÷ 12', 기간(월) : '10년 × 12월'

18 〔정답해설〕

① 주택소유자 또는 배우자가 만 55세 이상이어야 한다(한국주택금융공사법 제2조).

19 〔정답해설〕

⑤ 모두 옳은 지문이다.

▌프로젝트 대출의 특징
1. 사업주에 대한 비소구 금융 또는 제한적 소구 금융
2. 사업주에 대한 부외 금융효과(사업주의 재무상태표에 부채로 기록되지 않는다.)
3. 에스크로 계좌
4. 법인세 감면 혜택

20 〔정답해설〕

③ 정보의 비대칭성은 시장실패의 원인이다.

21 〔정답해설〕

⑤ 택지소유상한제는 현재 우리나라에서 시행 중인 부동산 정책이 아니다(1998년 헌법불합치로 폐지됨).

> ▌ 현재 우리나라에 없는 제도
> 1. 택지소유상한제 : 6대 대도시에 한해 1가구가 200평 이상의 택지를 취득 시 허가를 얻도록 함으로써, 원칙적으로 택지를 초과 소유할 수 없도록 제한한 제도이다. (폐지)
> 2. 토지초과이득세 : 개인의 유휴토지나 법인의 비업무용토지의 가격상승으로 발생하는 초과이득의 일부를 세금으로 환수하는 것을 말한다. (폐지)
> 3. 공한지세 : 도시지역에서 토지를 구입하고 토지를 이용하지 않는 경우에 세금을 부과하는 제도이다. (폐지)
> 4. 개발권양도제도 : 우리나라는 아직 도입하지 않은 제도이다.
> 5. 종합토지세 : 종합부동산세로 통합되어 폐지되었다.

22 〔정답해설〕

② 토지비축정책은 정부의 직접적 시장개입방법이다.

> ▌ 정부의 개입 방식
> 1. 직접 개입방식 : 정부가 직접 가격(임대료)을 통제하거나, 정부가 직접 수요자 또는 공급자의 역할을 수행하는 방식
>   ㉠ 임대료 통제, 분양가 통제
>   ㉡ 토지은행제도(토지비축제도), 토지 수용, 토지 선매
>   ㉢ 공공주택건설, 공공택지개발 등 각종 공영개발
> 2. 간접 개입방식 : 수요자 또는 공급자의 행동을 변화시키고자 하는 유인책
>   ㉠ 조세 및 부담금, 보조 및 지원
>   ㉡ LTV, DTI 등 대출 규제
>   ㉢ 부동산 가격 공시제도, 토지거래에 관한 정보 지원

23 〔정답해설〕

③ 옳은 지문이다.

> ▌ 부동산 조세의 분류
> 1. 취득단계 : 취득세(지방세), 상속세(국세), 증여세(국세)
> 2. 보유단계 : 재산세(지방세), 종합부동산세(국세)
> 3. 처분단계 : 양도소득세(국세)

〔오답해설〕

① 취득세(등록면허세)는 비례세 체계로 부과된다. 다만 재산세는 누진세 체계가 원칙이다.

② 상속세는 누진세 체계가 원칙이다.
④ 증여세는 취득단계에 부과되는 세금이고, 재산세는 보유세에 속한다.
⑤ 취득세는 지방세에 속하나, 증여세는 국세에 속한다.

24 정답해설

③ 양도소득세 과세대상은 열거주의를 선택하고 있다. 지역권의 양도로 인한 소득은 양도소득세의 대상에 포함되지 않는다(해설에 양도소득세의 대상이 되는 소득을 표시하지 않았습니다. 그냥 이 문제만 이해하고 넘어가시기 바랍니다).

25 정답해설

③ 제시된 내용은 BTL(Build – Transfer – Lease) 방식이다.

┃BTO 방식과 BTL 방식
1. BTO 방식
   ㉠ 민간이 사회간접시설을 건설(B)하고, 소유권을 주무관청에 양도(T)한 후, 일정기간 시설에 대한 운영권(O)을 통해 개발비용을 회수하는 방식
   ㉡ 도로, 철도 등 대다수 기반시설에 활용하는 방식
2. BTL 방식
   ㉠ 민간이 사회간접시설을 건설(B)하고, 소유권을 주무관청에 양도(T)한 후, 정부 등에 그 시설을 임차(L)하는 방식
   ㉡ 학교, 건물, 기숙사, 도서관, 군인아파트 등 건물에 주로 활용하는 방식

26 정답해설

② 옳은 지문이다.

오답해설

① 시설관리는 부동산시설을 유지·보수하는 것으로 시설사용자나 기업의 요구에 따르는 소극적 관리에 해당한다.
③ 자기관리방식은 기밀유지에 유리한 방식이다.
④ 혼합관리방식은 문제발생 시 책임소재가 불분명하다는 단점이 있다.
⑤ 건물의 고층화와 대규모화가 진행되면서 자기관리방식에서 위탁관리방식으로 바뀌는 경향이 있다.

27 정답해설

④ 4P MIX 전략은 시장점유 마케팅 전략에 해당된다.

┃마케팅 전략의 구분
1. 시장점유 마케팅 전략 : 공급자 중심의 전략, STP 전략, 4P MIX 전략
2. 고객점유 마케팅 전략 : 소비자 중심의 전략, AIDA원리
3. 관계 마케팅 전략

28 〔정답해설〕

⑤ 투자결정이란 다양한 투자분석기법을 활용하여 최종의 대안을 선택하는 과정이다.

29 〔정답해설〕

⑤ 제시된 내용은 모두 운영 위험을 발생시키는 요인들이다.

> ▌부동산 투자의 위험의 종류
> 1. 위험의 종류는 위험이 만들어지는 원인에 의해 구분된 것이다.
> 2. 위험의 종류
>   ㉠ 사업상의 위험
>   ⓐ 시장위험 : 시장 경기의 침체
>   ⓑ 운영위험 : 근로자의 파업, 영업경비의 변화
>   ⓒ 위치적 위험 : 외부환경 변화로 인한 상대적 위치의 변화
>   ㉡ 금융적 위험
>   ㉢ 법적 위험
>   ㉣ 인플레이션 위험
>   ㉤ 유동성 위험

30 〔정답해설〕

④ 개별요인 비교치(격차율)는 약 0.943이다.
1. 조건의 비교치는 조건 내부의 항목별 비교치를 합산하여 산정한다.
2. 접근조건 : 5% 우세, 자연조건 : 5% 우세, 획지조건 : 5% 열세, 기타조건 : 10% 열세
3. 개별요인 비교치 : 1.05(접근) × 1.05(자연) × 0.95(획지) × 0.9(기타) ≒ 0.943

31 〔정답해설〕

③ 유사지역이란 대상 부동산이 속하지 아니하는 지역으로서 인근지역과 유사한 지역특성을 갖는 지역을 말한다 (감정평가에 관한 규칙 제2조).

> ▌지역분석의 대상 지역
> 1. 인근지역은 감정평가의 대상이 된 부동산이 속한 지역으로서 부동산의 이용이 동질적이고 가치형성요인 중 지역요인을 공유하는 지역이다.
> 2. 유사지역은 대상 부동산이 속하지 아니하는 지역으로서 인근지역과 유사한 특성을 갖는 지역이다.
> 3. 동일수급권은 대상 부동산과 대체·경쟁 관계가 성립하고 가치형성에 서로 영향을 미치는 다른 부동산이 존재하는 권역으로, 인근지역과 유사지역을 포함하는 광역적인 권역이다.

32 〔정답해설〕

⑤ 감정평가법인등은 과수원을 감정평가할 때에 거래사례비교법을 적용해야 한다(감정평가에 관한 규칙 제18조).

33 정답해설

④ 옳은 지문이다.

> ▌개별공시지가 산정 제외(부동산 가격공시에 관한 법률 제17조 제2항)
> 표준주택으로 선정된 단독주택, 국세 또는 지방세 부과대상이 아닌 단독주택에 대하여는 개별주택가격을 결정·공시하지 아니할 수 있다. 이 경우 표준주택으로 선정된 주택에 대하여는 해당 주택의 표준주택가격을 개별주택가격으로 본다.

오답해설

① 다가구주택은 단독주택가격의 공시대상이다.
② 개별공시지가의 공시기준일은 원칙적으로 1월 1일이다. 다만, 공시기준일 이후에 분할·합병이 발생한 토지의 경우에는 대통령이 정하는 날(7월 1일 또는 내년 1월 1일)을 기준으로 결정한다. 따라서 6월 1일인 경우는 없다.
③ 표준주택에 그 주택의 사용·수익을 제한하는 권리가 설정되어 있을 때에는 그러한 권리가 설정되어 있지 않다고 보고 평가한다.
⑤ 표준지공시지가의 공시권자는 국토교통부장관이다.

34 정답해설

⑤ ㄱ은 답축사, ㄴ은 중로각지로 기재된다.

> ▌도로(한면)의 구분
> 1. 광대로한면 : 폭 25m 이상의 도로에 한면이 접하고 있는 토지
> 2. 중로한면 : 폭 12m 이상 25m 미만 도로에 한면이 접하고 있는 토지
> 3. 소로한면 : 폭 8m 이상 12m 미만의 도로에 한면이 접하고 있는 토지
> 4. 세로한면(가) : 자동차 통행이 가능한 폭 8m 미만의 도로에 한면이 접하고 있는 토지

35 정답해설

③ 실지조사 여부는 확정해야 할 기본적 사항이 아니다.

> ▌기본적 사항의 확정(감정평가에 관한 규칙 제9조 제1항, 제3항)
> 1) 감정평가법인등은 감정평가를 의뢰받았을 때에는 의뢰인과 협의하여 다음 각 호의 사항을 확정해야 한다.
>   1. 의뢰인
>   2. 대상물건
>   3. 감정평가 목적
>   4. 기준시점
>   5. 감정평가조건
>   6. 기준가치
>   7. 관련 전문가에 대한 자문 또는 용역(이하 "자문등"이라 한다)에 관한 사항
>   8. 수수료 및 실비에 관한 사항
> 2) 감정평가법인등은 필요한 경우 관련 전문가에 대한 자문 등을 거쳐 감정평가할 수 있다.

36 〔정답해설〕

③ 중개대상물의 최유효이용상태는 확인·설명해야 할 사항이 아니다.

▌중개대상물의 확인·설명(공인중개사법 제25조)

① 개업공인중개사는 중개를 의뢰받은 경우에는 중개가 완성되기 전에 다음 각 호의 사항을 확인하여 이를 해당 중개대상물에 관한 권리를 취득하고자 하는 중개의뢰인에게 성실·정확하게 설명하고, 토지대장 등본 또는 부동산종합증명서, 등기사항증명서 등 설명의 근거자료를 제시하여야 한다.
   1. 해당 중개대상물의 상태·입지 및 권리관계
   2. 법령의 규정에 의한 거래 또는 이용제한사항
   3. 그 밖에 대통령령으로 정하는 사항(영 제21조 제1항)

> 법 제25조 제1항에 따라 개업공인중개사가 확인·설명해야 하는 사항은 다음 각 호와 같다.
>   1. 중개대상물의 종류·소재지·지번·지목·면적·용도·구조 및 건축연도 등 중개대상물에 관한 기본적인 사항
>   2. 소유권·전세권·저당권·지상권 및 임차권 등 중개대상물의 권리관계에 관한 사항
>   3. 거래예정금액·중개보수 및 실비의 금액과 그 산출내역
>   4. 토지이용계획, 공법상의 거래규제 및 이용제한에 관한 사항
>   5. 수도·전기·가스·소방·열공급·승강기 및 배수 등 시설물의 상태
>   6. 벽면·바닥면 및 도배의 상태
>   7. 일조·소음·진동 등 환경조건
>   8. 도로 및 대중교통수단과의 연계성, 시장·학교와의 근접성 등 입지조건
>   9. 중개대상물에 대한 권리를 취득함에 따라 부담하여야 할 조세의 종류 및 세율

---

37 〔정답해설〕

⑤ 상업용 건축물 및 주택의 분양대행은 가능하지만, 토지의 분양대행은 할 수 없다.

▌개업공인중개사의 겸업제한 등(공인중개사법 제14조)

① 법인인 개업공인중개사는 다른 법률에 규정된 경우를 제외하고는 중개업 및 다음 각 호에 규정된 업무 외에 다른 업무를 함께 할 수 없다.
   1. 상업용 건축물 및 주택의 임대관리 등 부동산의 관리대행
   2. 부동산의 이용·개발 및 거래에 관한 상담
   3. 개업공인중개사를 대상으로 한 중개업의 경영기법 및 경영정보의 제공
   4. 상업용 건축물 및 주택의 분양대행
   5. 그 밖에 중개업에 부수되는 업무로서 대통령령으로 정하는 업무

② 개업공인중개사는 「민사집행법」에 의한 경매 및 「국세징수법」 그 밖의 법령에 의한 공매대상 부동산에 대한 권리분석 및 취득의 알선과 매수신청 또는 입찰신청의 대리를 할 수 있다.

38 정답해설

① 을구에는 소유권 이외의 권리, 즉 지상권, 지역권, 전세권, 저당권 등이 기재된다.

오답해설

②, ④ 유치권과 점유권은 등기를 필요로 하지 않는다.

③ 가압류는 갑구에서 확인이 가능하다. 갑구에는 소유권보존 및 이전에 관한 사항과 소유권을 제한하는 권리(경매개시결정, 가압류, 압류, 가등기, 가처분 등)가 기재된다.

⑤ 예고등기는 2011년 4월 12일 부동산등기법이 개정되면서 삭제·폐지되었다.

39 정답해설

② 전세권은 말소기준권리가 되지 않을 수 있다.

❙ 말소기준권리
1. 말소기준권리란 경매 절차에 의해 소멸되는 권리와 낙찰자가 인수해야 하는 권리를 구분하는 기준이 되는 권리를 의미한다.
2. 원칙적으로 말소기준권리 이후에 설정된 권리는 낙찰과 동시에 전부 말소되고, 말소기준 이전에 설정된 권리는 낙찰받더라도 낙찰자가 그대로 인수해야 한다.
3. 말소기준권리의 종류에는 저당권(근저당권), 압류(가압류), 담보가등기, 선순위전세권등기, 경매기입등기 등이 있다.

40 정답해설

④ 순수익은 54,000,000만원이다.
   1. 유효총수익(EGI)
      = 9,000만원(가능총수익) − 300만원(공실손실상당액) − 100만원(대손충당금)
      = 8,600만원
   2. 영업경비(OE)
      = 2,400만원(관리직원 인건비) + 300만원(수선유지비) + 200만원(재산세) + 300만원(광고선전비)
      = 3,200만원
   3. 순수익(NOI)
      = 유효총수익(EGI) − 영업경비(OE)
      = 8,600만원 − 3,200만원 = 5,400만원

2017년 제28회 정답 및 해설

정답

01 ⑤	02 ②	03 ②	04 ②	05 ③	06 ④	07 ①	08 ②	09 ①	10 ④
11 ⑤	12 ③	13 ④	14 ③	15 ④	16 ⑤	17 ⑤	18 ②	19 ⑤	20 ①
21 ③	22 ④	23 ①	24 ①	25 ⑤	26 ②	27 ④	28 ③	29 ①	30 ⑤
31 ③	32 ②	33 ①	34 ③	35 ②	36 ①	37 ②	38 ④	39 ④	40 ③

28회 계산문제 해설

01 〔정답해설〕

⑤ 공공재는 소비의 비경합성과 비배제성의 특성을 갖는다.

▌공공재의 특징

1. 소비의 비경합성 : 공공재는 공공이 함께 소비할 수 있기 때문에, 먼저 소비하기 위해 경쟁하지 않는다.
2. 소비의 비배제성 : 공공재는 대가를 지불하지 않은 사람도 소비에서 배제되지 않는다. 즉, 무임승차가 일어날 수 있다.

02 〔정답해설〕

② 시장이 과열되어 있는 경우에 정부가 시행하는 안정화 정책은 시장을 다운(down)시키는 정책이다.

1. 양도소득세율 인상(ㄱ), 아파트 전매제한기간 확대(ㄷ), 담보인정비율(LTV) 및 총부채상환비율(DTI)의 축소 (ㅁ) 정책은 시장을 다운(down)시키는 정책이다.
2. 분양가상한제 폐지(ㄴ), 주택청약 시 재당첨제한 폐지(ㄹ) 정책은 시장을 업(up)시키는 정책이다.

03 〔정답해설〕

② 토지세제는 간접개입수단이다.

▌정부의 개입 방식

1. 직접 개입방식 : 정부가 직접 가격(임대료)을 통제하거나, 정부가 직접 수요자 또는 공급자의 역할을 수행하는 방식
   ㉠ 임대료 통제, 분양가 통제
   ㉡ 토지은행제도(토지비축제도), 토지 수용, 토지 선매
   ㉢ 공공주택건설, 공공택지개발 등 각종 공영개발
2. 간접 개입방식 : 수요자 또는 공급자의 행동을 변화시키고자 하는 유인책
   ㉠ 조세 및 부담금, 보조 및 지원
   ㉡ LTV, DTI 등 대출 규제

04 〔정답해설〕

② 첫 번째 월불입액의 차액은 432,900원이다.
   1. 원금균등상환방식의 월불입액 : 6억원 × 50% × 0.5% = 1,500,000원
   2. 원리금균등상환방식의 월불입액 : 6억원 × 50% × 0.006443 = 1,932,900원
   3. 첫 번째 월불입액의 차액 : 1,932,900원 - 1,500,000원 = 432,900원

05 〔정답해설〕

③ 옳은 지문은 ㄱ, ㄹ이다.

〔오답해설〕

ㄴ. 주택소비 금융은 신용이 아니라 주택을 담보로 제공하고 자금을 제공받는 형태의 금융이다. 이를 주택담보대
   출이라고 한다.
ㄷ. 주택소비 금융에 대한 설명이다.

06 〔정답해설〕

④ PF는 여러 이해관계자가 계약관계에 참여하기 때문에 일반적으로 사업진행이 신속하지 못하다.

07 〔정답해설〕

① 연금 가입의 대상 주택은 주택법상 주택, 지방자치단체에 신고된 노인복지주택, 주거목적의 오피스텔 등이다.
   따라서 주택법상 주택이 아닌 상가주택은 대상주택이 될 수 없다.

08 〔정답해설〕

② 영업소득세는 900만원이다.

> ▌영업소득세 계산
> 1. (순영업소득 + 대체충당금 - 이자지급분 - 감가상각분) × 세율 = 영업소득세
> 2. (세전현금수지 + 대체충당금 + 원금상환분 - 감가상각분) × 세율 = 영업소득세

   1. 세전현금수지가 제시되었으니, 두번째 방식을 적용하여 산정한다.
   2. 영업소득세 : (4,000만원 + 350만원 + 400만원 - 250만원) × 20% = 900만원

09 〔정답해설〕

① 수익성지수법(PI)은 현금유입의 현재가치 합계를 현금유출의 현재가치 합계로 나눈 것이다.

10 〔정답해설〕

④ 부동산의 가치는 장래 기대이익을 현재가치로 환원하여 산정한다. 따라서 할인율(요구수익률)이 클수록 부동
   산의 가치는 감소한다.

11 정답해설

⑤ 총투자수익률 : 1.5억원(순) ÷ 15억원(부동산 가격) = 10%

> ▌현금흐름 분석
> 1. 순영업소득 : 15,000만원
> 2. 세전현금수지 : 15,000만 − 8,000만 = 7,000만원
> 3. 세후현금수지 : 7,000만 − 5,000만 = 2,000만원

오답해설

① 부채비율 = 부채(대출금액) ÷ 자기자본 = 5억원 ÷ 10억원 = 50%
② 순소득승수 = 총투자액 ÷ 순영업소득 = 15억원 ÷ 1.5억원 = 10
③ 지분투자수익률 = 세후현금흐름 ÷ 지분투자액 = 2,000만원 ÷ 10억원 = 2%
④ 부채감당비율 = 순영업소득 ÷ 부채서비스액 = 1억 5,000만원 ÷ 8,000만원 = 187.5%

12 정답해설

③ 옳은 지문은 ㄱ, ㄹ, ㅁ이다.

오답해설

ㄴ. 위험과 수익과의 상쇄관계(비례관계)는 위험이 크면 클수록 요구하는 수익률이 커지는 것을 의미한다.
ㄷ. 위험의 크기에 관계없이 행동하는 투자유형은 위험중립형이라 한다. 위험을 선호하면 위험추구형이고, 위험을 싫어하면 위험회피형이다. 그리고 위험에 관계없이 행동을 한다면 위험중립형이다.

13 정답해설

④ 기대수익률은 30%, 분산은 0.006이다.
  1. 기대수익률 : $(20\% \times 0.3) + (30\% \times 0.4) + (40\% \times 0.3) = 30\%$
  2. 분산 : $\{(20\% - 30\%)^2 \times 0.3\} + \{(30\% - 30\%)^2 \times 0.4\} + \{(40\% - 30\%)^2 \times 0.3\}$
     $= 60\%^2 (0.006)$

14 정답해설

③ 감가누계액(감가수정액)은 45,000,000원이다.
  1. 재조달원가 : 5억
  2. 감가수정액 : $\dfrac{5억(재) \times 0.9}{50년} \times 5년(경과연수) = 45,000,000원$

15 정답해설

④ 동산에 대한 용익물권의 설정은 불가능하다. 동산은 담보물권 중 유치권, 질권의 설정이 가능하다.

16 정답해설

⑤ 인문적 위치는 다시 사회적 위치, 경제적 위치, 행정적 위치로 세분된다. 도시계획의 변경, 공업단지의 지정은 인문적 위치 중 행정적 위치가 변화하는 사례이다.

17 〔정답해설〕
⑤ 임차인이 설치한 정착물은 일반적으로 동산으로 취급된다.

〔오답해설〕
② 명인방법을 구비한 수목의 집단은 독립정착물로 토지와 독립적인 거래의 객체가 될 수 있다.
③ 정착물은 독립정착물과 종속정착물로 구분된다.

18 〔정답해설〕
② 공동주택 중 연립주택에 해당하는 설명이다.

19 〔정답해설〕
⑤ 사후확인의 원칙은 권리분석의 원칙에 해당하지 않는다.

> ▌권리분석의 원칙
> 1. 능률성의 원칙
> 2. 안전성의 원칙 : 하자전체의 원칙, 범위 확대의 원칙, 차단의 원칙, 완전심증의 원칙, 유동성 대비의 원칙
> 3. 증거주의의 원칙
> 4. 탐문주의의 원칙

20 〔정답해설〕
① 협의의 권리분석이 아니라 최광의 권리분석을 설명한 내용이다.

> ▌권리분석의 대상
> 1. 협의의 권리분석 : 부동산 등기법에 의해 등기할 수 있는 권리를 분석 대상으로 한다.
> 2. 광의의 권리분석 : 협의의 권리관계에 부동산의 법률적 가치를 포함한다. 법률적 가치에는 법률적 이용가치와 법률적 경제가치가 있다.
> 3. 최광의의 권리분석 : 광의의 권리관계에 부동산의 상태 또는 사실관계, 등기능력이 없거나 요하지 않는 권리관계 등을 포함한다.

21 〔정답해설〕
③ 부동산의 시산가액은 210,000,000원이다.
  1. 직접환원법 = 순수익(NOI) ÷ 환원이율(R)
  2. 순수익(NOI) = 2천만원 × (1 − 0.1) × (1 − 0.3) = 12,600,000원
  3. 환원이율(R) = 0.5 × 0.05 + 0.5 × 0.07 = 6.0%
  4. 대상 부동산의 시산가액 = 12,600,000원 ÷ 0.06 = 210,000,000원

22 〔정답해설〕

④ 균형의 원칙에 대한 설명이다.

> **▌적합의 원칙과 균형의 원칙**
> 1. 적합의 원칙
>   ㉠ 의미 : 부동산의 유용성이 최고가 되기 위해서는 외부환경과 적합해야 한다.
>   ㉡ 활용 : 지역분석, 경제적 감가 반영의 근거
> 2. 균형의 원칙
>   ㉠ 의미 : 부동산의 유용성이 최고가 되기 위해서는 내부 구성요소에 균형이 있어야 한다.
>   ㉡ 활용 : 개별분석, 기능적 감가 반영의 근거

23 〔정답해설〕

① 옳은 지문이다.

〔오답해설〕

② 감가수정액의 산정은 세 가지 방법을 병용하여 산정할 수 있다.
③ 감가수정은 기준시점 현재 대상 물건의 가액을 산정하는 과정이다. 기간손익의 배분은 회계의 감가상각의 근거 중 하나이다.
④ 분해법이 아니라 관찰감가법에 대한 설명이다.
⑤ 관찰감가법이 아니라 분해법에 대한 설명이다.

24 〔정답해설〕

① 환원이율은 상각 후·세전 이율이라고 단정할 수 없고, 어떤 순수익을 사용하는지에 따라 다양하게 존재한다. 예를 들어 상각 전 순수익은 상각 전 환원이율을 적용하고, 상각 후 순수익은 상각 후 환원이율을 적용한다.

〔오답해설〕

③, ④ 직접환원법에서 사용되는 환원율(= 순수익 ÷ 부동산가격)은 수익성을 나타낸다.

25 〔정답해설〕

⑤ 유사지역이 아니라 인근지역에 대한 설명이다.

> **▌지역분석의 대상 지역**
> 1. 인근지역은 감정평가의 대상이 된 부동산이 속한 지역으로서 부동산의 이용이 동질적이고 가치형성요인 중 지역요인을 공유하는 지역이다.
> 2. 유사지역은 대상 부동산이 속하지 아니하는 지역으로서 인근지역과 유사한 특성을 갖는 지역이다.
> 3. 동일수급권은 대상 부동산과 대체·경쟁 관계가 성립하고 가치형성에 서로 영향을 미치는 다른 부동산이 존재하는 권역으로, 인근지역과 유사지역을 포함하는 광역적인 권역이다.

26 〔정답해설〕

② 조건부 평가가 아니라 부분평가에 대한 설명이다.

> ▌개별물건 기준의 예외
> 1. 일괄평가 : 둘 이상의 대상 물건이 일체로 거래되거나 상호 간에 용도상 불가분의 관계가 있는 경우에는 일괄하여 감정평가할 수 있다.
> 2. 구분평가 : 하나의 대상 물건이라도 가치를 달리하는 부분은 이를 구분하여 감정평가할 수 있다.
> 3. 부분평가 : 일체로 이용되고 있는 대상 물건의 일부분에 대하여 감정평가하여야 할 특수한 목적이나 합리적인 이유가 있는 경우에는 그 부분에 대하여 감정평가할 수 있다.

27 〔정답해설〕

④ (애매모호한 지문으로 출제자의 의도를 추정하여 해설함) 부동산 시장은 지역적 시장의 특성을 가지고 있기 때문에 개발사업의 경쟁력은 지리적 범위 내에서 이루어져야 한다.

28 〔정답해설〕

③ 옳은 지문이다.

〔오답해설〕

① 부동산 시장에서 거래되는 물건은 유형의 부동산뿐만 아니라, 무형의 권리도 포함된다.
② 일반적으로 부동산 시장은 불완전경쟁시장으로 분류된다.
④ 제품의 품질이나 규격을 통제하는 건축기준은 질적 규제의 사례이다.
⑤ 준강성이 아니라 강성 효율적 시장에 대한 설명이다.

29 〔정답해설〕

① A도시로 3천명, B도시로 9천명이 유인된다.
  1. 유인력 산정
     ㉠ A도시 유인력 : 10만 ÷ 20^2 = 250
     ㉡ B도시 유인력 : 30만 ÷ 20^2 = 750

  2. 유인력 비율
     ㉠ A도시 유인력 비율 : $\dfrac{250}{(250 + 750)}$ = 25%
     ㉡ B도시 유인력 비율 : 75%

  3. 구매활동에 유인되는 인구 수
     ㉠ A도시 : (2만명 × 60%) × 0.25 = 3천명
     ㉡ B도시 : 9천명

30 〔정답해설〕

⑤ 옳은 지문이다. 공급이 증가할 때, 수요의 탄력성이 비탄력적일수록 가격의 하락폭은 커지고 균형량의 증가폭은 작아진다.

오답해설

① 수요는 구매능력을 갖춘 유효수요를 의미한다.

② 생산요소 가격의 하락은 주택공급곡선을 우측으로 이동시킨다.

③ 수요량이 아니라 수요의 변화에 대한 설명이다.

④ 수요가 증가하면 균형 가격은 상승하고, 균형량은 증가한다.

31 **정답해설**

③ 개발대행이 아니라 분양대행을 업무로 할 수 있다.

> ▮ 개업공인중개사의 겸업제한 등(공인중개사법 제14조)
> ① 법인인 개업공인중개사는 다른 법률에 규정된 경우를 제외하고는 중개업 및 다음 각 호에 규정된 업무와 제2항에 규정된 업무 외에 다른 업무를 함께 할 수 없다.
>   1. 상업용 건축물 및 주택의 임대관리 등 부동산의 관리대행
>   2. 부동산의 이용·개발 및 거래에 관한 상담
>   3. 개업공인중개사를 대상으로 한 중개업의 경영기법 및 경영정보의 제공
>   4. 상업용 건축물 및 주택의 분양대행
>   5. 중개의뢰인의 의뢰에 따른 도배·이사업체의 소개 등 주거이전에 부수되는 용역의 알선
> ② 개업공인중개사는 경매 및 공매대상 부동산에 대한 권리분석 및 취득의 알선과 매수신청 또는 입찰 신청의 대리를 할 수 있다.

32 **정답해설**

② 토지에 대한 종합부동산세는 종합합산과세대상인 경우 국내에 소재하는 해당 과세대상토지의 공시가격을 합한 금액이 5억원을 초과하는 자는 종합부동산세를 납부할 의무가 있다.

> ▮ 종합부동산세
> 1. 종합부동산세는 주택에 대한 종합부동산세와 토지에 대한 종합부동산세의 세액을 합한 금액을 그 세액으로 한다.
> 2. 과세대상
>   ㉠ 토지(별도합산 : 80억 초과분, 종합합산 : 5억 초과분)
>   ㉡ 주택(원칙 : 6억 초과분)
> 3. 국세, 보유세, 인별 과세(세대별 과세×), 전국 합산 과세
> 4. 과세기준일은 매년 6월 1일(재산세의 과세기준일)이다.
> 5. 원칙적으로 관할 세무서장이 부과·징수한다(예외적으로 신고납부를 허용한다).

33 **정답해설**

① 시장분석은 거시적인 시장에서 미시적인 시장으로 진행된다. 시장평가 → 구역분석 → 부지선택의 단계로 진행되어야 한다.

34 〔정답해설〕

③ 공장용지·전·답·과수원 및 목장용지로서 대통령령으로 정하는 토지는 분리과세대상이다.

〔오답해설〕

① 재산세나 종합부동산세는 원칙적으로 과세관청이 세액을 산정하여 납세의무자에게 부과하고 징수하는 세금이다.

35 〔정답해설〕

② AIDA 원리는 고객점유 마케팅 전략에 해당한다.

▌ 마케팅 전략의 구분
1. 시장점유 마케팅 전략 : 공급자 중심의 전략, STP 전략, 4P MIX 전략
2. 고객점유 마케팅 전략 : 소비자 중심의 전략, AIDA원리
3. 관계 마케팅 전략

36 〔정답해설〕

① 옳은 연결이다.
　　ㄷ. 인플레이션은 건축원자재 등의 가격을 상승시키고, 개발기간의 연장은 금융비용, 건설기계 임대비용 등의 비용을 상승시킨다.

37 〔정답해설〕

② 옳지 않은 지문은 ㄱ, ㄷ, ㄹ이다.
　　ㄱ. 사업시행이 간단하고 용이한 방식은 매수방식이다. 환지방식은 환지처분 등을 위한 절차를 거쳐야 하기 때문에 매수방식보다 상대적으로 복잡한 방식이다.
　　ㄷ. 초기 사업부담이 큰 방식은 매수방식이다. 매수방식은 강제적인 취득인 수용의 과정에서 토지소유자의 저항이 심할 수 있다.
　　ㄹ. 체비지는 경매를 통해 처분한 후 사업비용에 충당한다. 환지방식은 개발이 완료된 토지를 전부 환지하지 않고 일부를 남겨놓는데, 이를 보류지라고 한다. 보류지 중 일부는 공공시설 용지로 사용되고, 나머지 토지(체비지)는 경매를 통해 처분한 후 사업비용에 충당한다.

38 〔정답해설〕

④ 구체적인 사업시행 이전에 개발 여건 및 잠재력을 분석한다면 예비적 타당성 분석단계이다.

39 〔정답해설〕

④ 실수요 증가에 의한 공급(매물) 부족이 발생하는 경우라면 매도자 확보가 중요하다.

40 〔정답해설〕

③ 수요의 소득탄력성은 $\frac{1}{4}$이다.

   1. 수요의 소득탄력성 $= \frac{dQ}{dY} \cdot \frac{Y}{Q}$

   2. 수요의 소득탄력성 산정

      1) 수요함수를 소득에 대해 미분하면 $\frac{dQ}{dY} = 6$이다.

      2) 가격(P)이 5이고 소득(Y)이 5일 때, 수요량(QD)은 120이다.

      3) 수요의 소득탄력성 : $\frac{dQ}{dY} \cdot \frac{Y}{Q} = 6 \cdot \frac{5}{120} = \frac{1}{4}$

정답

01 ③	02 ④	03 ③	04 ①	05 ⑤	06 ④	07 ④	08 ⑤	09 ①	10 ②
11 ④	12 ②	13 ②	14 ①	15 ③	16 ①	17 ④	18 ①	19 ③	20 ②
21 ⑤	22 ⑤	23 ①	24 ②	25 ④	26 ③	27 ②	28 ④	29 ①	30 ③
31 ③	32 ⑤	33 ③	34 ②	35 ⑤	36 ①	37 ⑤	38 ②	39 ④	40 ②

27회 계산문제 해설

01 〔정답해설〕

③ 좁은 의미(협의)의 부동산과 준부동산을 합쳐 광의의 부동산이라 하며, 이는 법률적 측면에서의 부동산으로 구분된다. 자본, 자산은 경제적 개념으로 분류된다.

> ▎부동산의 복합개념
> 1. 물리적 개념 : 공간, 위치, 환경, 자연
> 2. 경제적 개념 : 자산, 자본, 상품, 소비재, 생산재(생산요소)
> 3. 법률적 개념
>   ㉠ 협의 : 민법상의 부동산(토지 및 그 정착물)
>   ㉡ 광의 : 협의 + 준부동산

02 〔정답해설〕

④ 보호지구에 관한 설명이다. 유사한 목적의 용도지구를 통·폐합하여 토지이용체계를 합리화하고자 기존의 보존지구와 시설보호지구가 통합되어 보호지구로 변경되었다. 보호지구란 국가유산, 중요 시설물(항만, 공항 등 대통령령으로 정하는 시설물을 말한다) 및 문화적·생태적으로 보존가치가 큰 지역의 보호와 보존을 위하여 필요한 지구이다.

03 〔정답해설〕

③ 옳은 지문은 ㄷ, ㄹ이다.

〔오답해설〕

ㄱ. 택지는 주거용, 상업용, 공업용으로 조성된 토지이며, 나지는 건물 등 정착물이 없고 사법상의 제한을 받지 않는 토지이다(ㄱ이 나지에 대한 정확한 정의도 아님에 주의).

ㄴ. 획지가 아니라 필지에 대한 설명이다.

ㅁ. 건부지가 아니라 공지에 대한 설명이다.

04 정답해설
① 부동성은 부동산 활동을 국지화시키고 임장활동을 강조한다.

오답해설
② 토지는 물리적인 측면(외형적인 측면)에서는 영속성을 가지나, 경제적 측면의 가치는 주변상황에 의하여 변화될 수 있다.
③ 토지는 영속성으로 인해 물리적으로 감가상각에서 배제되는 자산이다.
④ 개별성으로 인해 특정 부동산에 대한 정보의 수집이 어렵기 때문에 부동산시장에서 정보의 중요성은 증대된다.
⑤ 토지이용결정과정에서 최유효이용의 판단 근거가 되는 것은 용도의 다양성이다.

05 정답해설
⑤ 에스크로 회사는 일정 조건이 달성되었을 때, 계약에서 정한 내용을 단순히 이행하는 것을 업무로 한다. 따라서 에스크로 회사는 매도자와 매수자의 협상과정에 참여하는 것도 아니고 갈등과 분쟁에 대한 조정이나 중재 역할을 수행하는 것도 아니다.

오답해설
④ 우리나라는 현재 공인중개사법에서 부동산 거래와 관련하여 에스크로 제도와 유사한 제도를 인정하고 있다.

> ▮ 계약금 등의 반환채무이행의 보장(공인중개사법 제31조)
> ① 개업공인중개사는 거래의 안전을 보장하기 위하여 필요하다고 인정하는 경우에는 거래계약의 이행이 완료될 때까지 계약금·중도금 또는 잔금(이하 이 조에서 "계약금등"이라 한다)을 개업공인중개사 또는 대통령령으로 정하는 자의 명의로 금융기관, 제42조에 따라 공제사업을 하는 자 또는 「자본시장과 금융투자업에 관한 법률」에 따른 신탁업자 등에 예치하도록 거래당사자에게 권고할 수 있다.
> ② 제1항에 따라 계약금등을 예치한 경우 매도인·임대인 등 계약금등을 수령할 수 있는 권리가 있는 자는 해당 계약을 해제한 때에 계약금등의 반환을 보장하는 내용의 금융기관 또는 보증보험회사가 발행하는 보증서를 계약금등의 예치명의자에게 교부하고 계약금등을 미리 수령할 수 있다.

06 정답해설
④ 옳은 지문은 ㄱ, ㄷ, ㄹ이다.

오답해설
ㄴ. 전속중개계약은 강제사항이 아니다. 공인중개사법은 중개대상물의 중개를 의뢰하는 경우 특정한 개업공인중개사를 정하여 그 개업공인중개사에 한정하여 해당 중개대상물을 중개하도록 하는 "계약을 체결할 수 있다"고 규정하고 있다(공인중개사법 제23조 제1항).
ㅁ. 순가중개계약은 의뢰인이 거래가격을 미리 정하여 개업공인중개사에게 제시하고, 이를 초과한 금액으로 거래가 이루어진 경우 그 초과액을 개업공인중개사가 중개보수로 획득하는 계약이다. 초과액을 매도자와 개업공인중개사가 나누어 갖는 것이 아니다.

07 정답해설
④ 자료판독을 할 때 환매특약의 등기와 신탁에 관한 등기는 소유권에 관한 사항을 기록하는 부동산등기부의 갑구에서 그 기재사항을 살펴보아야 한다.

③ 부동산 권리분석의 원칙에는 ㉠ 능률성의 원칙, ㉡ 안전성의 원칙, ㉢ 탐문주의의 원칙, ㉣ 증거주의의 원칙 등이 있다. 이 중 탐문주의에 대한 설명이다.

08 정답해설

⑤ 토지소유자의 변동일자와 변동원인은 토지대장의 등록사항이다. 따라서 토지대장을 통해 토지소유자가 변경된 날과 그 원인을 확인·판단할 수 있다.

오답해설

① 지목의 부호가 「공」으로 표기된 경우, 지목은 공원이다. 공장용지의 지목 부호는 「장」으로 표기된다.
② 제시된 지문은 지목 구거로 판단하여야 한다.
　㉠ 구거 : 용수(用水) 또는 배수(排水)를 위하여 일정한 형태를 갖춘 인공적인 수로·둑 및 그 부속시설물의 부지와 자연의 유수(流水)가 있거나 있을 것으로 예상되는 소규모 수로부지
　㉡ 하천 : 자연의 유수(流水)가 있거나 있을 것으로 예상되는 토지
③ 부동산 경매로 인한 소유권 취득은 법률에 의한 물권변동으로 등기를 하지 않더라도 경매 대금을 완납한 때에 목적 부동산의 소유권을 취득한다.
④ 건물의 소재지, 구조, 용도 등의 사실관계는 건축물관리대장을 통해 확인하여야 한다.

09 정답해설

① 무작위적 경기변동 또는 불규칙적 경기변동에 대한 설명이다.

▌부동산 경기변동의 유형
1. 순환적 경기변동
2. 계절적 경기변동
　㉠ 대학교 근처의 임대주택시장이 방학을 주기로 공실률이 높아지는 현상
　㉡ 매년 12월이 되면 건축경기가 하강하는 현상
3. 장기적 경기변동
4. 무작위적 경기변동
　㉠ 지진, 전쟁 등 예기치 못한 사태로 초래되는 불규칙적, 비순환적 경기변동
　㉡ 정부의 정책 변화로 인한 경기변동은 무작위적 경기변동으로 분류됨에 주의하여야 한다.

10 정답해설

② 1사분면은 공간 재고와 공간에 대한 임대 수요에 의해 균형임대료가 결정되는 시장이다. 따라서 1사분면은 부동산 임대료와 공간 재고량의 관계를 나타낸다.

▌4사분면 모형의 균형
1사분면 : 공간 재고량(단기 공급량)과 공간 수요에 의해 균형 임대료가 결정
2사분면 : 균형 임대료를 자본 환원하여 자산 가격이 결정
3사분면 : 자산 가격과 개별비용의 관계를 통해 신규 건설 공급량(건설량)이 결정
4사분면 : 신규 건설 공급량과 부동산 재고의 변동(멸실) 등에 의해 공간 재고량이 결정

11 〔정답해설〕

④ 신탁계약은 수탁자(신탁회사)와 위탁자(신탁설정자) 간에 체결된다. 수익자는 신탁계약을 통해 이익을 받는 자이지, 계약의 당사자가 아니다.

〔오답해설〕

① "신탁"이란 신탁을 설정하는 자(이하 "위탁자"라 한다)와 신탁을 인수하는 자(이하 "수탁자"라 한다) 간의 신임관계에 기하여 위탁자가 수탁자에게 특정의 재산(영업이나 저작재산권의 일부를 포함한다)을 이전하거나 담보권의 설정 또는 그 밖의 처분을 하고 수탁자로 하여금 일정한 자(이하 "수익자"라 한다)의 이익 또는 특정의 목적을 위하여 그 재산의 관리, 처분, 운용, 개발, 그 밖에 신탁목적의 달성을 위하여 필요한 행위를 하게 하는 법률관계를 말한다(신탁법 제2조).

12 〔정답해설〕

② 제시된 내용은 BTO(build-transfer-operate) 방식에 대한 설명이다.

> **▌ BTO 방식과 BTL 방식**
> 1. BTO 방식
>   ㉠ 민간이 사회간접시설을 건설(B)하고, 소유권을 주무관청에 양도(T)한 후, 일정기간 시설에 대한 운영권(O)을 통해 개발비용을 회수하는 방식
>   ㉡ 도로, 철도 등 대다수 기반시설에 활용하는 방식
> 2. BTL 방식
>   ㉠ 민간이 사회간접시설을 건설(B)하고, 소유권을 주무관청에 양도(T)한 후, 정부 등에 그 시설을 임차(L)하는 방식
>   ㉡ 학교, 건물, 기숙사, 도서관, 군인아파트 등 건물에 주로 활용하는 방식

13 〔정답해설〕

② 원리금균등분할상환방식의 원리금은 대출금에 저당상수를 곱하여 산출한다.

> **▌ 상환의 흐름 비교**
> 1. 원리금균등상환
>   ㉠ 원리금 : 균등(대출금액 × 저당상수)
>   ㉡ 이자 : 매기 감소
>   ㉢ 원금 : 매기 증가
>
> 2. 원금균등상환
>   ㉠ 원금 : 균등(대출금액 ÷ 상환기간)
>   ㉡ 이자 : 매기 감소
>   ㉢ 원리금 : 매기 감소

14 〔정답해설〕

① 외부효과는 한 사람의 행위가 제3자에게 영향을 미치지만, 그에 대한 대가를 지급하거나 받지 않는 상태를 말한다. 인지를 못하더라도 대가가 지급되었기 때문에 외부효과에 대한 설명으로 틀린 지문이다.

〔오답해설〕

② 핌피(PIMFY)는 "Please In My Front Yard"를 줄인 말로, 공공시설과 같이 주민거주지역에 이익이 될 만한 선호 시설은 무조건 유치하기 위해 경쟁하는 집단 · 지역 이기주의를 가리킨다.

15 〔정답해설〕

③ 재산세(ㄷ), 종합부동산세(ㄹ)가 보유과세이다.

> ▌부동산 조세의 분류
> 1. 취득단계 : 취득세(지방세), 등록면허세(지방세), 상속세(국세), 증여세(국세)
> 2. 보유단계 : 재산세(지방세), 종합부동산세(국세)
> 3. 처분단계 : 양도소득세(국세)

16 〔정답해설〕

① 부동산 개발에는 시공을 담당하는 행위를 제외한다.

> ▌개발의 정의 등(부동산개발업의 관리 및 육성에 관한 법률 제2조)
> 1. "부동산 개발"이란 다음 각 목의 어느 하나에 해당하는 행위를 말한다. 다만, 시공을 담당하는 행위는 제외한다.
>   가. 토지를 건설공사의 수행 또는 형질변경의 방법으로 조성하는 행위
>   나. 건축물을 건축·대수선·리모델링 또는 용도변경 하거나 공작물을 설치하는 행위
> 2. "공급"이란 부동산개발을 수행하여 그 행위로 조성·건축·대수선·리모델링·용도변경 또는 설치되거나 될 예정인 부동산, 그 부동산의 이용권으로서 대통령령으로 정하는 권리의 전부 또는 일부를 타인에게 판매 또는 임대하는 행위를 말한다.

17 〔정답해설〕

④ 다계층채권(CMO) 또는 다계층증권(CMO)에 대한 설명이다.

18 〔정답해설〕

① 부동산 신디케이트(ㄷ)만 지분 금융이다.
   1. 부채금융 : 저당 금융(ㄱ), 신탁증서 금융(ㄴ), 자산유동화증권(ㄹ)
   2. 메자닌 금융 : 신주인수권부사채(ㅁ)

19 〔정답해설〕

③ (상각 전) 순영업소득(NOI)은 11,120,000원이다.
   1. 상각 후 순영업소득 : 100㎡ × 20,000원 × 12개월 × 0.95 × 0.4 = 9,120,000원
   2. 감가상각비 : 2,000,000원
   3. 상각 전 순영업소득 : 9,120,000원 + 2,000,000원 = 11,120,000원

> ▌상각 전 순수익과 상각 후 순수익의 관계
> 1. 상각 전 순수익 = 상각 후 순수익 + 감가상각비
> 2. 상각 전 순수익 − 감가상각비 = 상각 후 순수익

20 〔정답해설〕

② 자본환원율(종합환원율)은 4.5%이다.
  1. 자본환원율(종합환원율) = 순수익 ÷ 부동산 가격 : 13,500,000원 ÷ 300,000,000원 = 4.5%
  2. 순수익 : 20,000,000원 + 1,000,000원 − 3,000,000원 − 4,500,000원 = 13,500,000원

21 〔정답해설〕

⑤ 연간 실질임대료는 2,880,000원이다.
  1. 실질임대료는 종류 여하를 불문하고 임차인이 대상 부동산을 사용, 수익함에 따라 실질적으로 부담하게 되는 모든 종류의 경제적 대가이다.

  ▌실질임대료의 구성
  1. 지불임대료
  2. 예금적 성격의 일시금 운용수익
  3. 선불적 성격의 일시금의 상각액 및 미상각잔액의 운용수익

  2. 실질임대료 : (200,000원 × 12개월) + 400,000원 + 80,000원 = 2,880,000원

22 〔정답해설〕

⑤ 부채감당률(DCR)이 1보다 작으면 순영업소득으로 원리금 지불능력이 부족함을 의미한다.

  ▌부채감당률
  1. 부채감당률 = 순영업소득 ÷ 부채서비스액
  2. 부채감당률은 순영업소득이 은행의 부채서비스액(원리금 상환액)을 감당할 수 있는지를 측정하는 지표이다.
  3. 부채감당률이 1보다 클 때, 순영업소득이 부채서비스액을 감당할 수 있다고 해석한다.

23 〔정답해설〕

① 공시지가에 대한 내용은 기본적 사항에 해당되지 않는다.

  ▌기본적 사항의 확정(감정평가에 관한 규칙 제9조)
  감정평가법인등은 감정평가를 의뢰받았을 때에는 의뢰인과 협의하여 다음 각 호의 사항을 확정해야 한다.
  1. 의뢰인
  2. 대상물건
  3. 감정평가 목적
  4. 기준시점
  5. 감정평가조건
  6. 기준가치
  7. 관련 전문가에 대한 자문 또는 용역에 관한 사항
  8. 수수료 및 실비에 관한 사항

24 〔정답해설〕

② 거래시점의 토지 단가는 822,000원/㎡이다.

　1. 일체 거래가액 : 3억원

　2. 건물거래가액(거래시점 기준)

　　1) 재조달원가 : 500,000원 × 350㎡ = 175,000,000원

　　2) 건물가액 : 175,000,000원 × 27 ÷ 50 = 94,500,000원

　　　※ 경과연수 : '1992.12.25. ~ 2016.2.21.(거래시점)'의 기간은 만년으로 23년을 경과연수로 한다.

　3. 토지단가 : (300,000,000원 - 94,500,000원) ÷ 250㎡ = 822,000원/㎡

25 〔정답해설〕

④ 과수원을 감정평가할 때에 거래사례비교법을 원칙적으로 적용해야 한다(감정평가에 관한 규칙 제18조).

〔오답해설〕

① 토지를 감정평가할 때에는 공시지가기준법을 적용해야 한다(감정평가에 관한 규칙 제14조 제1항).

② 공시지가기준법에 따라 토지를 감정평가할 때에는 비교표준지 선정, 시점수정, 지역요인 비교, 개별요인 비교, 그 밖의 요인 보정의 순서에 따라야 한다(감정평가에 관한 규칙 제14조 제2항). 공시지가기준법에 따라 토지를 감정평가할 때에는 사정보정의 절차는 없음에 주의하여야 한다.

③ 건물을 감정평가할 때에 원가법을 적용해야 한다(감정평가에 관한 규칙 제15조 제1항).

⑤ 자동차를 감정평가할 때에 거래사례비교법을 적용해야 한다(감정평가에 관한 규칙 제20조 제1항). 본래 용도의 효용가치가 없는 물건은 해체처분가액으로 감정평가할 수 있다(감정평가에 관한 규칙 제20조 제5항).

26 〔정답해설〕

③ 할인법에 해당하는 방법은 ㄱ. 순현재가치법, ㄴ. 내부수익률법, ㄷ. 현가회수기간법과 수익성지수법(PI법) 등이 있다.

〔오답해설〕

ㄹ. 회계적 수익률법은 비할인법의 유형에 해당한다.

27 〔정답해설〕

② 수익성지수는 1.25이다.

　1. 현금유입의 현가 = (5,500,000 ÷ 1.1) + (12,100,000 ÷ 1.1^2) + (13,310,000 ÷ 1.1^3)

　　　　　　　　　= 25,000,000

　2. 현금유출의 현가 = 20,000,000

　3. 수익성지수(PI) : 25,000,000 ÷ 20,000,000 = 1.25

28 〔정답해설〕

④ 1,000만원 × $\dfrac{(1+r)^n - 1}{r}$(연금의 미래가치계수) = 1,000만원 × $\dfrac{(1+0.1)^4 - 1}{0.1}$ = 4,641만원

29 정답해설

① 옳은 지문이다.

오답해설

② 위탁관리 부동산투자회사 및 기업구조조정 부동산투자회사의 설립자본금은 3억원 이상으로 한다.

③ 자기관리 부동산투자회사의 설립자본금은 5억원 이상으로 한다.

④ 영업인가를 받은 날부터 6개월이 지난 위탁관리 부동산투자회사 및 기업구조조정 부동산투자회사의 자본금은 50억원 이상이 되어야 한다.

⑤ 부동산투자회사는 부동산 등 자산의 운용에 관하여 회계처리를 할 때에는 금융위원회가 정하는 회계처리기준에 따라야 한다.

30 정답해설

③ 분산은 0.0024이다.

　1. 기대수익률 = (20% × 0.6) + (10% × 0.4) = 16%

　2. 분산 = $\{(20\% - 16\%)^2 \times 0.6\} + \{(10\% - 16\%)^2 \times 0.4\} = 24\%^2(0.0024)$

31 정답해설

③ 가중평균자본비용은 11.0%(= 40% × 0.05 + 60% × 0.15)이다.

32 정답해설

⑤ 도시형 생활주택에 대한 설명이다.

> ▎도시형 생활주택
> 1. 도시형 생활주택이란 300세대 미만의 국민주택규모에 해당하는 주택으로서 대통령령으로 정하는 주택을 말한다.
> 2. 대통령령으로 정하는 주택 : 단지형 연립주택, 단지형 다세대주택, 소형 주택

33 정답해설

③ 제시된 내용은 부증성(비생산성)에 근거한다.

34 정답해설

② 부동산 거래 신고는 계약체결일로부터 30일 이내에 시장·군수 또는 구청장에게 신고하여야 한다.

> ▎부동산 거래의 신고(부동산 거래신고 등에 관한 법률 제3조)
> ① 거래당사자는 매매계약 등을 체결한 경우 그 실제 거래가격 등 대통령령으로 정하는 사항을 거래계약의 체결일부터 30일 이내에 그 권리의 대상인 부동산 등의 소재지를 관할하는 시장·군수 또는 구청장에게 공동으로 신고하여야 한다. 다만, 거래당사자 중 일방이 국가, 지방자치단체, 대통령령으로 정하는 자의 경우에는 국가 등이 신고를 하여야 한다.

35 정답해설

⑤ 주택법령상 도시형 생활주택에는 분양가상한제가 적용되지 않는다.

36 정답해설

① 상속세는 과세표준을 화폐단위로 표시하는 종가세에 해당한다.

37 정답해설

⑤ 옳은 지문이다. 고객점유 마케팅은 소비자 행동차원이론으로 소비자 중심으로 접근하는 전략이다. 대표적인 전략에는 AIDA(Attention, Interest, Desire, Action)가 있으며 이는 주의, 관심, 욕망, 행동으로 이루어지는 소비자 구입결정과정의 단계에서 심리적 접점을 만들고 마케팅 효과를 극대화하려는 전략이다.

오답해설

① 표적시장이 아니라 STP 전략 중 포지셔닝에 대한 설명이다.
② 포지셔닝이 아니라 STP 전략 중 목표시장에 대한 설명이다.
③ 4P는 제품(Product), 유통경로(Place), 가격(Price), 판매촉진(Promotion)이다.
④ STP는 시장세분화(Segmentation), 표적시장 선정(Targeting), 포지셔닝(Positioning)이다.

38 정답해설

② 시설관리에 대한 설명이다. 재산관리(Property Management)는 부동산관리 또는 임대차관리라고도 하는데, 부동산 전체의 임대차 수익을 극대화하고자 하는 관리이다.

39 정답해설

④ 동심원이론을 보완한 것이 선형이론이고, 동심원이론과 선형이론을 보완한 것이 다핵심이론이다. 또한 동심원이론에서 점이지대는 중심업무지구와 노동자주거지대(저소득지대) 사이에 위치하고 있다.

오답해설

①, ③ 동심원이론은 도시는 그 중심지에서 동심원상으로 확대되어 5개 지구로 분화되면서 성장한다는 이론이다. 이는 버제스(Burgess)가 도시공간구조를 도시생태학적 관점에서 접근하여 개발한 이론이다.

40 정답해설

② A할인점의 이용객 수는 C도시 인구의 10.0%이다.
　　1. 유인력 산정

　　　　A할인점 : $\dfrac{8,000}{8^2}$ = 125, B할인점 : $\dfrac{2,000}{8^2}$ = 500

　　2. 유인력 비율

　　　　A할인점 : $\dfrac{125}{625}$ = 20%, B할인점 : $\dfrac{500}{625}$ = 80%

　　3. A할인점의 이용객 수는 C도시 인구의 몇 %인가? 10%(2만명 ÷ 20만명)
　　　　1) C도시 인구 : 20만명
　　　　2) 고객의 수 : 20만 × 50% = 10만명
　　　　3) A할인점의 이용객 수 : 10만 × 20% = 2만명

합격까지 박문각

박문각
감정평가사

국승옥
부동산학원론

1차 | 9개년 연도별 기출문제집

제2판 인쇄 2024. 7. 25. | **제2판 발행** 2024. 7. 30. | **편저자** 국승옥

발행인 박 용 | **발행처** (주)박문각출판 | **등록** 2015년 4월 29일 제2019-0000137호

주소 06654 서울시 서초구 효령로 283 서경 B/D 4층 | **팩스** (02)584-2927

전화 교재 문의 (02)6466-7202

저자와의
협의하에
인지생략

정가 17,000원
ISBN 979-11-7262-049-3

MEMO

MEMO

MEMO